古典文獻研究輯刊

三七編

潘美月・杜潔祥 主編

第 25 冊

莊子通（外三種）（上）

陳開林 整理

國家圖書館出版品預行編目資料

莊子通（外三種）（上）／陳開林 整理 -- 初版 -- 新北市：
花木蘭文化事業有限公司，2023〔民112〕
目 6+206 面；19×26 公分
（古典文獻研究輯刊 三七編；第25冊）
ISBN 978-626-344-488-1（精裝）
1.CST：（明）沈一貫 2.CST：莊子 3.CST：研究考訂
011.08   112010526

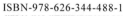

古典文獻研究輯刊
三七編　第二五冊　　　　　ISBN：978-626-344-488-1

莊子通（外三種）（上）

作　　者　陳開林（整理）
主　　編　潘美月、杜潔祥
總 編 輯　杜潔祥
副總編輯　楊嘉樂
編輯主任　許郁翎
編　　輯　張雅淋、潘玟靜　美術編輯　陳逸婷
出　　版　花木蘭文化事業有限公司
發 行 人　高小娟
聯絡地址　235 新北市中和區中安街七二號十三樓
　　　　　電話：02-2923-1455／傳真：02-2923-1452
網　　址　http://www.huamulan.tw 信箱 service@huamulans.com
印　　刷　普羅文化出版廣告事業
初　　版　2023 年 9 月
定　　價　三七編 58 冊（精裝）新台幣 150,000 元
版權所有・請勿翻印

莊子通（外三種）（上）

陳開林 整理

作者簡介

陳開林（1985～），湖北麻城人。2009 年畢業於重慶工商大學商務策劃學院，獲管理學學士學位（市場營銷專業商務策劃管理方向）。2012 年畢業於湖北大學文學院，獲文學碩士學位（中國古代文學先秦方向）。2015 年畢業於華中師範大學文學院，獲文學博士學位（中國古代文學元明清方向）。現為鹽城師範學院文學院副教授、江蘇省「青藍工程」優秀青年骨幹教師培養對象。主要研究元明清文學、經學文獻學。完成江蘇高校哲學社會科學基金項目「錢穆佚文輯補與研究」（2017SJB1529），在研國家社科基金後期資助「《古周易訂詁》整理與史源學考辨」（21FZXB017）。出版《〈全元文〉補正》《劉毓崧文集校證》《〈周易玩辭困學記〉校證》《〈純常子枝語〉校證》《杜詩闡》《陳玉澍詩文集箋證》《詩經世本古義》《〈青學齋集〉校證》《〈讀易述〉校證》《陸繼輅集》《〈曝書亭集詩注〉校證》，並在《圖書館雜誌》、《文獻》、《中國典籍與文化》、《古典文獻研究》、《圖書館理論與實踐》、《中國詩學》等刊物發表論文百餘篇，另有「史源學考易」系列、元明清《春秋》系列、明清《詩經》系列、清代別集系列等待刊。

提　要

沈一貫（1531～1615），字肩吾，號蛟門，別號大圓居士，浙江寧波府鄞縣（今浙江寧波市鄞州區）人。沈明臣從子。萬曆朝內閣首輔。著有《易學》十二卷、《老子通》二卷、《莊子通》十卷、《喙鳴文集》二十一卷、《詩集》十八卷、《敬事草》十九卷。

沈一貫由於官位顯赫，以致學界對其印象，主要著眼於他的政治家身份，而忽略了其作為文學家、思想家的存在，導致其文學、思想等領域的成就很少被人提及，基礎文獻也無人整理。如《易學》，何楷《古周易訂詁》、張次仲《周易玩辭困學記》等書多加徵引，則其價值可知。

《莊子通》是沈一貫研治《莊子》的結晶，頗多心得。正如黃紅兵所言：「沈氏以前的莊注，基本上沒有批判莊子本身的。而沈氏是帶著審視的眼光來注解和評點莊文的，這個審視的參照物是儒家的觀點和社會現實」；「沈一貫基本上是以儒家的觀點和社會現實來審視和評判莊子，這是其注莊的一個最大特色，在莊學史上提供了一個解莊的新視角。」（《沈一貫的莊學思想研究》，《江漢大學學報》，2010 年第 1 期）

本書以萬曆十五至十六年蔡貴易刻老莊通本為底本，以明萬曆二十四年八閩書林鄭氏光裕堂刻本為校本，係《莊子通》的首個整理本，期於能為相關研究提供便利。另附錄莊學著述三種：李士表《莊列十論》、胡樸安《莊子章義》、楊文焴《南華直旨》，以備參考。

江蘇高校「青藍工程」資助

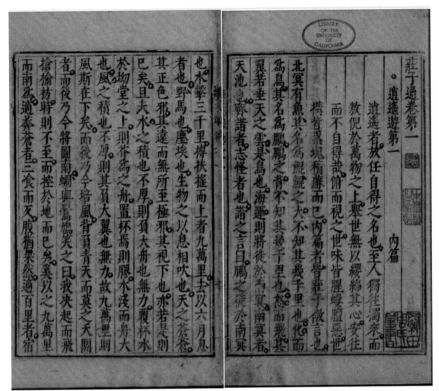

萬曆十五至十六年蔡貴易刻老莊通本內頁

明萬曆二十四年八閩書林鄭氏光裕堂刻本內頁

目次

整理前言

沈一貫（1531～1615），字肩吾，號蛟門，別號大圓居士，浙江寧波府鄞縣（今浙江寧波市鄞州區）人。沈明臣從子。萬曆朝內閣首輔。著有《易學》十二卷、《老子通》二卷、《莊子通》十卷、《喙鳴文集》二十一卷、《詩集》十八卷、《敬事草》十九卷。傳見《明史》卷二百十八。生平另可參（明）過庭訓《本朝分省人物考》卷四十八《沈一貫》、（明）徐象梅《兩浙名賢錄》卷十四《吏部尚書中極殿大學士沈肩吾一貫》。此外，其子沈泰藩編《沈文恭公年譜》一卷。（清煙嶼樓鈔本，見《上海圖書館藏珍本年譜叢刊續編》第十一冊）。

沈一貫由於官位顯赫，以致學界對其印象，主要著眼於他的政治家身份，而忽略了其作為文學家、思想家的存在，導致其文學、思想等領域的成就很少被人提及，基礎文獻也無人整理。比如《易學》十二卷，何楷《古周易訂詁》、張次仲《周易玩辭困學記》等書多加徵引，則其價值可知。其《老子通》二卷、《莊子通》十卷，也是其思想的集中體現。

關於《莊子通》的撰寫緣由，沈一貫在《序》中指出：「莊子盛於晉，郭子玄為之解，次則唐道士成玄英，二書具在，殊未暢於人心，餘直可束高閣矣。余讀《莊》三十年，頗有所會。」則因其對歷代《莊子》注本深感不滿，才另起爐灶，開始自己注《莊》。《序》中又稱：「余讀《莊》三十年，頗有所會，未遑於赫蹏。丁亥春，偶疏《大宗師》、《應帝王》二卷，既得陸長庚《副墨》，為之歛袵。戊子赴闕，無何引疾還，舟中寂無事，因日課數十行，以嬉於無何有之鄉。實四月廿三日，託始於德州。憶舊年解《老》竣，於是乃今復於是乎始《莊》，豈冥數耶？會水枯，寄泊清源、聊城之間一月，遂得專其精神。迨畢工濟上，則六月朔矣。」丁亥乃明萬曆十五年（1587），次年為戊子。始於

「四月廿三日」，竣於「六月朔」，前後不足兩月，可謂沉潛多年，一朝爆發。

書前有《讀莊檠辨》，係其解《莊》之綱領。正文則對《莊子》三十三篇分節加以解說，並對音讀、字意加以標識。

此書有萬曆十五至十六年蔡貴易刻《老莊通》本、明萬曆二十四年八閩書林鄭氏光裕堂刻本（《續修四庫全書》第 956 冊），但後者錯訛頗多。本書以《老莊通》本為底本，以光裕堂刻本為校本，還參考了《莊子》的通行本以及書中徵引的典籍。

另外附錄三種：李士表《莊列十論》、胡樸安《莊子章義》、楊文煊《南華直旨》，李士表《莊列十論》，《莊子通》多有徵引，由於篇幅不大，故全錄於此。胡樸安《莊子章義》、楊文煊《南華直旨》自民國年間刊行後，未見再版，流佈不廣。二書和《莊子通》一樣，都是分章節解讀《莊子》，因加以整理，以備參考。

莊子通序〔註1〕

　　莊子盛於晉，郭子玄為之解，次則唐道士成玄英，二書具在，殊未暢於人心，餘直可束高閣矣。余讀《莊》三十年，頗有所會，未遑於赫蹏。丁亥春，偶疏《大宗師》、《應帝王》二卷，既得陸長庚《副墨》，為之歆衿。戊子赴闕，無何引疾還，舟中寂無事，因日課數十行，以嬉於無何有之鄉。實四月廿三日，託始於德州。憶舊年解《老》竣，於是乃今復於是乎始《莊》，豈冥數耶？會水枯，寄泊清源、聊城之間一月，遂得專其精神。迨畢工濟上，則六月朔矣。儒者之說，載在《六經》、《語》、《孟》中，宋君子既詳之，無以加。莊子本淵源孔氏之門，而洸洋自恣於方外者流。竺乾氏未東來，而語往往與合，當居三教間。余以其五萬六千餘言，參而伍之，以暢其說，雖不中，豈遠乎哉？太史公曰：「儒者斷其義，辯說者取其辭。」莊之所以畜於今者，以學士大夫好其辭也，而義則尟有過而問焉者。言之無文，行之不遠。辭之不可已也如是。雖然，猶幸而獨以辭畜之也。苟讀之不深，而惟近之求，必且蔑裂禮教，詬辱古今大聖賢，而甘與盜跖同林〔註2〕，失其逍遙於無窮之心，為天下後世〔註2〕害，寧有既哉？昔稽〔註3〕叔夜之賢也，猶曰好讀《莊子》，增其放曠。余謂叔夜非善《莊子》者也。我願世人以闇然自修、廓無所繫之心讀《莊子》，而遺其言之所寄，不以《莊子》為怪，然後可謂善《莊子》。孫登之規叔夜曰：「火生有光而不用其光，人生有才而不用其才。用光在於得薪，故可以續其明；用才在於識真，故可以全其年。」雖然，真以闇然自修、廓然無所繫之心讀《莊子》，

〔註1〕又見沈一貫《喙鳴文集》卷四。（明刻本）
〔註2〕「為天下後世」，《喙鳴文集》無。
〔註3〕「稽」，《喙鳴文集》作「嵇」。

猶莊子，未及孔子也。知莊子之所以別於孔子，然後可以善《莊子》。萬曆十六年六月八日，四明沈一貫書於淮陰舟中〔註4〕。

〔註 4〕《喙鳴文集》無此一句。

讀莊檗辨〔註1〕

　　沈子曰：古稱不朽之言立，立難言哉！而莊子猶不朽，以至於今也。然語立於聖人之門，未也。子謂：「可與共學，未可與適道。可以適道，未可與立。」若《莊子》，可與適道乎否哉？不知《莊子》之得失者，鮮不蝕孔氏。余之解《莊》也，曰：極其說而後知吾之是也。程子謂佛之言近理而害甚，學者當比之於淫聲美色。以余觀於《莊》，其近理而害甚也愈於佛。何也？佛之起，教在出世，故其言非無與吾合者，而窮竟旨歸則出世焉，止矣〔註2〕，故曰易辨也〔註3〕。《莊》則不然。亦以內聖自許，而放於逍遙之場；亦以外王自許，而終不可施之實用。引而置之門墻，謂其語天而遺人可也；麾而擯之夷裔，謂其罪浮桀紂可也。毫芒之際，最難辨哉！今舉其大端論之。

　　一曰凡《莊》之所謂道德仁義云者與吾異。吾之所謂仁義，即道德也。彼以為道降而為德，德降而為仁，仁降而為義，則淵源於老氏。韓子曰「彼以煦煦為仁，孑孑為義」是也。豈孔子沒而小儒之談仁義者失其宗，彼乘而喙之與？有如學者知仁義之為道德也。行仁義而不為煦煦、孑孑，與天地合而四時同也，則無惡乎彼之摘毀矣。通仁義之說，則禮樂之說亦猶是。

　　一曰凡《莊》之所謂性者與吾異。吾之所謂性者，善也。天繼之而為善，人賦此善於心而為性，故至平至直，萬世不可易之理出焉。若心則統體百骸之名，雖精雖神，而落於形氣，故有人心道心之稱。言心可以該性，言性不可以該心。言心易，言性難矣。如《莊子》之言性也，皆心爾。寧獨《莊子》，凡

〔註1〕又見沈一貫《喙鳴文集》卷十二。（明刻本）
〔註2〕「矣」，《喙鳴文集》無。
〔註3〕「也」，《喙鳴文集》無。

二氏之言性也，皆心爾。凡闖吾門而未入吾室者，其言性皆心爾。莊子之蔽，蓋原於此。

　　一曰凡《莊》之語道體，必曰無窮。《老子》曰無，釋曰空，《莊》亦言無言空，而實以無窮為宗。無窮者，如環無端之義，不但無與空而已也。子思曰：「天地有所憾，聖人有所不知。」是亦無窮之義。顧其旨歸之鳶魚活潑與夫婦人倫之間，《詩》言「無聲無臭」，《易》言「無方無體」，然其旨必歸之有物有則。堯無名，舜無為，禹無事，孔子無可無不可。然聖人人倫之至，猶規矩方圓之至，非曰昏昏默默，窈窈冥冥，不可知，不可聞，不可詰而已。莊則得其無而不得其有，故跡其浩然自放也。雖天地之廣大，何以過焉？若夫森然秩然如化工之於萬物，枝葉蕚瓣，膚毛朕脈，周折曲備則甚尠少。是以吾不敢謂其盡非，而烏可謂之悉是也。揆病所源，則吾前所謂不識性。識性則知廣大之中有精微，高明之外無中庸，何必厭遺事物以求其所謂清虛曠達者而後謂之得道哉？斯義也，宋君子辨之，而近世羅公《困知記》尤悉。子曰：「君子之於天下也，無適也，無莫也，義之與比。」不曰義之與比而空持無適莫之論，雖謂三教無二可矣。故《莊子》外枵然大而內疏理者也。

　　至於考典據經，尤與巡途而諷者相似，大非所長。莊子特與辨者惠子流相爭雄，欲張其軍，則益又掊擊三王，非薄孔氏，以恣其所欲言。原其著作本意，豈謂後人必傳之到今哉？所以傳者，則未學苦於膠纏，而喜放曠以苟適，亦孔氏不振之緒也。莊子之論死生，比佛較穩，而與吾不異，猶當以意逆之，庶幾無失。程子曰：「不可以既返之氣復為方伸之氣。」斯至言也。非通性與天道者，孰能知之？余不能一一定莊之是，而總論之於此，使讀者知其大辨，庶無溺焉，而能擷其英華云爾。

卷　一

逍遙遊第一　內篇

　　逍遙者，放任自得之名也。至人獨往獨來，而敖倪於萬物之上，舉世無以纓紼其心，安往而不自得哉？俯而視之，世味皆腥螻膻惡，世搆皆累塊積蘇而已。內篇者，皆莊子微言也。

　　北冥有魚，其名為鯤。鯤之大，不知其幾千里也。化而為鳥，其名為鵬。鵬之背，不知其幾千里也。怒而飛，其翼若垂天之雲。是鳥也，海運則將徙於南冥。南冥者，天池也。《齊諧》者，志怪者也。《諧》之言曰：「鵬之徙於南冥也，水擊三千里，摶扶搖而上者九萬里，去以六月息者也。」野馬也，塵埃也，生物之以息相吹也。天之蒼蒼，其正色邪？其遠而無所至極邪？其視下也，亦若是則已矣。且夫水之積也不厚，則負大舟也無力。覆杯水於坳堂之上，則芥為之舟，置杯焉則膠，水淺而舟大也。風之積也不厚，則其負大翼也無力，故九萬里則風斯在下矣，而後乃今培風。背負青天而莫之夭閼者，而後乃今將圖南。蜩與鷽鳩笑之曰：「我決起而飛，搶榆枋，時則不至，而控於地而已矣。奚以之九萬里而南為？」適莽蒼者，三湌而反，腹猶果然。適百里者，宿舂糧。適千里者，三月聚糧。之二蟲又何知？小知不及大知，小年不及大年。奚以知其然也？朝菌不知晦朔，蟪蛄不知春秋，此小年也。楚之南有冥靈者，以五百歲為春，五百歲為秋；上古有大椿者，以八千歲為春，八千歲為秋。而彭祖乃今以久特聞，眾人匹之，不亦悲乎？冥亦作溟，音明。

鯤音昆。摶音團，飛也。扶搖，上行風名。邪音耶。夫音扶。此類不能盡。音以意求之。覆音福。坳音凹。坳堂，堂有坳垤形者。膠，黏而不行也。闕音遏。蜩音條，小蟬也。鷽音學。鷽鳩，小鳩也。決音血。疾，飛起貌。搶音鏘，突也。枋音方。榆、枋皆木名。莽蒼，近郊之色。果然，飽狀。二蟲，謂蜩、鳩。小知、大知音智。菌音窘，糞芝也。蟪蛄，寒蟬也。蛄音姑。冥，靈木名。彭祖，籛鏗，歷唐虞夏商，壽八百歲。

　　天下之治方術者多矣。拘儒曲學，所見不遠，守其不該不徧、一曲之言，鮮能備天地之美，稱神明之容，自以為足，而不可與之語大道，豈知天地甚廣、造化甚妙、靈變甚不可測，固有出於常理常心之外，不可以目前近小規規焉斷之者。惟至人之心，獨與之往來，故能經崑崙，涉太虛，遊恍惚之庭。此亦吾道之內典，向來不輕授受。乃莊子將託之縑素，以示後人。故先以大鵬之事開拓人之心胸，消濯人之鄙見。言「北海有魚，其名為鯤，鯤之大，不知其幾千里也。化而為鵬，鵬之背，不知其幾千里也」，舉背而他可知也。有時奮怒而飛騰，翼之大，若垂天之雲也。當海氣動時，颶風大作，大鵬乘此風，方南徙於天池，蹌蹌而行，平擊水面者，三千里而後起，乘扶搖之迅飈而直上青天者，其高九萬里，一去六月，方言憩止。俯視下方，但見如游氣之往來，而不能辨正色也。游氣之往來者，青春之時，陽氣發動。遙望藪澤之中，如奔馬然者，所謂野馬，一也。揚土曰塵。塵之細者曰埃。塵埃，二也。天地間有生之物必有氣息以相吹動。息吹，三也。此三者，皆所謂游氣之往來也。人之狀天者，必曰蒼蒼，不知天之色果蒼蒼乎？凡遠而不可至極者，其色皆黯然蒼也。意者天亦以其遠不可至，而人姑以蒼蒼稱乎？鵬之視下，亦如前所云細若氣，蒼若天而已矣。且鵬之所以必九萬里而後圖南者，何也？今夫水不厚不能負大舟，若覆杯水於坳堂之上，則芥可浮而杯不可浮，以水淺而力微也。故不培九萬里之風，則風淺而力微，不足以負大鵬之翼。必九萬里而上積氣下厚，「背負青天而莫之夭閼」，然後可以謀南徙耳。大鵬之事若此，眾鳥安得而知之？蜩蟧與班鳩共笑之，曰：「我卒然而飛，上集於榆枋，不過數仞間爾，且時有不至，不免下投於地，則亦已矣，無他願矣，何必九萬里而南徙，辛苦跋涉為哉？」二蟲之智小如此，豈知物各有資，事各有當。譬如人之適近郊者，來去三食，腹猶果然，飽無待於具糧也。若適百里者，遠矣，當為一宿之備。適千里又遠矣，必聚三月糧而後充其往來之食。大鵬之培風九萬而後飛，猶人之聚三月糧者也。二蟲何足以知之？故知有小大，不能以相知；年有小大，不能以相知。

天地間此類甚多。今夫菌值溼而生，見日而死，此不能終朝者也，彼安知月之有晦朔？蟪蛄，夏生秋死者也，彼安知歲之有春秋？此所謂小年也。冥靈以五百歲為春，五百歲為秋；大椿以八千歲為春，八千歲為秋；此所謂大年也。今人不知世有椿、靈，而獨以彭祖八百歲為最希之遐壽，相與羨慕而希及之，識見短淺如此，而自以為是，不可悲哉！何異乎二鳥之笑大鵬也？

　　湯之問棘也是已。窮髮之北有冥海者，天池也。有魚焉，其廣數千里，未有知其修者矣，其名為鯤。有鳥焉，其名為鵬，背若泰山，翼若乘天之雲，摶扶搖羊角而上者九萬里，絕雲氣，負青天，然後圖南，且適南冥也。斥鷃笑之曰：「彼且奚適也？我騰躍而上，不過數仞而下，翱翔蓬蒿之間，此亦飛之至也，而彼且奚適也？」此小大之辨也。故夫知效一官，行比一鄉，德合一君，而徵一國者，其自視也亦若此矣。而宋榮子猶然笑之，且舉世而譽之而不加勸，舉世而非之而不加沮，定乎內外之分，辨乎榮辱之竟，斯已矣。彼其於世，未數數然也。雖然，猶有未樹。夫列子御風而行，泠然善也，旬有五日而後反。彼於致福者，未數數然也。此雖免乎行，猶有所待者也。若夫乘天地之正，而御六氣之辨，以遊無窮者，彼且惡乎待哉？故曰：至人無己，神人無功，聖人無名。 棘，人名。窮髮，不毛地也。羊角，風之旋者。上，上聲。斥鷃，斥澤小鳥。鷃音晏。知音智。行，下孟反。比音婢。譽，平聲。沮，慈呂反。分音問。竟音境。數音朔。數數，猶汲汲也。夫音扶。六氣，陰、陽、風、雨、晦、明。惡音烏。

　　以上所云見於《齊諧》。不獨《齊諧》，昔湯與棘問答，亦有此言。可見小大有辨，不能相通。今之知效一官，行比一鄉，德合一君，而徵一國者，其小知不遠，亦若此斥鷃而已，故宋榮子以為笑。但榮子之學，審於自得，而警然超俗，舉世譽之不加勸，舉世毀之不加沮，內我而外物，榮己而辱人，止於是而已矣，可謂寬容雅淡、不汲汲於世務者矣。忘世者也，於德猶未忘也，不如列子。列子清虛體真，得風仙之道，乘風而行，泠然輕舉，旬有五日而一反其家，不汲汲於營道者矣。然忘道者也，非無不忘者也，猶有列子在焉，猶待於風也。「若夫乘天地之正，御六氣之變」，體則自然而無朕，用則妙應而無方，以遊於終始無窮之門，若而人者，且惡乎待哉？故曰：至人無己，神人無功，聖人無名。至於無，而天地萬化在我，無往而不逍遙矣。《韓非子》曰[註1]：「宋榮子設不鬥爭，取不隨仇，不羞囹圄，見侮不辱，世主以為寬而禮之。」

　　〔註1〕見《韓非子・顯學第五十》。

《荀子》曰宋子「明見侮之不辱，使人不鬭」〔註2〕，謂人之情慾寡，而皆以己之情慾為多，是過也。《莊子‧天下篇》曰：「宋鈃以禁攻寢兵為外，以情慾寡淺為內，故謂其定乎內外之分，辨乎榮辱之竟也。」恒人不及榮子，榮子不及列子，列子不及至人，皆小大之辨也。「棘」，《列子》作「夏革」。「猶然」，笑貌。「致福」，修德以致福者。「辨」，宜作「變」。「遊無窮」三字，是莊子緊要語，所謂無窮者是何物？

堯讓天下於許由，曰：「日月出矣，而爝火不息，其於光也，不亦難乎？時雨降矣，而猶浸灌，其於澤也，不亦勞乎？夫子立而天下治，而我猶尸之，吾自視缺然，請致天下。」許由曰：「子治天下，天下既已治也，而我猶代子，吾將為名乎？名者，實之賓也。吾將為賓乎？鷦鷯巢於深林，不過一枝；偃鼠飲河，不過滿腹。歸休乎君！予無所用天下為。庖人雖不治庖，尸祝不越樽俎而代之矣。」爝音爵。治，去聲。子治，平聲。凡治之皆平聲，已治皆去聲。後倣此。

許由，字仲武，隱於箕山，堯知其賢，而以天下讓。夫子立而天下治者，至人默成道德而陰陽自和。如庚桑楚居畏壘，而畏壘大穰。蓋堯以治功歸許由也。許由謂堯治天下既已效矣，而我猶代子，則子居其實而我享其名，子為其主而我尸其賓，吾非為名為賓者也，不當有天下也。人各有志，性各有極，吾猶鷦鷯之居，不過一枝；偃鼠之飲，不過滿腹。箕山之陰，已了吾事，榮願自足，無待外求。君其休矣，吾何用天下為哉？譬之庖人尸祝，各有司存。縱廢宰割之功，亦庖人責爾，尸祝不宜越局而代事。子雖倦勤而禪讓，吾肯去山林而代子乎？不願有天下也。

肩吾問於連叔曰：「吾聞言於接輿，大而無當，往而不反。吾驚怖其言，猶河漢而無極也；大有逕庭，不近人情焉。」連叔曰：「其言謂何哉？」曰：「『藐姑射之山，有神人居焉，肌膚若冰雪，淖約若處子；不食五穀，吸風飲露；乘雲氣，御飛龍，而遊乎四海之外；其神凝，使物不疵癘而年穀熟。』吾以是狂而不信也。」連叔曰：「然。聾者無以與乎文章之觀，瞽者無以與乎鍾鼓之聲，豈惟形骸有聾盲哉！夫知亦有之。是其言也，猶時女也。之人也，之德也，將旁礴萬物以為一，世蘄乎亂，孰弊弊焉以天下為事！之人也，物莫之傷，大浸稽天而不溺，大旱金石

〔註2〕見《荀子‧正論篇第十八》。

流、土山焦而不熱。是其塵垢粃穅，將猶陶鑄堯、舜者也，孰肯以物為事？」當，去聲。迒庭音敬聽。藐音邈。射，夜，有二音。淖音綽。處，上聲。與、觀、知，並去聲。夫音扶。女音汝。磚，蒲博反。蘄音祈。稽音雞。粃穅音彼康，穀皮也。

「迒庭」，隔遠貌。「綽約」，柔和也。「是其言也，猶時女也」，言知有聲聾之言，猶之汝之謂也。「旁磚」，混同貌。「蘄」，求也。「亂」，治也。「稽」，至也。「塵垢粃穅，將猶陶鑄堯、舜」，即所謂土苴治天下也。夫人常局於目前之近觀，而駭於理外之奇。舉天地之大，其中殊奇絕尤豈有限乎？聰之所棄，則震雷不能使之聞；明之所棄，則三光不能使之見。又況絃管之和音、山龍之綺粲，安能賞克諧之雅韻、暐曄之鱗藻哉？故聲聾在乎形器，則謂有耳目者皆妄譚；暗昧滯乎心神，則謂有智慧者皆謬舉。守一家之言，無四域之智，咸曰世間安得仙人，天下必無此事。一聞玄元之膚論，便謂迒庭之過言矣。豈知不以物嬰身者，膚有冰雪之清；不以外傷內者，貌有嬋娟之靜。咽九華於雲端，咀六氣於丹露，則至味何以易其食？履流光於宛虹，策飛景於璇璣，則大輅曷以易其遊？反照則收美利於不言，凝神則溥元功於無外，二儀效清寧之順，六氣有瑞寶之徵。不治世而世登於理，不傷物而物莫之傷，故塵垢可以鑄堯，粃穅可以陶舜，瓦甓皆道之餘緒，土〔註3〕苴亦治之權輿。眇功業於太虛之浮雲，小利澤於大海之一汋，所性自足，詎肯以物為事乎？此許由所以安於一枝，而恥代庖人之事也。

宋人資章甫而適諸越，越人斷髮文身，無所用之。堯治天下之民，平海內之政，往見四子藐姑射之山、汾水之陽，窅然喪其天下焉。斷音短。汾音焚，堯都地。窅音窈。喪，去聲。

「諸越」，澤國之區。「斷髮文身」，以避蛟龍之害。「章甫」，禮冠，無所用之。宋人資以為貨，折閱必矣。堯治天下，天下既已治矣，往見四子於藐姑射之山，則格天巍巍之業皆付之於無用，亦猶之乎宋人也。夫君子所性，雖大行而不加；聖人無情，惟順事而妙應。是故萬邦雖和，未嘗增堯心之一物，從體起用，用即是體。雖位天地，育萬物，而曠然獨一喜怒哀樂未發之中，堯心不識，故當時之歌功者亦曰不識；堯心無名，故萬古之誦烈者亦曰無名。黃屋豈殊於青山，汾陽何異於姑射？堯未嘗有治唐之心，而有唐之治，有唐之民自

〔註3〕「土」，光裕堂刻本誤作「士」。

為也。善契此論，則姑射本在於人間，大鵬亦飛於方寸耳。許由之無用天下，姑射之不事天下，堯之喪其天下，皆「至人無己，神人無功，聖人無名」之事也。

惠子謂莊子曰：「魏王貽我大瓠之種，我樹之成而實五石。以盛水漿，其堅不能自舉也。剖之以為瓢，則瓠落無所容。非不呺然大也，吾為其無用而掊之。」莊子曰：「夫子固拙於用大矣。宋人有善為不龜手之藥者，世世以洴澼絖為事。客聞之，請買其方百金。聚族而謀曰：『我世世為洴澼絖，不過數金。今一朝而鬻技百金，請與之。』客得之，以說吳王。越有難，吳王使之將，冬與越人水戰，大敗越人，裂地而封之。能不龜手，一也。或以封，或不免於洴澼絖，則所用之異也。今子有五石之瓠，何不慮以為大樽而浮於江湖，而憂其瓠落無所容，則夫子猶有蓬之心也夫！」惠子名施，為魏相。瓠音護。種音冢。實五石，中容五石。盛音成。剖，普口反。瓢，毗遙反。瓠落音廓洛。呺音囂。為音位。掊音剖。龜如字，又音均。洴澼絖音平霹曠。說音稅。難、將，並去聲。

「瓠」，匏也。「堅不能自舉」，瓠薄脆不勝舉也。「瓠落」，平淺貌。「呺然」，虛大也。「掊」，打破也。「龜手」，凍裂如龜文，亦讀作皸。「洴」，浮。「澼」，漂。「絖」，絮也。「慮」，思也，《疏》作「攄」，繩絡之也。「樽」，如壺，用渡水者。「蓬」，短曲不暢之草，非直達者也。此章言大物固有大用，而不能用大者，以為無用，世安知無用之為大用也。大用者，不獨全生盡年而已也。

惠子謂莊子曰：「吾有大樹，人謂之樗，其大本擁腫而不中繩墨，其小枝捲曲而不中規矩，立之塗，匠者不顧。今子之言，大而無用，眾所同去也。」莊子曰：「子獨不見狸狌乎？卑身而伏，以候敖者；東西跳梁，不辟高下，中於機辟，死於罔罟。今夫犛牛，其大若垂天之雲，此能為大矣，而不能執鼠。今子有大樹，患其無用，何不樹之於無何有之鄉、廣莫之野，彷徨乎無為其側，逍遙乎寢臥其下，不夭斤斧，物無害者，無所可用，安所困苦哉？」樗音樞。腫音冢。中音眾，下同。捲、拳同。去，上聲。狸音離。狌音生。狌，由救反。敖，平聲。辟音辟。罟音古。犛，離、來二音。彷徨音房皇。

「樗」，惡木。「擁腫」，槃瘻也。「捲曲」，不端直也。「狌」，野貓也。「敖者」，遊翔之物也。「跳梁」，跳擲也。「辟」，法也。「犛牛」，旄牛也。「彷徨」，

縱任之。名惑於小方而闇於大道，縱情徇利，禍不旋踵，此狸狌之類也。經乎污漫之門，遊乎窈冥之野，徜徉無為，與俗不群，言雖無會而獨應者，雖無執鼠之小用，而陶鑄堯舜，皆從此出，為用不既大乎？此兩章，莊生自敘其逍遙之趣也。莊子敘事，是傳影留神法。若其意指，都在驪黃牝牡外，如《易》之假象一般。大鵬之事，分明寫出性中活潑潑地，若求之聖賢書中，則「素位而行」一章，「君子所性」一章，「居天下之廣居」一章，蔬食飲水、簞瓢陋巷、浴沂風雩、任重道遠等章，已具此理。至奇而無奇，至妙而無妙，至易至簡而至不可及，放之則巍巍蕩蕩，卷之卻無尋處。顧莊子已自落於聖門之籍，政不必援而歸之。以吾讀《莊》者，當知其所以異、所以同始得。

齊物論第二　內篇

物論紛紜，自儒、墨以至堅白同異之倫，各為其所欲焉。以自為方，莫不己之是而人之非。彼皆非知代者，故不齊。吾知代，則彼之不齊者，吾付之不齊而皆齊。「夫物，量無窮，時無止，分無常，終始無故」，「吹萬不同，咸自取」而已。論，去聲。

南郭子綦隱几而坐，仰天而噓，嗒焉似喪其耦。顏成子游立侍乎前，曰：「何居乎？形固可使如槁木，而心固可使如死灰乎？今之隱几者，非昔之隱几者也。」子綦曰：「偃，不亦善乎，而問之也！今者吾喪我，汝知之乎？綦音其。隱音印。噓音虛。嗒，土答反。喪，息浪反。居音姬，猶故也。偃，子游名。

「隱」，憑也。「噓」，歎也。「嗒焉」，解釋貌。「耦」，匹也。子綦憑几坐忘，凝神寂寞，仰天而歎，妙悟自然，同天人，均彼我，故外無與為歡，而嗒焉解體，若失其配匹然。死灰、槁木，狀其寂寞無情也。子游嘗見隱几者，而未有若子綦，故發驚疑之問。吾喪我，則我自忘矣。我倘自忘，天下孰識之哉？

汝聞人籟而未聞地籟，汝聞地籟而未聞天籟夫！」子游曰：「敢問其方。」子綦曰：「夫大塊噫氣，其名為風。是唯無作，作則萬竅怒呺，而獨不聞之翏翏乎？山林之畏佳佳，大木百圍之竅穴，似鼻，似口，似耳，似枅，似圈，似臼，似窪者，似污者，激者，謞者，叱者，吸者，叫者，譹者，宎者，咬者。前者唱于，而隨者唱喁。泠風則小和，飄風則大和，厲風濟則眾竅為虛。而獨不見之調調、之刁刁乎？」籟音賴。夫音扶。塊，苦怪、苦對二反。噫音隘。呺音號。翏、飂，同音聊。畏，烏罪反。佳，祖罪反。枅

音雞。圈，起權反。臼音咎。窪音蛙。汚音烏。譹音孝。讓音豪。宎音天。咬音坳，於交反。喁音愚。泠音零。和音賀，下同。飄音標。濟音霄，止也。

「人籟」，簫也，長一尺二寸，十六管，象鳳翅。夫簫管參差，宮商異律，故有短長高下萬殊之聲。天地之籟亦如是矣。下文遂言地籟。「大塊」，指形象之天地言。大塊之中，噫而出氣，其名謂之風。風惟無作，作則萬竅皆怒，動而為聲矣，獨不聞翏翏然自遠來者乎？「翏翏」，長風之聲。「畏佳」，扇動之貌。言長風之來，擊蕩山林，遂使樹木不寧，紛披扇動。彼百圍之大木，孔竅多奇，或似鼻者，或似口者，或似耳者，或似柱頭斗楷者，或似蓄獸圈者，或似舂臼者，或窪曲而擁腫者，或汚下而不平者。略舉樹竅，有此八似矣。是以大風所激，其聲亦殊，有作水湍激聲者，有譹然作箭頭孔聲者，有作叱咤聲者，有作呼吸聲者，有作叫呼聲者，有作讓哭聲者，有宎然若深谷聲者，有咬然若哀切聲者。竅有八似，風之所及，亦復有此八聲矣。風之開前來者，其聲於於焉；隨後來者，其聲喁喁然。泠清即應之以小和，暴疾即應之以大和，烈風既止則眾竅咸虛無聲，群聲之不齊如此，爾不見其形之調調刁刁、搖動而不齊乎？蓋聲有此異，形亦有此異也。此皆盈虛聚散不得不爾，豈非所謂「天地之正」、「六氣之辨」而「無窮」者哉？

子游曰：「地籟則眾竅是已，人籟則比竹是已，敢問天籟。」子綦曰：「夫吹萬不同，而使其自己也，咸其自取，怒者其誰邪？」比音婢。夫音扶。

子游曰：「地籟則上所云竅穴之類是已，人籟則人間合竹而成，如簫管之類是已，敢問天籟？」子綦曰：「有生之類，萬有不同。吹者自吹，止者自止，是孰使之然哉？咸自取爾，非有怒之者也。」天道至無，不能生有；有之未生，又不能為生。我亦不能生物，物亦不能生我。然而不能不生者，自然生也。有止亦不能不止，自然止也。自然則謂之天，故以天籟名。天者，萬物之總名，自然之別稱也，豈蒼蒼之謂邪？凡春生秋殺，出死入生，目視耳聽，貴賤賢愚，近取諸身，遠取諸物，盡天籟之自然而無窮者也。下文以情識之變言之。「怒者」，氣奮之意，故大鵬亦曰怒而飛。

大知閒閒，小知間間；大言炎炎，小言詹詹。其寐也魂交，其覺也形開。與接為構，日以心鬭。縵者，窖者，密者，小恐惴惴，大恐縵縵。其發若機括，其司是非之謂也；其留如詛盟，其守勝之謂也；其殺如秋

冬，以言其日消也；其溺之所為之，不可使復之也。其厭也如緘，以言
其老洫也；近死之心，莫使復陽也。喜怒哀樂，慮歎變熱，姚佚啟態。
樂出虛，蒸成菌。知，去聲。覺音教。縵音慢。窖音教。詛，側據反。厭音壓。緘，
古閑反。洫，呼役反。熱音熱，尼輒反，怪也。菌音窘。

　　此詳言天籟之不同。蓋人心之變無窮，而為象各異。大知者閒閒，其廣博
也；小知者間間，其分別也；大言者炎炎，其光華也；小言者詹詹，其詞費也。
寐則神魂交合也，覺則目開意悟也。人之與物接也，以為搆結驩愛，而不知其
日以心鬥也。或縵然其心寬也，或窖然其心深也，或密然其心隱也；或小恐惴
惴，惕若無所容也；或大恐縵縵，悠長若無所止也。其迅發若弩機箭栝，是非
有主，不可回也；其留滯如詛祝盟誓，堅確守勝，不可移也。其衰殺如秋冬景
物，蕭然其日消也。其沉溺於所為，一往而不可使之復返也。其厭沒於欲，如
緘結之不可解，彌老而愈深也。其心與死鄰，日遊鬼趣，不能使返於陽生之也。
或喜而中心暢悅，或怒而意忿情嗔，或哀而涕泗悲號，或樂而手足忭舞，或熱
而恐怪不動，或姚而美麗妖冶，或佚而縱放奢華，或啟而開張不檢，或態而矜
容作氣。眾生心識，轉變不窮。略而言之，有此異目。審而察之，皆從幻出。
譬夫金石內虛，而忽暢其律呂；溽暑蒸作，而倏生為菌芝。雖情變無窮，而總
歸自取，不知其所以怒之者，是以謂之天籟也。

　　日夜相代乎前，而莫知其所萌。已乎！已乎！且暮得此，其所由以
生乎！非彼無我，非我無所取。是亦近矣，而不知其所為使。若有真宰，
而特不得其朕，可行已信，而不見其形，有情而無形。百骸、九竅、六
藏，賅而存焉，吾誰與為親？汝皆說之乎？其有私焉？如是皆有為臣妾
乎？其臣妾不足以相治乎？其遞相為君臣乎？其有真君存焉？如求得
其情與不得，無益損乎其真。 藏，去聲。賅音該。說音悅。遞音弟。

　　凡上文所云情識之變，皆所謂「吹萬不同」者也。此理無日無夜，相與代
謝於吾前，與日俱新，無有窮盡，竟不知其從何處起，故曰「怒者其誰邪」。
此一句是莊子學問大宗旨，即《逍遙遊》所謂「無窮」者，即《天下》篇所稱
「芴漠無形，變化無常。芒乎何之，忽乎何適」者。一部《莊子》，只發揮此
句。《德充符》篇曰：「死生、存亡、窮達、貧富、賢不肖、毀譽、饑渴、寒暑，
是事之變，命之行也。日夜相代乎前，而知不能規乎其始者也」，亦此語也。
故下文以儒墨、是非、毀成、可不可、然不然發揮此理。究而言之，即《易》
所謂「一陰一陽之謂道」也。「已乎已乎」者，蓋追之而不可及、談之而不可

盡之意，言此相代之理，詎有窮處？凡我夜去明來，日夜生息以成此人者，豈非此所為乎？非彼相代乎前，則我無由而生；非我有生之身，此理亦無領受鉤連胳合，亦最近矣。近則宜易知，而終不知其所以使者。若論「非彼無我」，似在彼邊；若論「非我無所取」，似在我邊。必有真宰使之，而特不得其朕兆之所在。凡無朕兆者，必無可行之跡與可信之理。今此真宰者，人人有而可行，亦人人有而自信，初非誕漫荒唐而無實，一舉足、一舉眼，就在面前，而終不見其形。蓋有情實，無形狀，離之不可，執之不可，皆自然。無使然者，始終說不出來。非不欲說，不可說也，故曰「怒之者誰邪」。此節從「誰」字換做「其」字，又換做「此」字，又換做「彼」字，又換做「真宰」字，都是「誰」字之意。「旦暮」二字，從「日夜」字出來，日夜是彼之日夜，旦暮是我之旦暮。次節「百骸九竅」云云，又從「我」字內發揮，且如我身中骨節甚多，槩而稱之曰百。眼、耳、鼻、舌、口及下二漏稱竅者九，心、肺、肝、脾、兩腎稱藏者六，必備存此物，而後成身。如許物中，何物是我真宰？我誰與為親？其無所揀擇而皆親之乎？抑皆親之中，又有最親而獨私者乎？皆親則皆真宰也，不應如此之多；有私則有私真宰也，不應如此之偏。皆不可知也。且是骸、藏、百體各有所司，譬官府然，豈各擁其尊而有為之臣妾者乎？抑幾務繁多，臣妾不足以相治而待假借於他官乎？為復官不必備，但以當職者為主，餘皆稱輔，而更相為君臣乎？其有真君存焉，非百骸，非九竅，非六藏，非形，非色，不自，不他，而巍然獨為舉身內外之所歸命者乎？此又不可不知也。反覆致詰，其中必有一端實說。假饒求得其實說與不得其實說，何損益於其真？知其情不為曠然有悟，不知其情不為冥然無覺，竟無益於我。然則吹萬之妙，非惟不可知，抑亦不必知已。「真君」，即上文「真宰」，即吹萬之誰何。謂求得與不得，無損益於其真，蓋真君變化而無跡，直是不可知，知之即非。世必有真人，而後有真知也。

　　一受其成形，不亡以待盡。與物相刃相靡，其行盡如馳，而莫之能止，不亦悲乎！終身役役而不見其成功，苶然疲役而不知其所歸，可不哀邪！人謂之不死，奚益？其形化，其心與之然，可不謂大哀乎！人之生也，固若是芒乎？其我獨芒，而人亦有不芒者乎？夫隨其成心而師之，誰獨且無師乎？奚必知代而心自取者有之？愚者與有焉。未成乎心而有是非，是今日適越而昔至也。是以無有為有。無有為有，雖有神禹，亦不能知，吾獨且奈何哉？苶，乃結反，音涅，疲貌。夫音扶。與音預。

　　承上言此理。一自人受形以來，與之旦暮相守，未嘗暫離，直至於死而後已。「非彼無我，非我無所取」，既求得其情與不得其情，無損益於真，只當以其知之所知養其知之所不知，而不中道夭，是德之盛也。何今人銳情逐境，妄興是非，或與物相逆而刃，或與物相順而靡，其行盡天年，如白駒之過隙，而不知少求休息也，不可悲哉！方且縱其無涯之情，終身碌碌，與天下之辯者為怪。而考其效，汎汎乎如捕風繫影，竟無可言。至於苶爾疲役，奄奄乎就木，而猶不知其所以好此者之歸趣云何也，可不哀邪！縱百年不死，何益？察其形，則赬然紅者為皓皓，黝然玄者為星星，既已化矣，心豈不與之俱化乎？夫天以神明麗於人之身而為之主，善養之則精光日完，圓通瑩徹，超萬劫而不毀者，亦此一點。而乃使之與形俱化，淪於鬼趣，可謂雖生之日，猶死之年矣，此非哀之大者邪！豈舉世有生之物，本若是其茫茫哉？意者我獨茫茫而人亦有惺惺者乎？人皆茫茫，猶可諉也。人有惺惺而我獨茫茫，胡可不惕然省也？此一段分明即他日責惠子所謂「道與之貌，天與之形，無以好惡內傷其身。今子外乎子之神，勞乎子之精，倚樹而吟，據槁梧而瞑。天選子之形，而子以堅白鳴」之意。蓋當時之持物論者，無不如此，故以此哀之爾。又言人若認得此理無窮，隨其天然自成之心而師之，率性而動，至理自足，歸而求之，各有餘師，不必知化而心自取者有之，雖「愚者與有」矣。化即所謂「日夜相代於前」者，自取即所謂「非我無所取」者。知此者，至人也。「隨其成心而師之」，即《天下》篇所謂「各為其所欲言以自為方」者也。然在莊子，已謂之愚矣。至於當時之為物論如惠子流，又在此下。言今之人未成乎心而肆其空談，以是非天下，此「今日適越而昔至」之論。其道舛駁，其言不中，以「無有為有」者也。昔神禹行遊九域，幽經怪牒，舉知之矣，而不能以無有為有。以無有為有，雖神禹當付之不知，吾獨奈何知之，而空肆其辨哉！「今日適越而昔至」，見《天下》篇，總是不稽之談也。自「發天」二字之後，曰「吹萬」，曰「彼我」，至此方露「是非」二字，以暢齊物論之意。莊子之齊物論，以「無窮」二字齊之也，以天籟齊之也。或問：自「大知閒閒」以至「蒸成菌」，種種情識，佛氏謂之惡業因緣，何以謂之天籟？何以謂之真君？蓋除卻喜怒、哀樂、好惡，便無人心；除卻人心，便無善惡。以好惡內傷其身，便非真；不以好惡傷其身，便是真。執之則皆物，不執則皆道。

　　夫言非吹也。言者有言，其所言者特未定也。果有言邪，其未嘗有言邪？其以為異於鷇音，亦有辯乎，其無辯乎？道惡乎隱而有真偽？言

惡乎隱而有是非？道惡乎往而不存？言惡乎存而不可？道隱於小成，言隱於榮華。故有儒墨之是非，以是其所非而非其所是。欲是其所非而非其所是，則莫若以明。鷇音寇。惡音烏，下同。

此方以物論合天籟而言。夫言是人之吹也，而又不比於吹者何？蓋吹有音無字，而言則有音有字，有是有非，必將詮理而辯物矣，故異於吹。特其所謂是非者，殊不可定。不可定則比之於吹，猶未始不同也。不可定有二義：在世法則彼以為是而我以為非，我以為是而彼以為非，由彼我之情偏，故未定也；在道法則曩以為是而今以為非，今以為是而後以為非，即是即非，即非即是，則我是我非亦不可定也。皆所謂「日夜相代乎前，而不知其所萌」者也。既未定，則吾之言果有言邪？其未嘗有言邪？其與鷇音何異？鳥子欲出卵中而鳴者，謂之鷇音。鳥無知，鳥之初生者尤無知，特天機之自鳴耳，而何是與非之有知？代之言亦如是而已，故比之吹可也。若此，則道本無真偽，曷隱而有真偽哉？言本無是非，曷隱而有是非哉？道隱則不存，曷往而不存哉？言隱則不可，曷存而不可哉？蓋道之隱，隱於人心之小成也。小成則稱仁稱義，而漓道德之真，故道從此隱。言之隱，隱於言之榮華也。高談雄辯，以後罷者為勝，故至言從此隱。故有儒墨者流，以是其所非而非其所是，紛然其殽亂矣。雖然，天下之是非本無定也，欲是其所非而非其所是，奚而不可？惟知代者，心始不芒而能之，豈小成之人所能哉！故曰「莫若以明」。

物無非彼，物無非是。自彼則不見，自知則知之。故曰彼出於是，是亦因彼。彼是方生之說也。雖然，方生方死，方死方生；方可方不可，方不可方可。因是因非，因非因是。是以聖人不由而照之於天，亦因是也。是亦彼也，彼亦是也。彼亦一是非，此亦一是非。果且有彼是乎哉，果且無彼是乎哉？彼是莫得其偶，謂之道樞。樞始得其環中，以應無窮。是亦一無窮，非亦一無窮也。故曰莫若以明。

「物無非是」，「是」字即「此」字，以下並同。舊說以「彼」字中攝「此」字，以「是」字中攝「非」字，互見成文，以為莊子行文奇處，此大拙耳，烏奇之有？莊子之奇，不在此一字間也。此暢上文未發之意，言物本大同，無非彼，亦無非此，而橫生是非於其間者，蓋心有所蔽而不能相通，不見彼之所見而獨知己之所知故也。故曰「彼出於此，此亦因彼」，豈非代謝而不可分哉？今人蔽於彼此之跡，猶夫滯於有生之說者也，豈知生不可執。生者死之本，死者生之本，故人之所謂生者，鬼之所謂死也；鬼之所謂生者，人之所謂死也。

然則可否是非，其果可定乎？惟因其所是而是之，萬物莫不是矣。是以聖人不自由而照之以天，以天眼視萬物則不偏，亦因其所是而是之也。此亦彼也，彼亦此也。彼亦一是非，此亦一是非。果有彼此否乎哉？蓋人各得其道之一偏，故執東而笑西，執西而笑東。吾無彼無此，不執偶對，第從道之樞本處運動，得其虛中而環轉者，以應無窮，故方是即有非，方非即有是，是非皆一無窮而無所底滯，此所謂『不由而照之以天』者也，「故曰莫若以明」。

以指喻指之非指，不若以非指喻指之非指也；以馬喻馬之非馬，不若以非馬喻馬之非馬也。天地一指也，萬物一馬也。可乎可，不可乎不可。道行之而成，物謂之而然。惡乎然？然於然。惡乎不然？不然於不然。物固有所然，物固有所可。無物不然，無物不可。故為是舉莛與楹，厲與西施，恢恑憰怪，道通為一。其分也，成也；其成也，毀也。凡物無成與毀，復通為一。惟達者知通為一，為是不用而寓諸庸。庸也者，用也；用也者，通也；通也者，得也；適得而幾矣。因是已。已而不知其然，謂之道。勞神明為一，而不知其同也，謂之朝三。何謂朝三？曰：「狙公賦芧，曰：『朝三而莫四。』眾狙皆怒。曰：『然則朝四而莫三。』眾狙皆悅。」名實未虧，而喜怒為用，亦因是也。是以聖人和之以是非，而休乎天鈞，是之謂兩行。惡音烏。莛音廷，屋樑也。楹音盈，屋柱也。厲音癩。恑音詭，戾也。憰音決，乖也。復，扶又反。幾音機。狙音疽。芧音序，橡子也。朝三暮四，朝三升、暮四升也。

人各以在我者為是，在人者為非。己指則曰指也，人指則曰非指；己馬則曰馬也，人馬則曰非馬。夫以我指比人指，則人指誠非指也，莫若反而比之，以人之非指而比我之指，則我指亦非指矣；以我馬比人馬，則人馬誠非馬也，莫若反而比之，以人之非馬而比我馬，則我馬亦非馬矣。吾以在彼者為非，人亦以在此者為非。若謂之非，則均非而已，天下豈有獨非之理哉？仰觀俯察，莫不皆然。天地猶一指也，萬物猶一馬也，要之皆無是非，皆無彼此也。天下無定可，可乎可；亦無定不可，不可乎不可。道無定成，見之於行，則成物無定，然與之以名則然。惡乎然？「然於然。惡乎不然？不然於不然。」「物固有所然」，而亦「無物不然」。「物固有所可」，而亦「無物不可」。蓋不獨以人情觀之如是，天理亦如是；不獨以俗眼觀之如是，道眼亦如是。人情、俗眼，見人而不見己，見己而不見人；天理、道眼，則無所不見。故莛之橫而楹之從也，厲之醜而西施之好也，恢恑憰怪之不齊也，形情萬殊而理性同得，道通而

為一也。分與成殊矣，然分所以為成也；成與毀殊矣，然成所以為毀也。裂繒剪錦，衣裳之所為成也。甓垣築室，木石之所為毀也。然則孰為成，孰為毀，復通為一。惟達者知之，故不自用而寄諸庸。「寄諸庸」者，取其適用而止，故稱通而能得也。至於得而幾於道，無思無為，與天理人事皆相應矣。無他，因其所是而是之而已。因而不知其所以然，謂之道。今之持物論者，勞神極慮，以為一而不知其本一也，謂之朝三。昔有狙公，以芧予狙，而與之約曰：「吾與汝芧，朝三而暮四，足乎？」眾狙皆起而怒，更曰：「然則朝四而暮三，足乎？」眾狙皆伏而喜。朝雖稍增，而暮則已減，無加於七，而能令狙怒，能令狙喜，狙公亦巧於馭狙矣，亦因狙之所是而是之也。是以聖人之於萬物，和其是非而休乎天鈞。天鈞者，自然均平之理也。天下之嘵嘵從此止矣，且並存其說而兼得其是，故謂之兩行。兩行則無所不可矣。

古之人，其知有所至矣。惡乎至？有以為未始有物者，至矣，盡矣，不可以加矣。其次以為有物矣，而未始有封也。其次以為有封焉，而未始有是非也。是非之彰也，道之所以虧也。道之所以虧，愛之所以成。果且有成與虧乎哉？果且無成與虧乎哉？有成與虧，故昭氏之鼓琴也；無成與虧，故昭氏之不鼓琴也。昭文之鼓琴也，師曠之枝策也，惠子之據梧也，三子之知幾乎，皆其盛者也，故載之末年。惟其好之也，以異於彼；其好之也，欲以明之彼。非所明而明之，故以堅白之昧終。而其子又〔註4〕以文之綸終，終身無成。若是而可謂成乎？雖我亦成也。若是而不可謂成乎？物與我無成也。是故滑疑之耀，聖人之所圖也。為是不用而寓諸庸，此之謂以明。惡音烏。知音智。幾音機。好，去聲。滑音骨，亂也。為，去聲。

此又發揮上文「無成與毀〔註5〕」之意。言古人之知高出天下之上，至極而不可及矣。惡乎至？有以為本來無一物者。物尚無有，安有是非，「至矣，盡矣，不可以復加矣」。下此一等者，雖不能無物，然猶博觀並容，無人我相，未始有所封聚也。又下一等者，不能無封聚矣，然猶不滯不執，可方可圓，未始的有所是非也。至於是非明白，然後心心有主，喙喙爭鳴，如參、商之不相見，胡、越之不相得，而大道從此裂矣。然於道謂之虧，於愛謂之成。吾方以為虧，人方以為成。然則虧與成之名，的有定在乎哉？謂之有成與虧者，譬昭

〔註4〕「又」，光裕堂刻本誤作「文」。
〔註5〕「毀」，光裕堂刻本誤作「過」。

氏之鼓琴也。有鼓則悲喜欣戚四面橫集，謂之有成有虧可也。謂之無成與虧者，譬昭氏之不鼓琴也。無鼓則寂然收響，復歸無物，謂之無成與虧可也。鼓不鼓而有與無之名便別，適在反掌間爾，的有定在乎哉？吾未見虧與成之有辨也。且昭文之以善琴名也，師曠之以善樂名也，惠子之以善談名也，三子之知皆不可及，故各享其名，以終其身。良以其獨好之在此，而他無以易之。又欲以此自顯於當世，故畢其生平之力而自信其為有成矣。以我論之，惜乎於道槃無所聞，逐萬物而不反，明非所明，而徒以堅白無用之眛終，與草木腐朽何異。至於昭文之子，又以文之絲桐終，而亦無所成。以彼四子者，而可以謂之成，則如我之無成，亦可謂之成矣。若四子不可謂之成，則知彼與我均一無成也。吾又不知其孰成而孰虧也。成虧之不辨如此，是故聖人不務分別之明，而務滑疑之耀，玄同混齊，不自用而惟取其適用，此之謂以明。堅白之眛，公孫龍等設堅白之辨，樂正子輿所謂「佞給而不中，漫衍而無家，好怪而妄言，服人之口而不能屈人之心」者。惠施之學正出於此，莊子非之，故曰「堅白之眛」。枝策即杖策，以師曠蒙瞽故云。

今且有言於此，不知其與是類乎？其與是不類乎？類與不類，相與為類，則與彼無以異矣。雖然，請嘗言之。有始也者，有未始有始也者，有未始有夫未始有始也者。有有也者，有無也者，有未始有無也者，有未始有夫未始有無也者。俄而有無矣，而未知有無之果孰有孰無也。今我則已有謂矣，而未知吾所謂之其果有謂乎？果無謂乎？夫音扶。

因上文「惟其好之也，以異於彼」，於是莊子自言吾今有一言於此，吾將言之，不知與今之持論者相似乎？不相似乎？若相似與不相似，與彼同則我亦猶夫彼而已，何也？彼持論者正為其有相似與不相似，而是非生焉。今我亦謂相似與不相似，則亦不免於是非，而均之不能出是非之域，吾何以異於彼也？竟無異於彼，吾宜付之無言矣。雖然，請嘗試言之，烏能默而已乎？「有始也者」，恒物之所常言也。「有未始有始也者」，始者，對終之名，無終安得有始也。「有未始有夫未始有始也者」，稱未始有始，是尚有始也。真未始有始，則名亦不立矣。下文數疊，即衍此意。「有有也者」，指跡之名。「有無也者」，亡跡之名。然無有則無無，故曰有。「未始有無也者」，尚存未始有無之名，忘跡不盡。並其名而忘之始可，故曰「有未始有夫未始有無也者」。從至虛至無之中，俄然而有有、有無矣，而未知其有果安在，其無果安在也，終歸於「未始有夫未始有無」而已。今我既有此辨矣，則已有所指謂矣，而未知吾之所指謂

者，真有指謂乎？真無指謂乎？舉其名跡，雖復粲然，竟其歸宿，了無分辨，吾亦無謂之謂，不言之言耳。莊子立論，非漫無指，謂彼以無窮為宗，而無窮者終不可窮，故其語法當如此。老以無為宗，佛以空為宗，亦用此法。若孔、孟論道，實有著落指實處，藉此滑稽不得，學者不可不知。此一段，余嘗用佛氏書解之。今附存焉。

「有始也者」，始者，對終之稱也，猶夫人之生也。「有未始有始也者」，始本無始，生亦無生，無相生而幻身遂有，眾法散而浮世非堅，曷嘗有始也？「有未始有夫未始有始也者」，五行不到處，父母未生前，生死不相關之地，鬼神覷不破之機，又烏知其所以始也。故自始終對待之時，則謂之有。「有有也者」，凡形相之美惡與言語之是非，歷歷具在，不可謂之無也。「有無也者」，美惡本無美惡，是非亦無是非，皆由虛假展轉相軋而成，故曰無也。無即前之所謂始也。「有未始有無也者」，存無於心，復有無病，並無忘之而後謂之真無也，即前所謂「未始有始也」。「有未始有夫未始有無也者」，知其忘者未為都忘，雖忘忘之而後謂之真忘也，即前所謂「未始有夫未始有始也」。佛氏所謂「休尋向上三玄，要了末後一著」。從來悟了入頭處，行得脫俗處，踏實地，頂虛空，萬境全彰，一塵不立，皆三玄邊事，不可認著。世尊四十九年說法，末後拈花，迦葉微微而笑，得正法眼藏，到此方為無盡。故曰「俄而有無矣，而未知有無之果孰有孰無也」。蓋道性無二，色空不殊，謂之有則是非無主，名跡盡虛，既曠然不可謂之有矣；謂之無則眼見耳聞的，手持足行的，溪聲、山色、翠竹、黃花都是虛空中，不可壞相，安得謂之無？惟至人為能不被境瞞，玄同無礙，千變萬化而不離於宗，不落見解，不滯言詮，故無有無之可言，無是非之可辨也。今我之言亦如此，既已有謂矣，而不知我果有謂乎？果無謂乎？蓋有言之不言，不言之言在矣。

天下莫大於秋豪之末，而太山為小；莫壽乎殤子，而彭祖為夭。天地與我並生，而萬物與我為一。既已為一矣，且得有言乎？既已謂之一矣，且得無言乎？一與言為二，二與一為三。自此以往，巧歷不能得，而況其幾乎？故自無適有，以至於三，而況自有適有乎？無適焉，因是已。

以有形為大，則秋豪大矣，安知不有處秋豪之端萬分一者乎？以有限為小，則泰山小矣，泰山亦粗大於卷石耳，彼大澤之礨空，其大於泰山豈可以數計哉！以有生為大，則殤子壽矣，故佛家謂之轉世，既轉一世矣，寧不稱壽？

以喪生為夭，則彭祖夭矣。壽八百而死，自悔不壽，此其比大椿、冥靈，曾不能百一，而安可以稱壽乎？《疏》云「性足為大」、「無餘為小」，亦此意也。故「天地與我並生」，無壽無夭；萬物與我為一，無大無小；一而已矣。既已為一矣，復何分辨，且得有言乎？既已謂之一矣，見在分辨，且得無言乎？既有一，復有言，則成二數矣。以二數復合而一之，又成三數矣。自此以往，相乘不已，善算者不能竟，而況凡人乎！故從無而起，猶坐成三，而況從有起數者乎！是尚可以言論致哉？如欲無適而止，不復從事於分積之數者，惟因其所是而是之處可爾。

　　夫道未始有封，言未始有常，為是而有畛也。請言其畛：有左有右，有倫有義，有分有辨，有競有爭，此之謂八德。六合之外，聖人存而不論；六合之內，聖人論而不議。《春秋》經世先王之志，聖人議而不辯。故分也者，有不分也；辯也者，有不辯也。曰：何也？聖人懷之，眾人辯之以相示也。故曰：辯也者，有不見也。夫大道不稱，大辯不言，大仁不仁，大廉不嗛，大勇不忮，道昭而不道，言辯而不及，仁常而不成，廉清而不信，勇忮而不成，五者園而幾向方矣。故知止其所不知，至矣。孰知不言之辯，不道之道？若有能知，此之謂天府。注焉而不滿，酌焉而不竭，而不知其所由來，此之謂葆光。故昔者堯問於舜曰：「我欲伐宗、膾、胥敖，南面而不釋然，其故何也？」舜曰：「夫三子者，猶存乎蓬艾之間，若不釋然，何哉？昔者十日並出，萬物皆照，而況德之進乎日者乎？」夫音扶。為，去聲。畛音軫。嗛音歉。忮音至。園音團。幾，平聲。葆音保。膾，古外反。宗一、膾二、胥敖三，皆國名。艾音礙。

　　道無封，言無常，故無可辯。亦以其無封無常也，故辯從此出，而有畛界之多端焉。六合之外，雖聖人安能竟其所窮，是大而不可論也。六合之內，其細瑣猥坌之情，又安可以盡察，是小而不可議也。古今變態多者，莫如《春秋》，故其書最稱是非之府。然孔子猶議而不辯，以為辯之不可勝辯，故但存眾人之所同是同非者，以為鑒誡爾。蓋分則必有所不及分者，辯則必有所不及辯者。聖人懷之，而總付於無言無言而理自昭。眾人則條區畛別而辯之以相示，愈辯而愈不明，故曰有不見也。夫道之所貴者，大而已。大道不昭，大言不辯，大仁不仁，大廉不嗛，大勇不忮，道昭則不明矣，言辯則不及矣，仁常則不成矣，廉清則不信矣，勇忮則不成矣。何也？為其傷於小也。以小而希大，譬猶以圓而學方，不可得已。故知止於不知，付之無可奈何而止矣，不必求其無不知也。

故有不言之言，不道之道，雖有所不言不道，而天下之道畢苞於其中。雖若有所不知，而以其不知，含天下之知，正是大光明藏。故曰「此之謂天府」，為其注不滿，酌不竭，而不知其所由來也。又謂之葆光，為其萬物並照，光天之下，無不被也。昔堯欲伐三不庭之國，謀未決而不釋然。舜曰：「三子猶蓬艾中一物耳，日月之明，何所不照，而不能容蓬艾之一物乎？」無遠邇幽深，付之自若，此聖人之所以弘至德也。此葆光之論也。

齧缺問乎王倪曰：「子知物之所同是乎？」曰：「吾惡乎知之！」「子知子之所不知邪？」曰：「吾惡乎知之！」「然則物無知邪？」曰：「吾惡乎知之！雖然，嘗試言之。庸詎知吾所謂知之非不知邪？庸詎知吾所謂不知之非知邪？且吾嘗試問乎女：民溼寢則腰疾偏死，鰌然乎哉？木處則惴栗恂懼，猨猴然乎哉？三者孰知正處？民食芻豢，麋鹿食薦，蝍蛆甘帶，鴟鴉耆鼠，四者孰知正味？猨猵狙以為雌，麋與鹿交，鰌與魚游。毛嬙、麗姬，人之所美也；魚見之深入，鳥見之高飛，麋鹿見之決驟。四者孰知天下之正色哉？自我觀之，仁義之端，是非之塗，樊然殽亂，吾惡能知其辯！」齧缺曰：「子不知利害，則至人固不知利害乎？」王倪曰：「至人神矣！大澤焚而不能熱，河漢沍而不能寒，疾雷破山、風振海而不能驚。若然者，乘雲氣，騎日月，而遊乎四海之外，死生無變於己，而況利害之端乎！」惡音烏。女音汝。鰌音秋。恂音峻。猨、猿同。芻，初俱反。豢音患。蝍音即，蛆音疽，蟲名。鴟音笞。猵，篇面反。嬙音墻。決，喜缺反，音血，疾貌。沍音互，凍也。

莊子之所以齊物論者備矣。又引齧缺、瞿鵲二問答，以發不盡之意。「偏死」，半體枯也。「鰌」，魚類。人不可寢溼，而鰌不然；不可木處，而猿猴不然。誰為正處乎？「芻」，草也，牛羊之類。「豢」，養也，犬豕之類。以所食得名也。「薦」，美草也。「蝍蛆」，蜈蚣也，能食蛇腦。「帶」，蛇也。「猵狙」，似猿而狗頭，以猿為雌。「毛嬙」，古之美人，一云越王麗姬、晉獻公夫人。葛稚川曰〔註6〕：「人情莫不愛紅顏艷姿，輕體柔身，而黃帝近篤醜之嫫母，陳侯憐可憎之敦洽。人鼻無不樂香，故流黃爵金、芝蘭蘇合、玄膽素膠、江離揭車、春蕙秋蘭，價同瓊瑤。而海上之女，逐酷臭之夫，隨之不止。周文嗜不美之菹，不以易太牢之滋味。魏〔註7〕明好椎鑿之聲，不以易絲竹之和音。人各有意，

〔註6〕見葛洪《抱朴子內篇》卷十二《辨問》。
〔註7〕「魏」，光裕堂刻本誤作「覣」。《抱朴子內篇》作「魏」。

安可求此以同彼乎？」若至人雖死生猶不變，而況是非之塗哉！

　　瞿鵲子問乎長梧子曰：「吾聞諸夫子：『聖人不從事於務，不就利，不違害，不喜求，不緣道，無謂有謂，有謂無謂，而遊乎塵垢之外。』夫子以為孟浪之言，而我以為妙道之行也。吾子以為奚若？」長梧子曰：「是黃帝之所聽熒也，而丘也何足以知之！且女亦大早計，見卵而求時夜，見彈而求鴞炙。予嘗為女妄言之，女以妄聽之奚。句。旁日月，挾宇宙，為其脗合，置其滑涽，以隸相尊？眾人役役，聖人愚芚，參萬歲而一成純。萬物盡然，而以是相蘊。予惡乎知說生之非惑邪？予惡乎知惡死之非弱喪而不知歸者邪？麗之姬，艾封人之子也。晉國之始得之也，涕泣沾襟；及其至於王所，與王同筐牀，食芻豢，而後悔其泣也。予惡乎知夫死者不悔其始之蘄生乎？夢飲酒者，旦而哭泣；夢哭泣者，旦而田獵。方其夢也，不知其夢也。夢之中又占其夢焉，覺而後知其夢也。且有大覺而後知此其大夢也。而愚者自以為覺，竊竊然知之。君乎？牧乎？固哉！丘也與女，皆夢也；予謂女夢，亦夢也。是其言也，其名為弔詭。萬世之後，而一遇大聖，知其解者，是旦暮遇之也。」孟浪如字，一音漫瀾。熒，因迴反，本作螢惑也。大音太。彈音但。鴞音囂，小鳩也。為音位。脗音刎，脗合無際貌。骨音汨。涽音昏，滑涽未定之謂。芚音豚。惡音烏。說音悅。惡死，烏路反。蘄音祈。覺音教。女音汝。

　　「夫子」，指長梧子，丘其名。「孟浪」，無所趣舍之謂。「熒」，惑也。「時夜」，司夜，謂雞也。「鴞」，小鳩，可炙。夫物有自然，理有至極，循而直往則冥然自合。非所言也，故言之者固孟浪；非所聞也，故聞之者亦聽熒。今瞿鵲子方聞孟浪之言，而便以為妙道之行，何異夫見卵而責司晨之功，見彈而生鴞炙之意者哉！不能安時處順，而逆計變化，亦大早矣。言之既為孟浪，故曰予且為汝妄言之；聽之亦為早計，故曰汝亦為予妄聽之。何哉？蓋至人者，旁日月，挾宇宙，遊於元氣之先，而出於太虛之表，為其自然脗合之道，而置其滑涽雜亂之跡。世人以隸為賤而賤之，故不勝其分別之多，而滑涽迷亂，各自是於一方。至人視己與隸等，視隸與至尊等，不見可賤，故置之勿言，自然為之脗合。眾人役役，馳騖於是非；聖人芚然，無知而直往，雖參揉萬歲，而純一不雜。道行之而成，則古今一成也。物謂之而可，則萬物一然然，其視天下之物，盡見其然而無不然者，蘊積無窮，止此一理，又安知死生先後之所在、彼我勝負之所加乎？死生一也，死非可惡，生非可悅。人乃悅生而惡死，惑也。

彼少而失其故鄉者，安於所在而不歸，人必以為流浪人矣。今吾之生焉，知非弱喪；而死焉知非還鄉也。何為惡之哉？驪姬初去父母，相持而哭甚悲也。及安於晉，而後悔其泣之非也。然則人之死，安知非驪姬之嫁？而紛紛焉祈巫謁醫，漣漣如執妻妾手不訣，何為者？安知其既死之後，不追悔其始之求生？亦猶驪姬之嫁也。且夫寢寐之事有萬變，其占亦萬變。飲酒，樂事也；夢飲酒者，其占為哭泣。哭泣，哀事也；夢哭泣者，其占為田獵。或夢樂而占悲，或夢悲而占樂，覺寐之辨不同如此，誰得而明其理？方其夢也，不自知其為夢，亦以為覺也。於夢之中又占其夢之吉凶，而未始不以為實也。既覺之後，而後知此其夢也，非實也。今天下芸芸然馳騖於有為之境，而爭出於是非之塗者，皆大夢中人爾。世必有大覺者，而後知此其大夢也。乃蠡測管窺之士，質有至愚，而方自以為覺，此知君與牧之貴賤，而不知君與牧之時為貴賤者也，不亦固哉！今吾汝亦非忘言而神解者，何異於夢？予謂汝夢，又何異於夢中占夢？子既詭異而不真，吾復悲汝而相弔，是以詭弔詭而已。必萬世之後，有蛻然無係而玄同死生者出焉，然後吾汝之夢可解。當知是人甚為希有，雖萬世而一相望，猶旦暮耳。世之識真者少，大覺至人豈易得哉！「君乎牧乎」，用《列子》事：「周之尹氏大治產，有老役夫筋力竭矣，而使之彌勤。夜則夢為國君，其樂無比。人有慰喻之者，役夫曰：『人生百年，晝夜各分。吾晝為僕虜，夜為人君，何所怨哉？』尹氏心營世事，心形俱疲，昔若夢為人僕。以訪其友，友曰：『若位足榮身，勝人遠矣。夜夢為僕，苦逸之復，數之常也。若欲覺夢兼之，豈可得邪？』尹氏寬其役夫之程，減己思慮之事，疾亡少間。」

既使我與若辯矣，若勝我，我不若勝，若果是也，我果非也邪？我勝若，若不吾勝，我果是也，而果非也邪？其或是也，其或非也邪？其俱是也，其俱非也邪？我與若不能相知也。則人固受其黮闇，吾誰使正之？使同乎若者正之，既與若同矣，惡能正之？使同乎我者正之，既同乎我矣，惡能正之？使異乎我與若者正之，既異乎我與若矣，惡能正之？使同乎我與若者正之，既同乎我與若矣，惡能正之？然則我與若與人，俱不能相知也，而待彼也邪？「何謂和之以天倪？」曰：「是不是，然不然。是若果是也，則是之異乎不是也，亦無辯；然若果然也，則然之異乎不然也，亦無辯。」化聲之相待，若其不相待，和之以天倪，因之以曼衍，所以窮年也。忘年忘義，振於無竟，故寓諸無竟。黮音菩，徒感反，黑也。惡音烏。曼，莫半反，音漫。

此一段最痛快，三復之，真令人緘金人之口。「若」、「而」，皆汝也。「人固受其黮闇」，言我與若既已昧然矣，而欲使人正之，則人又受我與若之昧，以暗傳暗，終無明期也。「我與若與人，俱不能相知也，而待彼也邪」，言此之所以需彼者，貴其能正之也，今我與若與人既皆不能正矣，而何待於彼邪？所謂「待彼」者，非謂三人之外更有人也，言人則多人在其中，不止三人矣。「彼」者，對此之稱也。「天倪」者，自然之分也。「是不是，然不然」，謂亦是亦不是，亦然亦不然，而不可定也。故天機動而為是則是之，既而人以為不是，吾亦付之無辯；天機動而為然則然之，既而人以為不然，吾亦付之無辯。或捨己而從人可也，或都捨而不從可也，或直前而任往可也，或既往而不追可也。彼是非之言，變化不一，不謂之化聲乎？吾觀化聲之來，當與其不來同，如鳴鳥飆風之過耳，決然而已。和之以天然之倪，可分則從而分之，不為多言；任之以曼延之妙，可混則從而混之，不為循默。循斯而往，則是非之境自泯，而性命之致自窮，故可以忘年而玄同死生，可以忘義而彌貫是非。至理暢於無竟之域，至人亦寄跡於無竟之域而已，又焉用諄諄然與物論是非哉？「曼衍」，猶曼延無極之意。

罔兩問景曰：「曩子行，今子止；曩子坐，今子起；何其無特操與？」景曰：「吾有待而然者邪？吾所待又有待而然者邪？吾待蛇蚹蜩翼邪？惡識所以然？惡識所以不然？」景、影同。曩，乃黨反。與，平聲。蚹音附。蜩音條。惡音烏。

「罔兩」，影邊之微陰也。罔兩謂影曰：「子之行止坐起皆聽於形，何無特立之操也？」影曰：「物之形質，咸稟自然，事似有因，理則無待。萬類參差，無非獨化，吾亦天機之自然。若此耳，豈有待而然邪？若謂我待形而然也，則形復何所待邪？謂影待於形，形待造物，請問造物復何所待？斯則待待無窮，卒於無待也。彼蛇蛻舊皮，蜩出新甲，盡獨化而生者也，吾所待者，其待此邪？」「惡識所以然，惡識所以不然」，思慮無所措其間矣。「蛇蚹蜩翼」，舊以為蛇腹下齟齬及蜩之翅，《疏》解以為當與《外篇》「蛇蛻蜩甲」同，今從之。郭子玄曰：「世或謂罔兩待景，景待形，形待造物。請問：造物者，有邪無邪？無也，胡能造物？有則不足以物眾形。故明眾形之自物而後始可與言造物爾。造物者無主，而物各自造，故彼我相因，形景俱生，雖復玄合，而非待也。故罔兩非景之所制，而景非形之所使，形非無之所化也。化與不化，然與不然，從人之與由己，莫不自爾。吾安識其所以哉！故任而不助，則本末內外，暢然俱

得，泯然無跡。若乃責此之因而忘其自爾，宗物於外，喪主於內，而愛尚生矣。雖欲推而齊之，然其所尚已存乎胸中，何夷之得有哉！」

昔者莊周夢為胡蝶，栩栩然胡蝶也。自喻適志與，不知周也。俄然覺，則蘧蘧然周也。不知周之夢為胡蝶與，胡蝶之夢為周與？周與胡蝶，則必有分矣。此之謂物化。栩音許。與，平聲。覺音教。蘧音渠。

「栩栩」，喜貌，喻快也。「蘧蘧」，有形貌。夢為蝶，則蝶實而周虛。覺為周，則周在而蝶逝。周在而蝶逝，則夜之栩栩然者，周夢為蝶也。蝶實而周虛，則晝之蘧蘧然者，蝶夢為周也。當周則外蝶，當蝶則外周，故曰「周與蝴蝶，必有分矣」。分而不分，周、蝶故一物也，此變化之常理，達觀者無滯情矣。人以覺為真而夢為假者，豈不以夢暫而覺久邪？然觀百年於無數劫中，不既暫矣哉！生暫則當稱假矣，死久則當稱真矣，無以異於夢也。無以異於夢，則今日之周，徒蝴蝶用事耳，安得周於其間。若不然，而以為夢猶死也，則夢中亦栩栩之所未始非周，而何必浮世之周然後為周也。人惟無遊於逍遙耳，遊逍遙則覺亦可，夢亦可，生亦可，死亦可。蛇蚹蜩翼，無非無待之時；鼠肝蟲背，盡為不窮之地。譬彼窮指，方茲交臂〔註8〕，何用樂生而憂死，是此而非彼，苊然獨化而理盡矣。李元卓曰〔註9〕：「物自無物，雖蝶亦非。我自無我，雖周亦幻。況容有分乎？一夕之覺夢，一形之開合是也；一形之開合，一性之往來是也。靈源湛寂，觸處皆知，變化代興，隨遇無擇，而吾心未始有知焉。故是篇立喪我之子綦，以開齊物之端；寓夢蝶之莊周，以卒齊物之意。」

〔註8〕《疏》云：「夫新新變化，物物遷流，譬彼窮指，方茲交臂。是以周蝶覺夢，俄頃之間，後不知前，此不知彼。而何為當生慮死，妄起憂悲！故知生死往來，物理之變化也。」
〔註9〕見李元卓《莊列十論》。

卷 二

養生主第三　內篇

【夫養生誰能外知，而知實為生累，知無涯也。若庖丁之養刀，善矣，即不章有缺與折。則公文軒之刖，是亦天也，而終不以畜樊為善。尊生也，至於懸解，則無生也，而火傳不知其盡，無不生也。知其固然，而又知其無而奈何，毋以有涯逐無涯，此謂真知，此謂養生主。】〔註1〕

吾生也有涯，而知也無涯。以有涯隨無涯，殆已！已而為知者，殆而已矣！為善無近名，為惡無近刑，緣督以為經，可以保身，可以全生，可以養親，可以盡年。

世俗〔註2〕之學，文滅質博，溺心務知，其所不知，豈知知不可以言道，而更為道累也？故莊子每從知字發論，一則曰「小知不及大知」；一則曰「庸知吾之知非不知，不知之非知邪」；一則曰「知天之所為，知人之所為，至矣！知天之所為者，天而生也；知人之所為者，以其知之所知，養其知之所不知，而不中道夭者，知之盛也」；一則曰「達命之情者，不務知之所無奈何」。故齧缺問於王倪，四問而四不知；知問於無為謂，三問而三不答；儵忽鑿而渾沌死；喫詬失而象罔得。凡以明真知之不知也，其詳見《齊物論》矣。夫生者，體之

〔註1〕【 】內文字，光裕堂刻本完全不同，作：「人所貴於天地者，豈非生邪？苟無養生之主，生何由生？養生必資於知，而知不足以養生也，故稱神焉。稱神尚有我，而實非我能養生也，故稱天焉。彼日夜相代於前者，生所由來而不窮者也，故以火傳終焉。不通於無窮之說，而曰吾有以養生，何有哉！」

〔註2〕「俗」，光裕堂刻本誤作「裕」。

寓也；知者，心之靈也。倀倀迷方，趨死近矣。生豈不貴知哉！使其靈明內朗，不滯不留，何惡於知？而世之人每每務巧利，便徇物無涯，以藐爾七尺之軀，而營四海九州之養，以忽然百年之景，而圖萬世無窮之安，好勝不已，取物大弘，卒之不量力而舉萬鈞者有絕脰之虞，不度德而鬪萬事者有咋舌之痛，豈非以有涯隨無涯而殆者邪？彼方且賈餘勇之未試，悲前事之未工，不鑒覆轍，而多為知以救之，此徒以水救水，以火救火，滋多無益，更益禍耳，故曰「已而為知者，殆而已矣」。欲免為知之害，其惟反一無跡，深根寧極而待邪！道德之先，本無善惡。善惡之名，起於有為。有心為善，則名必隨之矣。有心為惡，則刑必隨之矣。吾無思無為，順物自然，而不起心以有為，則善非吾善，固不近名；惡非吾惡，亦不近刑。善惡兩忘，刑名雙遣，順一中之極，處真常之德，養生秘旨，盡於是矣，故「可以保身，可以全生，可以養親，可以盡年」。人倫日用，無施而不可也。「督」，中也。禪伯謂不思善，不思惡，是汝本來面目。所貴在於不思，非謂善不可思也。莊子謂「為善無善名，為惡無近刑」，所貴在於不為，非謂惡可為也。善且不思不為，而況於惡乎！

　　庖丁為文惠君解牛，手之所觸，肩之所倚，足之所履，膝之所踦，砉然向然，奏刀騞然，莫不中音，合於《桑林》之舞，乃中《經首》之會。文惠君曰：「譆，善哉！技蓋至此乎？」庖丁釋刀對曰：「臣之所好者道也，進乎技矣。始臣之解牛之時，所見無非牛者。三年之後，未嘗見全牛也。方今之時，臣以神遇而不以目視，官知止而神欲行。依乎天理，批大卻，導大窾，因其固然，技經肯綮之未嘗，而況大軱乎！良庖歲更刀，割也。族庖月更刀，折也。今臣之刀十九年矣，所解數千牛矣，而刀刃若新發於硎。彼節者有間，而刀刃者無厚，以無厚入有間，恢恢乎其於遊刃必有餘地矣。是以十九年而刀刃若新發於硎。雖然，每至於族，吾見其難為，句。怵然為戒，視為止，行為遲，動刀甚微。謋然已解，如土委地。提刀而立，為之四顧，為之躊躇滿志，善刀而藏之。」文惠君曰：「善哉！吾聞庖丁之言，得養生焉。」為音位。踦音幾。砉、騞，俱音畫。砉，皮骨相離聲。騞，破聲。中，去聲，下同。《桑林》，宋舞樂名。《經首》、《咸池》樂章名也。譆音熙，歎聲。好，去聲。批，擊也。卻音隙，間也。窾音款，空也。肯，苦等反，著骨肉也。綮音罄，苦挺反，又音啟，結處也。軱音孤，大骨也。更，平聲。硎音刑，砥石也。為戒、為止、為遲，音位。謋音畫。躊

蹢音躕除。

　　庖丁解牛，因便施巧，凡手足肩膝所至之處，皆應機無虛發者，鸞刀一奏，而全牛立解。雖音響節奏之間，亦與宮商雅合，殊可聽焉。此何技哉？此直寄道於技耳。蓋物各有理，理者天生自然之脈絡也，理則有其間隙與孔竅之處，蕩若大塗。未見其理，所見皆牛而已。既見其理，則目中但有轇轕百物，以成一物之狀，安得全牛？此非以目遇，以神遇也，故目不用而司察之官廢，獨以神力運刀，縱心而往，依乎天理，無所橫絕，有際之處因而批之使離，有竅之處因而導之使殊。妙技所遊，未嘗經於小小窒礙之處，而況於大骱骨之所乎！彼善庖者，猶歲一易刀，不能無割故也。眾庖則月一易刀，中骨而折故也。獨吾刀十九年而刃之銳如新出於礪，何哉？則以牛節疏濶而有隙既如彼，刀體銳薄而無厚又如此，以無厚入有間，綽然有餘地矣，刀何由損？雖然，吾豈忘戒懼哉！心手雖熟，而每遇牛理交結之處，亦未敢易而忽之也，常為之怵然。注其目，徐其手，精思而慎發，於是微運其刀而巧施其技，謋然骨肉兩離，而刀蹤亦不顯，若聚土然。至是而後，吾所謂因其固然者，始無遺憾。牛畢解矣，吾提刀而立，高視四方，亦從容閒豫而自得其得也，乃善拭吾刀而弢之，以寶其鋒焉。夫刀可養若此，生可知已，故曰於庖丁之言而得養生之術也。何以言之？蓋心有天遊，而無幾微障礙之處，其為際與竅也大矣。養生者未見真性，是以觸處皆境而觸境皆礙，既見真性則境無非性也，於是心有靈機而眼無諸礙，常遊刃於虛空之中，細惑尚不染，而況麤塵能為之累哉！彼初機之士，未證真空，則日月至焉而不能無退輪，善養生者心心相續，化化相乘，雖復參涉萬境，而真常湛寂，與天之初予我者不異，蓋境空則外猶有節之牛，智空則內猶無厚之刀，以空遇空，無往而不閒暇矣。雖然，人惟無涉境易耳，境又惟順易耳。苟紛紛盤錯之會，變蓺姚佚之鄉，與接為搆，何容易哉！至人於此，未嘗不怵然戒，堅然忍，默然運用，而曠然成丕建之功，使天下用而不知過。此則境知盡忘，能所雙泯，是以韻高德遠，逍遙埃壒之外，而六通四辟於帝王之道。至人方且光而不耀，善藏其用而莫測其所以然，善養生者如是哉！此至真大士之遊，非獨寶精惜神、區區一山澤之癯而已也。

　　公文軒見右師而驚，曰：「是何人也？惡乎介也？天與，其人與？」曰：「天也，非人也。天之生是使獨也，人之貌也有與也。以是知其天也，非人也。」與，平聲。

　　介者，偏特也。右師被刖而偏足，本人刑，非天使也，因公文軒之譏，乃

反其言，曰「天也，非人也」。何也？人之貌皆兩足，而吾獨一足，此天之生我使獨也。智非不能衛，如命何哉？蓋否泰窮通定乎冥兆，知之所無奈何矣。若必欲兩存其足，而敝敝焉隨而謀之，則心神困於內而形骸弊於外，所喪豈直一足乎？

澤雉十步一啄，百步一飲，不蘄畜乎樊中。神雖王，不善也。啄，陟角反。蘄音祈。王，于況反。

澤雉十步一啄，百步一飲，求飲食如此其艱也。樊中之養，水穀自足，無待於十步百步之求也。然雉處此不處彼，適其天也。藉令處樊而神可王，猶弗善也，況反性逆情，而神卒不可王，何願於樊中哉！郭子玄曰〔註3〕：「山澤之雉，適而忘適，神雖王而不覺其為善也」，亦通。顧與上文不相蒙耳。

老聃死，秦失弔之，三號而出。弟子曰：「非夫子之友邪？」曰：「然。」「然則弔焉若此，可乎？」曰：「然。始也吾以為其人也，而今非也。向吾入而弔焉，有老者哭之，如哭其子；少者哭之，如哭其母。彼其所以會之，必有不蘄言而言，不蘄哭而哭者。是遁天倍情，忘其所受，古者謂之『遁天之刑』。適來，夫子時也；適去，夫子順也。安時而處順，哀樂不能入也，古者謂是『帝之縣解』。」聃音耽。號，戶羔反。少，去聲。樂音洛。縣音玄。解音蟹。

方內之人有弔且號之禮，方外之人直當倚戶觀化而已。乃秦失與老聃俱遊方外，而弔且號，是以起弟子之疑也。秦失曰：「始吾以為治喪者，老子徒也。而不知其慟若此，則非老子徒也。或哭之如哭其子，或哭之如哭其母，彼其執滯凡情，妄見生死，而不自知其哀慟之過，是乃逃遁天然之性，背違固有之情，忘其所受之分，而馳騖於憂樂之境。雖楚戮未加，而性情已困，古者謂之『遁天之刑』也。夫老子之生，適爾來生，時自生也；老子之死，適爾去死，理當死也。玄通合變，不厭其生，不悲其死，安時而處順，哀樂無所措其間矣，古者謂之『帝之縣解』。」蓋有係為縣，無係為解；有生有死為縣，無生無死為解；縣解而性命之情得矣。彼方偃然寢於巨室，而嗷嗷然哭之，是非老子徒也。弔以方內之禮，不亦可乎？

〔註3〕郭《注》：「夫始乎適而未嘗不適者，忘適也。雉心神長王，志氣盈豫，而自放於清曠之地，忽然不覺善之為善也。」

指窮於為薪，火傳也，不知其盡也。

「窮」，盡也。「為薪」，猶前薪也。指盡前薪而火未始其盡也，火火相傳，萬古不滅矣。大化日往而亦未始其盡也，化化相續，不捨晝夜矣。彼以天地為大爐冶，元氣為薪，而生為火，此所謂死而不亡者，壽也。郭子玄曰：「向息非今息，故納養而命續；前火非後火，故為薪而火傳。火傳而命續，由夫養得其極也，此亦其道之一端也」，非莊子本意也。

人間世第四　內篇

「吾非斯人之徒與而誰與？」雖復至人，豈能高飛遠舉，不在人間哉！人間之變無窮，而至人以其無窮者待之，故不嬰其患也。又，關尹子曰〔註4〕：「天地萬物，無一物是吾之物。物非我物，不得不應。我非我我，不得不養。雖應物未嘗有物，雖養我未嘗有我。」讀《養生主》與《人間世》者當知之。

顏回見仲尼，請行。曰：「奚之？」曰：「將之衛。」曰：「奚為焉？」曰：「回聞衛君，其年壯，其行獨，輕用其國，而不見其過，輕用民死，死者以國量乎澤若蕉，民其無如矣。回嘗聞之夫子曰：『治國去之，亂國就之，醫門多疾。』願以所聞思其則，庶幾其國有瘳乎！」行，下孟反。量，平聲。治，去聲。

「其行獨」，不與民同欲也。「輕用其國」，不以社稷為重，而輕以喜怒臨人。「不見其過」，不自知其非也。「輕用民死」，不惜民命，輕投之於死地也。「死者以國」，言多也。「量乎澤」，死則舉而投諸澤，難數若干人，但可數滿澤者若干。「澤」，猶《史記》所謂「用谷量馬牛」〔註5〕也。「若蕉」，猶草芥也。「民其無如」，無如之何也。「治國去之，亂國就之」，治國無假於匡扶，亂國須資於拯濟也。「思其則」，欲傚之法也。

仲尼曰：「譆！若殆往而刑耳！夫道不欲雜，雜則多，多則擾，擾則憂，憂而不救。古之至人，先存諸己而後存諸人。所存於己者未定，何暇至於暴人之所行？且若亦知夫德之所蕩而知之所為出乎哉？德蕩乎名，知出乎爭。名也者，相軋也；知也者，爭之器也。二者兇器，非所以盡行也。且德厚信矼，未達人氣，名聞不爭，未達人心，而彊以仁義繩墨之言，術暴人之前者，是以人惡有其美也，命之曰『菑人』。菑人

〔註4〕見《關尹子・九藥篇》。
〔註5〕見《史記》卷一百二十九《貨殖列傳》。

者，人必反菑之。若殆為人菑夫！譆音熙。夫音扶。暴音僕。知之音智，下同。盡行，下孟反。矼，江若反。彊，其兩反。惡，烏路反。菑、災同。

「道不欲雜」，雜則事緒繁多，多則中心擾亂，擾則憂患四起，是以百醫守一病，適速其亡而不能以少間也。故至人不求之人而求之己。若存於己者未定，使是非喜怒勃戰於胸中，而欲救暴人之失，暇乎？以暴易暴，理之所難也。且德之所以流蕩者，常起於矜名；知之所以橫出者，常起於爭善。名者，相軋之物，此善則彼惡，此廉則彼貪。名士相傾，其常態也。知者，相爭之器，此低則彼昂，此勝則彼負。兩知共鬥，必無俱生矣。名與知，豈可盡行乎？以回之賢，吾固知其道德純厚，信行確實，萬萬不為矜名顯知之行，而衛君未汝知也。未汝知而彊以仁義繩墨之言述其前，彼必謂汝顯智而要名也，毀人而自成也，且與汝爭善矣。夜光之璧，以闇投人，鮮不按劍起矣，其名曰「災人」。災人者，必反災之，汝殆為人災矣夫。是故至人不役志以經世，而虛心以順應，誠信著於天地，不爭暢於萬物，故德音發而天下向會，經寒暑，涉治亂，而不與逆鱗迕也。

且苟為悅賢而惡不肖，惡用而求有以異？若唯無詔，王公必將乘人而鬥其捷。而目將熒之，而色將平之，口將營之，容將形之，心且成之。是以火救火，以木救木，名之曰『益多』。順始無窮，若殆以不信厚言，必死於暴人之前矣。且昔者桀殺關龍逢，紂殺王子比干，是皆修其身以下傴拊人之民，以下拂其上者也。故其君因其修以擠之，是好名者也。昔者堯攻叢枝、胥、敖，禹攻有扈，國為虛厲，身為刑戮，其用兵不止，其求實無已。是皆求名實者也，而獨不聞之乎？名實者，聖人之所不能勝也，而況若乎？惡，去聲。惡用音烏。熒音螢。下，遐嫁反。傴，紆甫反。拊音撫。擠，子禮反，陷也。好，去聲。

若衛君能悅賢惡不肖，則賢君也。有賢君，患無賢臣乎？衛多君子矣，將焉用汝而求有以異？故世治則賢者無奇，世亂則奇不可用，此君子所以貴善藏其用也。衛君既不肖矣，汝唯無言，言則將以南面之執乘汝而角其捷。以不肖之人加以南面之威，而逞其不根之辯，萬鈞之下無不摧壓者，雷霆之際無不辟易者。斯時也，爾目將熒眩，不能以正視矣；色將平下，不能以莊嚴矣；口將營救，自圖免禍之不暇矣；容將形見，鞠躬擎跽無不至矣；五色無主，七情爽惑，而心且釋己之所操，以成彼惡矣。然則汝之未始見衛君也，此一水也，一火也。汝之既見衛君也，賢者猶撓而隨之，滋其無忌憚之心，而甚其未來之惡，

是以水救水，以火救火，使涇潦彌增而虐焰逾烈也。自汝入衛，而更滋衛人之毒，人之順其意而長其惡者始無窮矣。蓋未信而諫言雖厚，必且以為薄己也，汝殆死於暴君之前哉！昔龍逢、比干之忠而見殺者，何也？蓋此二臣者誠欲修其身而無使得罪於名教，拊其民而無使得罪於公論，必以其諫明諍而拂其主上之心。桀、紂曰：「汝為人臣，而不與君同心，專務沽名賣直，黨下攻上，吾不可以忍汝。」是以見殺。夫人臣而有勝君之名則君不堪，賢者而有勝不肖人之名則不肖，人不堪犯此兩不堪而欲免，得乎？何獨桀、紂！昔堯攻叢、枝、胥敖，禹攻有扈，此四國之所以亡者，以其用兵不止而求利無已，圖霸王於天下故也。然則貪名利者，堯、禹猶不勝其惡，而況其他乎！蓋稱人之惡，居下而訕上，徼以為知，訐以為直，不孫以為勇，本聖賢之所惡，亦天理人情之常也。知其為天理人情之常，而處之有道，斯可以遊於人間爾。胥、敖，二國名〔註6〕。

　　雖然，若必有以也。嘗以語我來。」顏回曰：「端而虛，勉而一，則可乎？」曰：「惡！惡可！夫以陽為充孔揚，彩色不定，常人之所不違，因案人之所感，以求容與其心。名之曰『日漸之德不成』，而況大德乎！將執而不化，外合而內不訾，其庸詎可乎？」惡、惡皆音烏，下同。訾音紫。

　　顏淵曰：「吾端肅其儀而虛己以待，勸勉其詞而誠一不二，庶幾正己格物之事其可乎？」子曰：「未可也。夫端肅其儀，則陽氣充溢於外，而揚揚甚高，神采渙而不定，在常人見之不敢違耳。能服人以氣，不能服人以心也。而自以為是，因按抑人之所感，以求盡其言而快其心，謂之小學。日漸之德且不可，而況於大德乎！吾想衛君必將執而不從。欲其外合而內不毀，歡然以相遇也，詎能哉？」老萊之告仲尼曰：「去汝躬矜與汝容知，斯為君子矣。」〔註7〕老聃之告陽子居曰：「而睢睢盱盱，而誰與居？」〔註8〕列禦寇之對伯昏無人曰：「內誠不解，形諜成光，以外鎮人心，使人輕乎貴老，而韲其所患。」〔註9〕

〔註6〕按：《齊物論》：「故昔者堯問於舜曰：『我欲伐宗、膾、胥敖，南面而不釋然。其故何也？』」成玄英《疏》：「宗、膾、胥敖，是堯時小蕃三國號也。」沈一貫云：「宗一、膾二、胥敖三，皆國名。」不言胥、敖為二國。此處，成玄英《疏》：「堯禹二君，已具前解。叢枝，胥敖，有扈，並是國名。有扈者，今雍州鄠縣是也。宅無人曰虛，鬼無後曰厲。言此三國之君，悉皆無道，好起兵戈，征伐他國。」
〔註7〕見《莊子·外物第二十六》。
〔註8〕見《莊子·寓言第二十七》。
〔註9〕見《莊子·列禦寇第三十二》。

皆此謂也。此顏不疑所以師董梧而鋤其色也〔註10〕。

「然則我內直而外曲，成而上比。內直者，與天為徒。與天為徒者，知天子之與己皆天之所子，而獨以己言蘄乎而人善之，蘄乎而人不善之邪？若然者，人謂之童子，是之謂與天為徒。外曲者，與人之為徒也。擎跽曲拳，人臣之禮也，人皆為之，吾敢不為也〔註11〕？為人之所為者，人亦無疵焉，是之謂與人為徒。成而上比者，與古為徒。其言雖教讁之實也。古之有也，非吾有也。若然者，雖直不為病，是之謂與古為徒。若是則可乎？」仲尼曰：「惡！惡可！大多政法而不諜，雖固亦無罪。雖然，止是耳矣，夫胡可以及化？猶師心者也。」上，時掌反。蘄音祈。讁音責。大音太。諜，吐頰反，安也。夫音扶。

顏子不得其說，復設三條以請教。一曰內直，言內心質直，不鑿天真，帝王之與凡庶均之。天所生也，理當大同。善無彼此，而安得妄自封執，以求人之我善與不我善邪？若嬰兒之直往，固無失己，亦無取人之惡。此一事矣。一曰外曲，言外形委曲，隨順世間。若擎手跽足，拜伏曲拳，此人臣之常禮，吾亦與世隆污為之可也，人必不我疵也。此又一事矣。一曰成而上比，言守成說而比古道也。吾之言雖實教讁之矣，而非我教讁之也。據經按典，諷詠以諫，稱古人之道以教讁之也。如此則言之者無罪，聞之者足以為戒，雖直不病。此又一事矣。如此其可乎？仲尼曰：「惡乎可？當理無二，而廣設三條，汝之法太傷冗繁，亦不安恬矣。雖幸無咎，僅自守耳，而胡可以化人？化固未易言，大化密移，使人不覺而潛化，然後是聖賢作用。今汝預作教方，思慮可否，猶師心者也。師心胡可以及化哉？」「其言雖教讁之實也」一句讀。「政法」，猶云法度。

顏回曰：「吾無以進矣，敢問其方？」仲尼曰：「齊。吾將語若。有而為之，其易邪？易之者，皞天不宜。」顏回曰：「回之家貧，唯不飲酒、不茹葷者數月矣。若此則可以為齋乎？」曰：「是祭祀之齋，非心齋

〔註10〕《莊子·徐无鬼第二十四》：「吳王浮於江，登乎狙之山，眾狙見之，恂然棄而走，逃於深蓁。有一狙焉，委蛇攫搔，見巧乎王。王射之，敏給搏捷矢。王命相者趨射之，狙執死。王顧謂其友顏不疑曰：『之狙也，伐其巧、恃其便，以敖予，以至此殛也。戒之哉！嗟乎，無以汝色驕人哉？』顏不疑歸而師董梧，以鋤其色，去樂辭顯，三年而國人稱之。」

〔註11〕「也」，通行本作「邪」。

也。」回曰：「敢問心齋？」仲尼曰：「若一志。無聽之以耳而聽之以心，無聽之以心而聽之以氣。聽止於耳，心止於符。氣也者，虛而待物者也。惟道集虛。虛者，心齋也。」齊，側皆反，下同。語，去聲。易，去聲。皞，胡老反。茹音汝。菫，許云反。

　　以有心為之者，任其所之而無非人；以無心為之者，任其所之而無非天。故曰「易之者，皞天不宜」，不可以得道也。心齋者，齊不齊之心以歸之於大齊，入寂反虛，冥符獨化。夫五官之用，惟聽為寂，而今其所為聽者無以耳而以心，又無以心而以氣。曷為而無聽之以耳？耳止於聽而已，此靜境之最粗者也。又曷為而毋聽之以心？心止於符而已，雖與道合，而猶未冥絕靜而未定也。至於聽之以氣，則遺耳目，去心意，外物都絕，而天機獨存，寂泊忘懷，而待物自應，此喜怒哀樂未發前氣象，道體全矣。然夫子猶曰「惟道集虛」，而未遽謂之道者，猶老子之教南榮趎也。道未易言哉！

　　顏回曰：「回之未始得使，實自回也。得使之也，未始有回也。可謂虛乎？」夫子曰：「盡矣。吾語若！若能入遊其樊而無感其名，入則鳴，不入則止。無門無毒，一宅而寓於不得已，則幾矣。絕跡易，無行地難。為人使易以偽，為天使難以偽。聞以有翼飛者矣，未聞以無翼飛者也；聞以有知知者矣，未聞以無知知者也。瞻彼闋者，虛室生白，吉祥止止。夫且不止，是之謂『坐馳』。夫徇耳目，內通而外於心知，鬼神將來舍，而況人乎？是萬物之化也，禹、舜之所紐也，伏戲、幾蘧之所行終，而況散焉者乎？」幾音雞。易音異。為，去聲。知知，上知音智。闋音闕，空也。夫音扶。徇，辭俊反，使也。知音智。散，蘇簡反，德不及聖王為散。

　　顏子善悟聖人之教，因復於夫子曰：「始回未稟心齊之教，則內心封滯，在我無非回者。一稟心齊之教，而形跡洞忘，不知其有回也。此可謂虛乎？」夫子曰：「心齊之妙盡是矣。吾為汝言。遊衛之方，若能不執不滯，無固無我，雖遊其藩籬之中，而不與之爭善道，合則應機而設教，不合則斂跡而藏神。譬夫宮商之鳴，妙應而無跡。使物自來，不開門而延彼；使人自和，不為藥以治病。處心於一無所營，有感始通，不得已而後起，若是則庶幾其可矣。人惟逃於深山大澤，絕跡世間則易耳。若猶在世間，而時行時止，絕無轍跡之可尋，此為難事。故無為而虛寂則易，有為而善應則難；無言而拱嘿則易，有言而中節則難。大凡周旋於人道之中，而事求可、功求成者，此則『為人使而易以

偽』。若純是德性用事，而前無將，後無迎，此則『為天使而難以偽』。為天使者，以無為為，以無言言，以無知知，猶之以無翼飛者也，不絕跡而行地者也，可不謂難哉！苟能如是，則無往而非吉祥善事矣。彼鑿戶牖以為室，當其虛闋之處，天光入而明白生焉。至人端凝寂靜，而止於其所，此其心中虛闋，固蕩然有天遊矣。而天下之吉祥善事，豈不隨其所止而止乎？若夫心無所止，不勝膠擾之多者，此之謂形坐而心馳。神明之所不居也，烏得不嬰人間之災眚〔註12〕邪？徇，猶徇地之徇，安撫之意也。夫徇耳目使內通而外於心知者，五官不眩於聲色，方寸又蕩於太虛，萬靈畢歸，千真並會，雖鬼神猶來舍之，而況於人乎！是萬物變化之原也，是千聖之所樞紐而奉之以終身者也，而又況其餘者乎！持此道以應世，庶乎免於今之世矣。」子謂顏淵曰：「用之則行，舍之則藏，惟我與爾有是。」〔註13〕夫用行舍藏，觸機則應，不為時，亦不失時，不以無心忘天下，亦不以有心迎天下，若春秋之於萬物，噓之吸之，而裁培傾覆不容其心，應物無跡，已事而人弗知，此所謂「無翼飛」者也，「入則鳴，不入則止」者也。無他，無起心為善之跡故爾。非天下之至虛，其孰能與於此？李元卓曰〔註14〕：「心非汝有，孰有之哉？是諸緣積習而假名耳。身非汝有，孰有之哉？是百骸和合而幻生爾。知心無心，而萬物皆吾心，則聰明烏用黜？知身無身，而萬象皆吾身，則支體烏用墮？況於仁義乎！況於禮樂乎！若然，動靜語默無非妙處，縱橫逆順無非天遊，孰知其為忘也邪？不然，厭擾而趨寂，懼有以樂無，以是為忘，則聚塊積塵，皆可謂之忘矣。夫回幾於聖人而未盡，過於眾人而有餘。順一化之自虛，了乎無物者，聖人也。隨眾境而俱逝，繫乎有物者，眾人也。了乎無物，則無往而非忘。繫乎有物，則無時而能忘。此顏回所以坐忘乎？反萬物流轉之境，冥一性不遷之宗。靜觀世間，則仁義禮樂舉皆妄名。寂照靈源，則支體聰明舉皆幻識。忘物無物，則妄名自離；忘我無我，則幻識自盡。然仁義禮樂，名不自名，妄者執以為名，支體聰明；識不自識，幻者認以為識。知身本於無有，則支體將自墮，必期於墮之者，未離於身見也；知心本於不生，則聰明將自黜，必期於黜之者，未離於心見也。且支體聰明之尚無，則仁義禮樂之安有？向也作德於肝膈之上，而物物皆知，今也無知；向也役心於眉睫之間，而物物皆見，今也無見。茲乃坐忘乎？然既

〔註12〕「眚」，光裕堂刻本誤作「青」。
〔註13〕見《論語‧述而第七》。
〔註14〕見李元卓《莊列十論》。

已謂之忘，仲尼不容於有問，顏回不容於有應，亦安知一毫之益，亦安知一毫之損，亦安知仁義禮樂之忘為未至，亦安知支體聰明之墮黜為已至乎？夫即妙而觀，墜者之忘車，沒者之忘水，人之忘道術，魚之忘江湖，亦忘也；即麤而觀，得者之忘形，利者之忘真，怒臂者之忘車轍，攫金者之忘市人，亦忘也。將以彼是而此非乎？道無是非。將以彼真而此偽乎？道無真偽。顏氏之子背塵而反妙，損實而集虛者爾，吾知其忘猶未忘也。使進此道，不忘亦忘，孔子所以行年六十而六十化也，又奚貴忘？」余既錄李元卓論，而題其後曰：忘仁義者不壞仁義，存壞仁義之心者非忘仁義者也；忘禮樂者不壞禮樂，存壞禮樂之心者非忘禮樂者也；忘支體聰明者不壞支體聰明，壞支體聰明者非忘支體聰明者也。掃形相之論則貴忘，掃忘形相之論則貴忘忘，掃貴忘忘之論則貴不忘。人知無無之愈於無，而不知未始不無之為至無無也。嗚呼！此大乘之秘藏矣，又孰知為吾聖人之雅論哉？惟為吾學者，不能無滯於形相，而彼得以忘勝之不知，徒忘之與不忘一間爾。元卓亦了是否歟？雖然，吾之談亦補元卓之不足爾。無上事而獨以吾言為信，又知道者之所訾也。

　　葉公子高將使於齊，問於仲尼曰：「王使諸梁也甚重，齊之待使者蓋將甚敬而不急，匹夫猶未可動也，而況〔註15〕諸侯乎！吾甚栗之。子嘗語諸梁也曰：『凡事若小若大，寡不道以懽成。事若不成，則必有人道之患；事若成，則必有陰陽之患。若成若不成而後無患者，唯有德者能之。』吾食也執粗而不臧，爨無欲清〔註16〕之人。今吾朝受命而夕飲冰，我其內熱與！吾未至乎事之情，而既有陰陽之患矣；事若不成，必有人道之患。是兩也。為人臣者不足以任之，子其有以語我來！」葉音攝。使音試。語，魚據反，下同。清，七性反。與音余。

　　葉公曰：「王欲有求於齊，託我甚重，第恐齊人空報吾禮，而不急應吾求也。夫匹夫抱區區之鄙志，猶不可強，而況諸侯乎！吾甚懼焉。昔夫子嘗語我曰：『天下事無論小大，鮮有以無道而樂成者。』齊事若不成，王必謂我奉使無狀，怒我罪我，不免人道之患矣。齊事雖成，吾必智勞而力竭，戰喜怒於胸中，而結冰炭於五藏，病且見侵，不免陰陽之患矣。或成或不成，而皆無患，惟有道有德者能之。吾生平自奉，不過粗糲之食。爨人雖執熱，而未嘗有願涼之心，吾心之涼可知矣。乃今朝拜詔而夕飲冰，蓋任大憂重，驚惶薰灼，而頓

〔註15〕「況」，光裕堂刻本誤作「兌」。
〔註16〕「清」，通行本作「清」。

改吾初也，則事情方始，而已有陰陽之患。倘事不成，又有人道之患。二患並兼，吾胡堪此。夫子其幸來示焉。」

仲尼曰：「天下有大戒二：其一命也，其一義也。子之愛親，命也，不可解於心；臣之事君，義也，無適而非君也，無所逃於天地之間。是之謂大戒。是以夫事其親者，不擇地而安之，孝之至也；夫事其君者，不擇事而安之，忠之盛也。自事其心者，哀樂不易施乎前，知其不可奈何而安之若命，德之至也。為人臣子者，固有所不得已。行事之情而忘其身，何暇至於悅生而惡死？夫子其行可矣！夫音扶。樂音各。惡，去聲。

天下有大法戒二：一曰命，一曰義。子之愛親，從天性中來，命也，世間萬事無以易之，固結而不可解者也。臣之事君，以人合者也，義也，六合雖寬，未有無君之國，無往而非君也。雖欲逃之，將焉逃乎？是以事親者知命之不可解，而惟親是從，無敢擇地，孝之至也；事君者知義之無所逃，而惟君是從，無敢擇事，忠之盛也。若乃自事其心者，亦有道焉。知命之不可奈何而惟命是安，雖哀樂迭至於前，而吾心自若，德之至也。既已為人臣子，則奉職尊命而忘其身，有所不得已矣，何營營以生死哀樂溷其中哉？子其行可矣。此先破其栗懼之心，下則教以懽成之道。

丘請復以所聞：凡交近則必相靡以信，遠則必忠之以言，言必或傳之。夫傳兩喜兩怒之言，天下之難者也。夫兩喜必多溢美之言，兩怒必多溢惡之言。凡溢之類〔註17〕妄，妄則其信之也莫，莫則傳言者殃。故《法言》曰：『傳其常情，無傳其溢言，則幾乎全。』且以巧鬥力者，始乎陽，常卒乎陰，泰至則多奇巧；以禮飲酒者，始乎治，常卒乎亂，泰至則多奇樂。凡事亦然。始乎諒，常卒乎鄙；其作始也簡，其將畢也必巨。言者，風波也；行者，實喪也。夫風波易以動，實喪易以危。故忿設無由，巧言偏辭。獸死不擇音，氣息茀然，於是並生心厲。尅核太至，則必有不肖之心應之，而不知其然〔註18〕。苟為不知其然也，孰知其所終？故《法言》曰：『無遷令，無勸成，過度益也。』遷令、勸成，殆事。美成在久，惡成不及改，可不慎與！且夫乘物以遊心，託不得已以養中，

〔註17〕通行本此處有「也」。
〔註18〕通行本此處有「也」。

至矣！何作為報也？莫若為致命。此其難者。」夫音扶。惡，去聲。幾，平聲。治，去聲。樂音洛。行，下孟反。喪，息浪反。易，去聲。核，幸格反。與、夫，並平聲。

　　凡交近則易親，可相服以情，遠則難接，必相信以言。言必賴人傳之。傳兩喜兩怒之言，天下之最難也。人情喜心勝則言有餘美，怒心勝則言有餘惡。凡言有餘於喜怒者，盡妄言也。妄則聞者必且以為誕，而漠然不信，於是乎委罪使者，而使者殃矣。故《法言》有之曰：「傳其常情，無傳其溢言，則庶乎全。」常者，真常也，情實之論必宣，而浮華之言可略也；經常也，據理之言必達，而倍鄙之談勿存也；居常也，平素之意宜悉，而臨時之增可已也。審應於玄黃之交，折衷於詳略之際，奉使專對，信其難矣。且夫以巧戲較力者，其初未嘗不明相歡謔也。惟鬭心勝而恥其不中，不至於陰謀潛害不已，蓋泰甚則巧有餘而多奇故也。以禮序飲酒者，其初未嘗不獻酬拜起也。惟酒力勝而湛湎淫泆，無復尊卑之倫、男女之序矣，蓋泰甚則樂有餘而多奇故也。凡事亦然。始未嘗不諒信，而常終之於鄙薄；始未嘗不簡易，而常卒之以多事；皆泰甚有餘而多奇之過也。「言者，風波也」，虛相扇動而易起，若風之生波，動之易而靜之難者也。「行者，實喪也」，實有指著而易失，非空言之所酬也，危之易而安之難者也。無鼓其風波，而必求有以實之，斯為可踐之言，足以固兩國之交，結兩主之歡矣。凡忿怒之作，無他由也，常以巧言無實與偏辭失中之故。譬之獸然，蹴之必死之地，則意急情盡，怪鳴橫嘶，氣息勃烈，於是咆哮搏噬而不可制，蓋尅責過甚而不開一面之網，是以執窮而攫，遂應之以不肖之心，而不知其所以然。此物理也，故君子不強人以不欲，不苦人以所難從，不竭人之歡，不盡人之情，不以巧言偏辭激人之忿，而起天下之風波。苟為不然，吾不知其所終矣。故《法言》曰無遷令，傳其常言可也；無勸成，任其自成可也。增設語言，過其本度，皆溢之類，妄也。遷令、勸成，殆矣！夫使所以行成也，豈不願成？顧美成有時，非我所能強。譬之嘉樹，不可以一朝成，須久乃可。強而戒之，則勸成非美成也。吾強而成之甚難，人順而敗之甚易，是故不免於悔吝而不給改也，可不慎與？是故君子不持心以強物，而乘物以遊心，不執中以好事，而託不得已以養中。吾為子計，惟任齊之報以報子之君可矣，何須作意以圖報乎？子方以為成難，吾直謂致命難耳。致命者，哀樂不易施於前，而安之若命，「傳其常情，無傳其溢言」，「無遷令，無勸成」而已。言之若易，固甚難也。

　　顏闔將傳衛靈公太子，而問於蘧伯玉曰：「有人於此，其德大殺。與之為無方，則危吾國；與之為有方，則危吾身。其知適足以知人之過，而不知其所以過。若然者，吾奈之何？」蘧伯玉曰：「善哉問乎！戒之，慎之！正汝身哉！形莫若就，心莫若和。雖然，之二者有患。就不欲入，和不欲出。形就而入，且為顛為滅，為崩為蹶。心和而出，且為聲為名，為妖為孽。彼且為嬰兒，亦與之為嬰兒；彼且為無町畦，亦與之為無町畦；彼且為無崖，亦與之為無崖。達之入於無疵。汝不知夫螳螂乎？怒其臂以當車轍，不知其不勝任也，是其才之美者也。戒之！慎之！積伐而美者以犯之，幾矣！汝不知夫養虎者乎？不敢以生物與之，為其殺之之怒也；不敢以全物與之，為其決之之怒也。時其饑飽，達其怒心。虎之與人異類，而媚養己者，順也。故其殺者，逆也。夫愛馬者，以筐盛矢，以蜄盛溺。適有蚉蝱僕緣，而拊之不時，則缺銜毀首碎胸。意有所至，而愛有所亡，可不慎邪！」其知音智。町，徒順反。畦音兮。町畦，畔埒也。勝音升。幾，平聲。為，去聲。夫音扶。矢、屎同。蜄，市軫反，蛤類。溺，奴弔反。蚉音文。蝱音肓。拊音撫。

　　顏闔曰：「夫薊瞋，天與凶德者也。縱其無度，禍將及於國。約之軌制，則禍將及於我。察物之智偏明，而照躬之心獨闇。富有不善之才，而難與為善者也。傳之奈何？」伯玉曰：「吾聞存諸身者未定，不可以治人，正身要矣。正身之道有二；身則宜就而不宜逆，以順相從可也；心則宜和而不宜同，以義相濟可也。然此二術猶有患，未盡也。就而順從，可在於外而不可入於內，入於內者謂靡弱不植而與之淫比也。和而義濟，可在於內而不可出於外，出於外者謂淺露不藏以自伐也。正形就而入，遂與之淫比，則危不持，顛不扶，必且為顛為滅，為崩為蹶，淪胥於溺而已，此非所以處己。心和而出，不免於顯伐，則我有沽名賣直之形，必且為聲為名，為妖為孽，因吾修而擠之矣，此非所以處人。故皆不可。彼若無知如嬰兒，又若鶻突無町畦，又若簡脫無等威，則子亦和光同塵，且與之俱，徐而達之，以入於無疵；憂而遊之，使自趨之；厭而飫之，使自得之。若善醫之治危痰，從而治之，慎勿明諍顯諫，而著其廉隅圭角之形，使其駭而異之。小則颺去而不親，大則決起而不馴，以反危爾身也。汝不知螳螂乎？盛其氣以當車轍，而不自知其不敵，此積伐其才美以犯之者也。汝不知養虎者乎？與之以生物，則動其撲殺之怒；與之以全物，則動其決裂之怒。虎本善怒，而吾又不免於怒之禍之招也，故不敢與以二物。而又密

察其饑飽，不失其飼養之節，以達其怒心於未怒之先，故雖猛亦馴，則以順之之道制之也。凡不免於死者，皆以逆之之道制之也。」《列子》〔註19〕此下復有云：「然則吾豈敢逆之使怒哉？亦不順之使喜也。夫喜之復也必怒，怒之復也常喜，皆不中也。」此皆名言。又不見養馬者乎？以筐盛矢，以蜄盛溺，愛之非不至矣。偶有蚉虻諸螫，僕僕然群聚而上緣，於是恐其為患而拊之。拊之誠是也，顧卒然出馬之不意，則非其時矣。於是馬驚奮決，破銜絕轡，而身不免蹄齧之虞。馬豈不識圉人之素愛己也，而意方出於驚，則盛怒之下，疇昔之愛蔑如矣。人情盡然也，可不慎邪！故與不肖人居者，毋感其名，毋以氣與之爭，毋遽奪其故習，亦無縱其故習，毋嬰其怒，毋乏其欲，毋驚其不意，毋使其怒而忘愛，因而成之，默而移之，多方以捄之，久而安之，庶乎可。雖然，亦無用。「大多政法而不諜」，惟乘物以遊心，託不得已以養中，盡矣！

　　匠石之齊，至乎曲轅，見櫟社樹。其大蔽〔註20〕牛，絜之百圍。其高臨山千〔註21〕仞而後有枝，其可以為舟者旁十數。觀者如市，匠伯不顧，遂行不輟。弟子厭觀之，走及匠石，曰：「自吾執斧斤以隨夫子，未嘗見材如此其美也。先生不肯視，行不輟，何邪？」曰：「已矣，勿言之矣！散木也。以為舟則沉，以為棺槨則速腐，以為器則速毀，以為門戶則液樠，以為柱則蠹。是不材之木也，無所可用，故能若是之壽。」匠石歸，櫟社見夢曰：「女將惡乎比予哉？若將比予於文木邪？夫柤梨橘柚果蓏之屬，實熟則剝則辱，大枝折，小枝泄。此以其能苦其生者也，故不終其天年而中道夭，自掊擊〔註22〕於世俗者也。物莫不若是。且予求無所可用久矣，幾死，乃今得之，為予大用。使予也而有用，且得有

〔註19〕《列子‧黃帝第二》：「周宣王之牧正有役人梁鴦者，能養野禽獸，委食於園庭之內，雖虎狼雕鶚之類，無不柔馴者。雄雌在前，孳尾成群，異類雜居，不相搏噬也。王慮其術終於其身，令毛丘園傳之。梁鴦曰：『鴦，賤役也，何術以告爾？懼王之謂隱於爾也，且一言我養虎之法。凡順之則喜，逆之則怒，此有血氣者之性也。然喜怒豈妄發哉？皆逆之所犯也。夫食虎者，不敢以生物與之，為其殺之之怒也；不敢以全物與之，為其碎之之怒也。時其饑飽，達其怒心。虎之與人異類，而媚養己者，順也；故其殺之，逆也。然則吾豈敢逆之使怒哉？亦不順之使喜也。夫喜之復也必怒，怒之復也常喜，皆不中也。今吾心無逆順者也，則鳥獸之視吾，猶其儕也。故遊吾園者，不思高林曠澤；寢吾庭者，不願深山幽谷，理使然也。』」
〔註20〕通行本此處有「數千」。
〔註21〕「千」，通行本作「十」。
〔註22〕「擊」，光裕堂刻本作「繫」。

此大也邪？且也若與予也皆物也，奈何哉其相物也？而幾死之散人，又惡知散木！」匠石覺而診其夢。弟子曰：「趣取無用，則為社何邪？」曰：「密！若無言！彼亦直寄焉，以為不知己者詬厲也。不為社者，且幾有翦乎！且也彼其所保與眾異，而以義喻之，不亦遠乎！」絜，戶結反。散，蘇簡反，下同。橫，亡言反。見音現。女音汝。惡音烏。夫音扶。柤，側加反。柚音又。菰，力果反。掊，普口反。幾，平聲，下同。覺音教。診，直信反。詬音吼，許候反。

「其大蔽牛」下，《疏》有「數千」二字。散木，閒散無用之木也。橫，脂汁出也。文木，可用之木。幾死，幾見伐也。言予求無用久矣，而人猶謂予有用，數來睥睨，濱死矣。乃匠石始明言我之不才，以全我生，而為我之大用。使我而有用於世，見伐久矣，烏得有此大邪？且我汝皆物也，汝非物物者，奈何物我？爾謂我為散木，而不自知己為幾死之散人。夫幾死之散人，惡能知散木哉！匠石以不才無用為散，櫟以才有用為散。謂汝炫才矜世，鄰於夭伐，則幾死之散人耳，豈知我無用之為大用乎！故曰「惡知」。散木以戲匠石也。匠石占其夢，弟子曰：「櫟之意既取於無用矣，而何以為社哉？」不既有用乎？嫌其以社為榮也。曰：「汝慎密，莫妄言。櫟非擇社而處之，亦偶寄於社耳。彼方以社為不知己而見辱，病也，豈榮之哉？假令櫟不為社，豈近剪伐之害乎？且其所保與眾人異，眾人保有用之用，而櫟保無用之用，不可以常義論也。汝以社譽，則以常義譽之耳，不亦去之遠乎！」

南伯子綦遊乎商之丘，見大木焉，有異，結駟千乘，隱將芘其所藾。子綦曰：「此何木也哉？此必有異材夫！」仰而視其細枝，則拳曲而不可以為棟樑；俯而視其大根，則軸解而不可以為棺槨；咶其葉，則口爛而為傷；嗅之，則使人狂酲三日而不已。子綦曰：「此果不材之木也，以至於此其大也。嗟乎！神人以此不材。」乘音盛。芘、庇同。藾、賴同。夫音符。拳，卷也。咶音視，食紙反。嗅，許救反。酲音呈。

「所藾」，即「結駟千乘」也。大木之隱覆，多能庇之焉。「軸解」，如車軸之開解。「酲」，病酒也。

宋有荊氏者，宜楸柏桑。其拱把而上者，求狙猴之杙者斬之；三圍四圍，求高名之麗者斬之；七圍八圍，貴人富商之家求禪傍者斬之。故未終其天年而中道之夭於斧斤，此材之患也。故解之以牛之白顙者，與

豚之亢鼻者，與人有痔病者，不可以適河。此皆巫祝以知之矣，所以為不祥也。此乃神人之所以為大祥也。上，上聲。狙音疽，七餘反。杙音易。環，八尺為一圍。麗如字。禪音善。解，古賣反。

「荊氏」，地名。地宜此三木，皆中材用也。「杙」，檓也，以繫扞獼猴者。高名之麗，富貴家屋棟也。「禪傍」，棺之全一邊者。「解」，巫祝解除者。「顙」，額。「亢鼻」，高鼻。「痔」，下病。古有以人沉河而祭，如西門豹事。可見巫祝以為不祥，而不知全生之為大祥，神人之所貴也。

支離疏者，頤隱於齊，肩高於頂，會撮指天，五管在上，兩髀為脅，挫針治繲，足以餬口；鼓筴播精，足以食十人。上徵武士，則支離攘臂於其間；上有大役，則支離以有常疾不受功；上與病者粟，則受三鍾與十束薪。夫支離其形者，猶足以養其身，終其天年，又況支離其德者乎！會，古外反。餬，子列反。髀音陛。挫，子臥反。針，執金反。繲，佳賣反。撮音胡。筴音甲。夫音扶。

《疏》：〔註23〕名其人支離，殘病，頤隱至臍，肩高出頂會。撮，髮髻。古人髻在項後，支離低頭，故指天。五管，髒腧也，在背，支離傴僂，故向上。髀，股骨。為脅者，攣縮而迫於脅也。挫針，縫衣。治繲，洗浣。筴，小箕。鼓箕播米，足供十人食也。攘臂其間，恃其無用而不竄匿也。有常疾，不受功，不任役也。征役則不預，與病者粟則預。支離其形者，猶免人間之害，而處常美之實如此，況支離其德者乎！知周萬物而反智於愚，明並三光而歸明於昧，推功名於群材，與物冥而無跡，勝力之大，有不可思議者矣。

孔子適楚，楚狂接輿遊其門曰：「鳳兮鳳兮，何如德之衰也！來世不可待，往世不可追也。天下有道，聖人成焉；天下無道，聖人生焉。方今之時，僅免刑焉。福輕乎羽，莫之知載；禍重乎地，莫之知避。已乎已乎，臨人以德！殆乎殆乎，畫地而趨！迷陽迷陽，無傷吾行！吾行卻曲，無傷吾足！」山木自寇也，膏火自煎也。桂可食，故伐之；漆可用，故割之。人皆知有用之用，而莫之無用之用也。

接輿，陸通，以鳳比孔子也。天下有道，則聖人因而成之。無道，則聖人獨可全生而已。以今之時，而能獨免於亂世之刑者，上智也。矧欲挽而回之乎？

〔註23〕成玄英《疏》：「四支離拆，百體寬疏，遂使頤頰隱在臍間，肩膊高於頂上。形容如此，故以支離名之。」

「福輕乎羽」，德輶如毛也。福易舉而莫之知舉，禍當避而莫之能避。畫地而趨，其跡不可掩矣。臨人以德，招招乎與人爭善，此其取禍必矣。迷陽猶亡陽也，言當亡陽，任獨不蕩於外，毋自表見以傷吾行也；又當委曲其行，毋直往以傷吾足也。揚有用則與彼為功，物無用則自全其生，割肌膚以為天下。天下存，而我則亡，況亡我而無益於天下乎！夫曲轅之樹、商丘之木、白顙之牛、亢鼻之豕，皆以支離其德而為無用之用，此莊子所以取於衰鳳之歌也。

德充符第五　內篇

德盛於內而形於外，若合符契。顧至人體妙虛玄，遊大無之境，真應無應，混然大同，若《老子》之所謂「敦兮其若樸，曠兮其若谷，渾兮其若濁」，「若嬰兒之未孩」。若愚人之心，「異於人而貴食母」者，則孔德之容也。堂堂皇皇，非其所貴也。

魯有兀者王駘，從之遊者與仲尼相若。常季問於仲尼曰：「王駘，兀者也，從之遊者與夫子中分魯。立不教，坐不議，虛而往，實而歸。固有不言之教，無形而心成者邪？是何人也？」仲尼曰：「夫子，聖人也，丘也直後而未往耳。丘將以為師，而況不若丘者乎！奚假魯國，丘將引天下而與從之。」常季曰：「彼兀者也，而王先生，其與庸亦遠矣。若然者，其用心也獨若之何？」仲尼曰：「死生亦大矣，而不得與之變；雖天地覆墜，亦將不與之遺。審乎無假而不與物遷，命物之化而守其宗也。」

兀，五忽反。駘音臺。王，于況反。覆音福。

刖一足曰兀。王駘與孔子分魯而教，而實無所教，從之遊者，虛而往，實而歸，各自得而足也，此甚異矣。果何人邪？孔子曰：「王駘，聖人也，吾亦欲往師之，直後時而未往耳。」夫人莫大於死生，而王駘不為之變。雖天地覆墜，亦不失其故。吾審乎至真而不與物遷，以命視物而守其宗本者也。蓋不流徇於萬物之顯跡，而獨冥會夫造化之本初，宅心於芬漠之區，執樞據極以臨萬末，彼末有遷移，而本惟靜定，近而物感之紛錯，遠而天地之成壞，與吾幻體之死生，皆靜定之一感、樞極之一運耳，何足嬰其毫末哉！

常季曰：「何謂也？」仲尼曰：「自其異者視之，肝膽楚越也；自其同者視之，萬物皆一也。夫若然者，且不知耳目之所宜，而遊心乎德之和。物視其所一，而不見其所喪。視喪其足，猶遺土也。」喪，息浪反。

道無二，而人自二之。若以分別想視道，豈直楚越之為楚越，雖肝膽同生，猶分臟腑矣。若以無分別想視道，則我無物，物無萬，直一而已。夫既謂之一矣，則耳如目，目如耳，耳亦可視，目亦可聽，安知耳之宜聲、目之宜色？又安知耳目之宜何聲何色？廢耳目而任心，廢心而任知，都忘所宜，混然大同而已，故遇境觸物，第見其一而不見其二，第見其得而不見其喪，以死生為寤寐，以形骸為逆旅，去生如脫屣，斷足如遺土，吾未見刖以纓弗其心也。

常季曰：「彼為己，以其知得其心，以其心得其常心，物何為最之哉？」仲尼曰：「人莫鑒於流水而鑒於止水，唯止能止眾止。受命於地，唯松栢獨也，在冬夏青青。受命於天，唯舜獨也正，幸能正生，以正眾生。夫保始之徵，不懼之實。勇士一人，雄入於九軍。將求名而能自要者，而猶若是，而況官天地，府萬物，直寓六骸，象耳目，一知之所知，而心未嘗死者乎！彼且擇日而登假，人則從是也。彼且何肯以物為事乎？」為，去聲。夫音扶。要音腰。一知音智。假音遐。

常季曰：「彼王駘之道，不教不議，惟觀照良知以得其心，而使之虛夷澹泊。以虛夷澹泊得其常心，而使之循久不渝，至無奇也。為己而已，無及物之功也，物何為群而從之哉？」仲尼曰：「人莫鑒於流水而鑒於止水，故知眾動不能止一物，而一止能止眾物。受命於地者，唯松栢為貞，冬夏長青青。受命於天者，惟舜為貞，故能正眾生。王駘得其常心，止矣，正矣。而為物之所聚，不亦宜乎！」「幸能正生」，言其無異術，以應上文「為己」之意，言舜幸自能正其生爾，而眾生即隨之以正。成聚成邑，以至登庸不能御其來也。獨舉舜者，為其於聚人義尤切也。夫王駘之為己也，保完本始而不懼於物者也。試舉保始之征與不懼之實言之。彼勇士奮臂一呼，而雄奪九軍之氣。彼獨求名而能自要者耳，且猶若是，而況綱維兩儀，包藏萬物，第以六骸為寄寓耳！目為假象，外形而任知，外知而獨任其一知，惺惺一點靈光，萬古不滅不變。若而人者，不為物所聚哉？彼且待日之至，而遙興輕舉以去人間爾。人則自聚也，彼何心於聚人乎？「假」，讀作「遐」。

申徒嘉，兀者也，而與鄭子產同師於伯昏無人。子產謂申徒嘉曰：「我先出則子止，子先出則我止。其明日，又與合堂同席而坐。」子產謂申徒嘉曰：「我先出則子止，子先出則我止。今我將出，子可以止乎，其未邪？」且子見執政而不違，子齊執政乎？申徒嘉曰：「先生之門，固

有執政焉如此哉？子而說子之執政，而後人者也？聞之曰：『鑒明則塵垢不止，止則不明也。久與賢人處，則無過。』今子之所取大者，先生也，而猶出言若是，不亦過乎！」子產曰：「子既若是矣，猶與堯爭善。計子之德，不足以自反邪？」申徒嘉曰：「自狀其過，以不當亡者眾；不狀其過，以不當存者寡。知不可奈何而安之若命，惟有德者能之。遊於羿之彀中，中央者，中地也；然而不中者，命也。人以其全足笑吾不全足者眾矣，我怫然而怒；而適先生之所，則廢然而反。不知先生之洗我以善邪？吾與夫子游十九年，而未嘗知吾兀者也。今子與我遊於形骸之內，而子索我於形骸之外，不亦過乎！」子產蹵然改容更貌曰：「子無乃稱！」說音悅。處，上聲。羿音詣。彀音遘。中地、不中，並丁仲反。怫音佛。索，色百反。蹵，子六反。更，平聲。

　　「我先出則子止，子先出則我止」，子產執政，不宜與刖廢罪人同行也。申徒嘉曰：「先生之門，固有執政焉如此哉？此論德之處，非計位之所也。子矜子之執政，而求處人先，子之心有執政者也。鑒有塵則不明，心有執政則過。子之所取大者，先生也，而出言若是小矣。」子產曰：「子既刖矣，而猶欲爭善。子雖有德而闕處，終不可補，何猶不自反邪？」申徒嘉曰：「凡人自陳過狀，餙辭強辯，以為不宜亡者多；默然亡言，省譽悔過，以為宜亡者鮮。子欲我之自反，子則不自反矣。夫人之生死與夫形之全毀，皆命也，知之所無奈何也。譬夫羿之所射，皆中地也。遊於其彀中，鮮不免矣。萬一有免焉，非羿有拙，亦命不死也。若不免於弓矢，而志傷神困，自恨其為謬；免於弓矢，而志揭意得，自矜其為巧；皆非達命之情者也。我以命而偶遭其一鏃，子以命而偶逃其彀中，我奚以見少，而子奚以見多？昔吾未達於命之說，未嘗不怫然於人之笑我也。及游先生之門，達於命之說，則廢然反其常矣。不知先生之說我以善邪？我之自反其情性邪？吾與先生遊十九年矣，而未嘗知吾兀。子今與我亦遊於形骸之內耳，而猶以形骸求我，是未達於命者也，豈不過乎？」子產遽謝過曰：「子毋乃稱。」不俟言之畢矣。

　　魯有兀者叔山無趾，踵見仲尼。仲尼曰：「子不謹，前既犯患若是矣。雖今來，何及矣！」無趾曰：「吾惟不知務而輕用吾身，吾是以亡足。今吾來也，猶有尊足者存，吾是以務全之也。夫天無不覆，地無不載，吾以夫子為天地，安知夫子之猶若是也！」孔子曰：「丘則陋矣。夫子胡不入乎，請講以所聞！」無趾出，孔子曰：「弟子勉之！夫無趾，兀者也，

猶務學以復補前行之惡，而況全德之人乎！」無趾語老聃曰：「孔丘之於至人，其未邪？彼何賓賓以學子為？彼且蘄以諔詭幻怪之名聞，不知至人之以是為己桎梏邪？」老聃曰：「胡不直使彼以死生為一條，以可不可為一貫者，解其桎梏，其可乎？」無趾曰：「天形之，安可解！」見音現。夫天音扶，下夫無同。行，去聲。語，去聲。蘄音祈。諔，尺叔反。詭音癸。幻，滑辨反。桎音質。梏音穀。

　　趼以刖，故行以踵也。「尊足」，尊於足者，性命之真也。刖一足，未虧其德。雖盡棄其百體，亦未虧其德而尊足者，胡可不務全哉？「賓賓」，恭勤貌。「蘄」，求也。「諔詭」，猶奇譎也。械在手曰桎，在足曰梏。方外之人以名教為桎梏也。夫既以名為教矣，行則影從，言則響隨，陳跡既興，疵釁斯起，非為名而終不免乎名，自然之執，必至之理也，其孰能解之哉！影響者，形聲之桎梏也。天然刑戮，不可解也。故孔子他日亦曰：「丘，天之戮民也。」

　　魯哀公問於仲尼曰：「衛有惡人焉，曰哀駘它。丈夫與之處者，思而不能去也。婦人見之，請於父母曰『與人為妻，寧為夫子妾』者，數十〔註24〕而未〔註25〕止也。未嘗有聞其唱者也，常和人而已矣。無君人之位以濟乎人之死，無眾祿以望人之腹。又以惡駭天下，和而不唱，知不出乎四域，且而雌雄合乎前。是必有異乎人者也。寡人召而觀之，果以惡駭天下。與寡人處，不至以月數，而寡人有意乎其為人也；不至乎期年，而寡人信之。國無宰，而寡人傳國焉。悶然而後應，氾而若辭。寡人醜乎，卒授之國。無幾何也，去寡人而行。寡人卹焉若有亡也，若無與樂是國也。是何人者也？」駘音臺。它，徒何反。處，上聲，下同。知，去聲。期音基。氾，浮劍反。樂音洛。

　　「惡人」，醜貌人也。「望」，慰人之望也。「知不出於四域」，無知也。「雌雄合乎前」，言丈夫女子交從之也。「有意乎其為人」，覺其有遠處也。「傳國」，以為相也。「悶然而後應，氾而若辭。寡人醜乎，卒授之國」，至人天情大定，寵辱不驚，無心於受而不得不受，故悶然淡漠而後應。本以為辭，而心無滯固，反若氾然常辭，而非真辭。顧其寂寞塵外之心素著於物，而純白不染之意默動於人，故魯君以必授之政為醜而不敢迫。猶《史記》趙王以公子無忌退讓，口

〔註24〕「數十」，通行本作「十數」。
〔註25〕「未」，光裕堂刻本誤作「末」。

不忍獻五城之意，故無何而竟去，使人思之不已〔註26〕。舉魯國無可樂者，誠信之著於人如此。

仲尼曰：「丘也嘗使於楚矣，適見独子食於其死母者，少焉眴若，皆棄之而走。不見已焉爾，不得類焉爾。所愛其母者，非愛其形也，愛使其形者也。戰而死者，其人之葬也不以翣。刖者之屨，無為愛之。皆無其本矣。為天子之諸御，不爪翦，不穿耳；取妻者止於外，不得復使。形全猶足以為爾，而況全德之人乎！今哀駘它未言而信，無功而親，使人授己國，惟恐其不受也，是必才全而德不形者也。」使，去聲。独、豚同。眴音舜，瞬同。翣，所甲反，送死扇也。取音娶。復，去聲。

豚子之乳於母，非愛母之形，愛其使形之神為己類者。母死則神亡，而非己類矣，故頃之皆驚散而走矣。翣者，餙武之具。戰而死者無武也，翣將安施？屨者，裹足之具。刖者無足，屨將安施？皆無其本矣。神者，人之本也。無神，何以動物哉！為天子之諸御，必求少女之未飾者與少男之未動者，為其形全也。全形猶貴之，而況於全德之人乎！今哀駘它未言而信，無功而親，使人授之政，惟恐其不受，是必才全而德不形者也。

哀公曰：「何謂才全？」仲尼曰：「死生、存亡、窮達、貧富、賢與不肖、毀譽、饑渴、寒暑，是事之變，命之行也。日夜相代乎前，而知不能規乎其死者也。故不足滑和，不可入於靈府。使之和豫通而不失於兌，使日夜無郤而與物皆春，是接而生時於心者也。是之謂才全。」「何謂德不形？」曰：「平者，水停之盛也。其可以為法也，內保之而外不蕩也。德者，成和之修也。德不形者，物不能離也。」哀公異日以告閔子曰：「始也，吾以南面而君天下，執民之紀而憂其死，吾自以為至通矣。今吾聞至人之言，恐吾無其實，輕用吾身而亡吾國。吾與孔丘，非君臣也，德友而已矣。」譽音余。知音智。滑音骨。郤音隙。離，去聲。

此一條是莊子學問之大宗。千言萬語，總出於此。才貴全，德貴不形。何謂才全？死生、存亡、窮達、貧富、賢不肖、毀譽、饑渴、寒暑，二儀雖大，萬感雖多，而皆事理之變化，天命之流行，留之不停，推之不去。逝者如斯，日夜相代於吾前，適與之遇，則雖聖賢、鬼神、絕力、至智，而弗能違也。誰能測其所由始哉！故不足以滑亂。至人之天和，不可以經涉；至人之靈宅，和

〔註26〕見《史記》卷七十七《魏公子列傳》。

樂閒豫，四通六闢，而不失其兌悅之常。彼日夜相代於前而不停，吾亦日夜自適而無隙，物來斯應，與之俱春，未嘗為時於心，而煦煦以生之物接則時生，時生則事起。其機在接，而不在我也。故天降之才，不為物所賊。善應而不應，不應而善應，是之謂天下之全才。何謂德不形？天下之至平者，莫盛於停水，可以為法，雖大匠取正焉，謂其內保真源，而外不蕩於波流也。惟德亦然。內保其成而不虧其真源，外和於物而不蕩於波流。非成、和，其孰〔註27〕能修之。以此修德，而安事於形。惟不形則為真修，為真德，物自感動而不能離也。於是哀公聞尼父之談至人，亦遺形骸，忘貴賤，稱德友矣。

　　闉跂支離無脤說衛靈公，靈公說之；而視全人，其脰肩肩。甕㼜大癭說齊桓公，桓公說之；而視全人，其脰肩肩。故德有所長，而形有所忘。人不忘其所忘，而忘其所不忘，此謂誠忘。闉音因。跂音企。脤音脣。說音悅，下同。說之音悅。脰音豆。㼜音盎。癭音穎。

　　「闉」，曲也。「闉跂支離」，謂攣曲企踵，支體坼裂也。「脤」，脣也。「㼜」，盆也。「甕㼜大癭」，瘤癭病頸，大如盆甕也。「脰」，頸也。「肩肩」，細小貌。此二人者，窮天地之陋，而俱能建德體道，遂使齊、衛二君愛而忘醜，顧視全人之頸，翻細小肩肩，不入於目也。故德有所長，則形有所忘。猶非誠忘者也。忘形易，忘德難。何謂忘形易？生相憐，死相捐，故忘形易耳。何謂忘德難？妄病易去，真病難除。人有德而不能忘則外滯，己有德而不能忘則內滯，故忘德難。人不難忘其所忘，而難於忘其所不忘。忘所不忘者，此謂誠忘。所忘者形也，所不忘者德也。

　　故聖人有所遊，而知為孽，約為膠，德為接，工為商。聖人不謀，惡用知？不斲，惡用膠？無喪，惡用德？不貨，惡用商？四者，天鬻也。天鬻也者，天食也。既受食於天，又惡用人！有人之形，無人之情。有人之形，故群於人；無人之情，故是非不得於身。眇乎小哉，所以屬於人也！謷乎大哉，獨成其天！知音智。孽，魚列反。惡音烏。斲，陟角反。喪，息浪反。鬻音育。食音嗣。謷音敖。

　　聖人遊於自得之場，放之而無不至，以知識為禍孽，以繩約為膠固，以有德為迎接，以工能為商賈，不是貴焉。聖人曠無思謀，何以知為？樸無雕琢，何以膠為？本無所喪，惡乎貴德？亦無所賣，惡乎貴商？此不謀、不琢、不喪、

〔註27〕「孰」，光裕堂刻本誤作「就」。

不貨者，天之所養毓我者也。天之所養毓我者，天之所以飲食我者也。既受食於天，有餘矣，又惡用此多事為哉！故其形，人也；情，非人也。與人同，故與斯人之徒為群。情非人也，故斯人之是非不得加於吾身。形則人也，故眇乎七尺之軀，猶之人也；情非人也，故謷乎不可制，而獨成其天也。毓，養也。謷，志遠貌。

惠子謂莊子曰：「人故無情乎？」莊子曰：「然。」惠子曰：「人而無情，何以謂之人？」莊子曰：「道與之貌，天與之形，惡得不謂之人？」惠子曰：「既謂之人，惡得無情？」莊子曰：「是非吾所謂情也。吾所謂無情者，言人之不以好惡內傷其身，常因自然而不益生也。」惠子曰：「不益生，何以有其身？」莊子曰：「道與之貌，天與之形，無以好惡內傷其身。今子外乎子之神，勞乎子之精，倚樹而吟，據槁梧而瞑。天選子之形，子以堅白鳴。」惡音烏，下同。好、惡，並去聲。瞑音眠，又如字。選，宣絹反。

惠子因莊子雅言無情，難之曰：「人本無情乎？」莊子曰：「然。」惠子曰：「人有情而後有生，無情則無生矣，何以為人？」莊子曰：「人生有貌有形。貌者道所與，形者天所授。形貌既全矣，惡得不謂之人？故有生即謂之人，不必有情而後謂之人也。」蓋人之手足耳目心皆形貌也，無非天所授，無非道所在也。因而用之，人理盡矣。顧人知手足耳目之無情，而不知心亦無情；知手足耳目為心之所使，而不知心非心之所能使；皆天也，道也。無情而任天，故手自持，足自行，居不知所之，行不知所往，心廢而形用矣。故貌與形全即謂之人，不待有情而始謂之人也。郭子玄曰〔註28〕：「有情為離曠而弗能也，離曠以無情而聰明矣。有情為賢聖而弗能也，賢聖以無情而賢聖矣。雖下愚聾瞽雞鳴犬吠，不能有情為之也。雖顏、孔之際，相去一分，而不能有情得之也。是以耳目不能以易任成功，手足不能以代司致業。嬰兒之始生也，不以目求乳，不以耳嚮明，不以足操物，不以手求行，豈百骸無定司，形貌無素主，而專由

〔註28〕郭《注》：「人之生也，非情之所生也；生之所知，豈情之所知哉？故有情於為離曠而弗能也，然離曠以無情而聰明矣；有情於為賢聖而弗能也，然賢聖以無情而賢聖矣。豈直賢聖絕遠而離曠難慕哉？雖下愚聾瞽及雞鳴狗吠，豈有情於為之，亦終不能也。不問遠之與近，雖去己一分，顏孔之際，終莫之得也。是以關之萬物，反取諸身，耳目不能以易任成功，手足不能以代司致業。故嬰兒之始生也，不以目求乳，不以耳嚮明，不以足操物，不以手求行。豈百骸無定司，形貌無素主，而專由情以制之哉！」

情以制之哉！」惠子未釋然，又曰：「既謂之人，惡得無情？無情則木石而已，惡乎稱人？」莊子曰：「子之所謂情者，有好有惡也；所謂無情，必如木石而後可也。吾所謂無情者，非木石之謂也，未嘗不用好惡，而未嘗用好惡也。天下有自然，從其自然者應之，則好非吾好，好無所好；惡非吾惡，惡無所惡。不以好惡內傷其身，常因自然而不求多於生分之外以益生，此吾所謂無情也。所惡於情者，為其益生也。」惠子又未明生之自生，難曰：「人生幾何，所以不死者日益耳，不益生而有其身，將安能哉？」莊子曰：「吾固告汝矣。道與之貌，天與之形，生理自足於形貌之中久矣。任之則身存矣，生無待於益也。有好惡之情，非惟無以益生，而反害生，故又曰無以好惡內傷其身，生又不可以有益也。今子不然。內蕩其神而不存，外勞其精而不休，行則倚樹而吟，坐則據幾而眠，惜乎道與汝貌，天與汝形，不以聰明才辨為窮理盡性之資，而特以反人為實，以勝人為名，與天下之辨者為怪也。悲夫！」

卷　三

大宗師第六　內篇

大宗師者，道也。道曷在？曰天，曰命，曰無窮是也。《老子》曰：「淵乎似萬物之宗。」莊子之所謂內聖者以此。

知天之所為，知人之所為者，至矣。知天之所為者，天而生也；知人之所為者，以其知之所知，以養其知之所不知，終其天年而不中道夭者，是知之盛也。二其知、是知，音智。

人知天之所為，而又知人之所為者，斯至人矣。知天之所為者，天莫之為而為者也。順天而生，無所加損，此知天之所為者也。知人之所為者，凡人之所知有涯，而所不知無涯，以其所不知困其所知，伐生之道也；以其所知養其所不知，外同於物而內寧其心，終其天年而不至於中道夭，此亦以人合天，善用其知，知之盛者也。養其知之所不知，說具《齊物論》。郭子玄曰〔註1〕：「形雖七尺，而五常畢具，故雖區區之身，而舉天地以奉之。一物不具，一理

<hr>

〔註1〕郭《注》：「人之生也，形雖七尺而五常必具，故雖區區之身，乃舉天地以奉之。故天地萬物，凡所有者，不可一日而相無也。一物不具，則生者無由得生；一理不至，則天年無緣得終。然身之所有者，知或不知也；理之所存者，為或不為也。故知之所知者寡而身之所有者眾，為之所為者少而理之所存者愽，在上者莫能器之而求其備焉。人之所知不必同而所為不敢異，異則偽成矣，偽成而真不喪者，未之有也。或好知而不倦以困其百體，所好不過一枝而舉根俱弊，斯以其所知而害所不知。若夫知之盛也，知人之所為者有分，故任而不彊也，知人之所知者有極，故用而不蕩也。故所知不以無涯自困，則一體之中，知與不知，闇相與會而俱全矣，斯以其所知養所不知者也。」

不至，則天年無由終矣。然身之所須與夫理之所存者，知有所不能知也。知之所及者寡，而身之所須與理之所存者博，孰能求其備焉？或好知不倦，以困其百體，所好不過一枝，而舉根皆敝，斯以其所知害其所不知矣。若知所知有極，任而不疆，用而不蕩，則知與不知闇相與會而俱全，知之盛者也。」

雖然，有患。夫知有所待而後當，其所待者特未定也。庸詎知吾所謂天之非人乎？所謂人之非天乎？且有真人而後有真知。夫音扶。知音智。當，去聲。詎，其庶反，音句。

上文之意已略盡矣，莊子恐人未解而淺視之，故極力發揮。云以其知之所知養其知之所不知，其知盛矣，然不能無患，為其猶有知也。天之所為，無知也，無知則無待，無當故無患。人有知矣，必有待而後當，如待衣而後當吾體，待食而後當吾腹。得所待則為當，不得所待則為不當，不無紛紛計較之私，安得無患？而吾謂之盛者，特為斯人以其所知養其所不知，而所待者無定著故也。雖無定著，不可謂一無所著矣，終與天二矣。庸詎知吾所謂天之非人乎？所謂人之非天乎？知之為患如此，然則雖以其知養其不知，而不能知人之所為即天之所為者，非真知也。世必有真人而後有真知，非真人庸能無待，而庸能無當、庸能無患乎？知到真知，然後知不累，而天人一矣。以其知之所知養其知之所不知者，其於世物可謂澹然矣，何為猶有患？蓋此等人有兩樣：一是無欲人，一是寡欲人。無欲善矣，寡欲者未能忘物。隱微曲闇之中，根柢存焉，時至而發，潛滋默長，忽不知其流浪於物，而欣戚萬感，復將雲霧會矣，庸免於患哉！彼其不著於物，亦賢於眾人；而不能無待於物，則遜於真人遠矣。故必知天人合一者，而後謂之真人。天人合一者，欲即矩之謂也，人心即道心之謂也，口鼻耳目、四肢之欲皆性命之謂也。天生人以口鼻耳目、四肢，是天即人。人之有聲色臭味之好也，皆出於性，是人即天。顧天無知，人有知，則天人始岐為二。真人者，來不迎，過不留，是以目窮天下之麗而未始有視，耳極天下之響而未始有聽，生無不足，養無不周，而未始有養生之憂。欣戚萬感，如春夏秋冬四時行於外，而常入其肌膚尺寸哉！夫然後謂之真知。真知何患之有？

何謂真人？古之真人，不逆寡，不雄成，不謩士。若然者，過而弗悔，當而不自得也。若然者，登高不栗，入水不濡，入火不熱，是知之能登假於道也若此。謩音謀。當，去聲。假音格。

「不逆寡」，與物無忤，寡與眾一也。「不雄成」，有而不居，成與毀一也。「不謩士」，立不教，坐不議，虛而往，實而歸，群士自合，不謀而致，人與我一也。若然則皆當而無過矣，而亦未嘗以過、當經心。過非吾過，夫何悔焉？當非吾當，又何自得之有？是故「登高不栗，入水不濡，入火不熱」，其神定，其氣完，其精堅，非畏死而不死，非貪生而自生，是天人合一之知。登至於道，若斯之遠也。此「當」字應前「知有所待而後當」，「當」字蓋惟無心則無不當，亦惟無心故當而不自得，何必有所待而後當乎？若此，則無患於知矣。

古之真人，其寢不夢，其覺無憂，其食不甘，其息深深。真人之息以踵，眾人之息以喉。屈服者，其嗌言若哇。其耆欲深者，其天機淺。覺音教。踵音冢。嗌音益。哇音蛙。耆音侍。

真人寢無想，故「不夢」；覺無營，故「不憂」；食不求味，故「不甘」；息起於踵，周身上下無所不至，若無息者，故「深深」。若眾人則情溢神浮，自胸以下穢德閵積，徒咽喉間數寸喘不絕耳。至於慚惡噤閉，為理所屈者，言不由衷，取辦口給，此嗌言也。徒若咳唾涎液之去口，有出無收，為棄而已。天機之淺如此，皆以徇欲無厭故。惟深根寧極，反一無二，嗜欲愈淺，則天機愈深矣。

古之真人，不知說生，不知惡死；其出不訢，其入不距；翛然而往，翛然而來而已矣。不忘其所始，不求其所終，受而喜之，忘而復之。是之謂不以心捐道，不以人助天。是之謂真人。說音悅。惡，去聲。訢音欣。距音巨。翛音蕭。

古之真人，與化為體，不知說生，不知惡死。不說生，故任其自出而無所訢愛；不惡死，故任其自入而無所距逆。來往翛然，若翔翎飛翼之過太虛，忽焉而已。知其所以生，即知其所以死。既不忘其所始，則正而待之，足以死矣，又何起心求索，預作死計？但受生則歡喜逍遙，以順天命之常，無思無為，以為歸根覆命之謀。既不以心捐道，亦不以人助天，此之謂真人也。

若然者，其心志，其容寂，其顙頯；淒然似秋，煖然似春，喜怒通四時，與物有宜，而莫知其極。故聖人之用兵也，亡國而不失人心；利澤施乎萬世，不為愛人。頯，去軌反。煖音暄。

「其心志」者，心在心位也。「其容寂」者，無適而不靜也。「其顙頯」者，太樸無飾也。「淒然似秋」，殺物非為威也。「煖然似春」，生物非為仁也。故體

道合變，與寒暑同其溫嚴，而未嘗有心隨物，付宜而莫知其窮盡也。兵法曰：「善戰者不敗，善敗者不亡。」夫善者猶若此，而況於聖人！聖人雖亡國，而不失人心，此善亡也。太王不以所養害人是也。郭子玄曰〔註2〕：「白日登天，六合俱照，非愛人而照之也。故聖人之在天下，煖焉若陽春之自和，而潤澤者不謝；淒乎若秋霜之自降，而彫落者不怨。」

故樂通物，非聖人也；有親，非仁也；天時，非賢也；利害不通，非君子也；行名失己，非士也；亡身不真，非役人也。若狐不偕、務光、伯夷、叔齊、箕子、胥餘、紀他、申徒狄，是役人之役，適人之適，而不自適其適者也。樂音洛。他音駝。

聖人無為而物自歸。苟樂物之通，以我徇物，非聖人也。至仁無親而無不親，有親則有不親矣，非仁也。賢者能不失時，稱天稱時，非賢也。紛紛乎就利避害，而不通為一，非君子也。善為士者，遺名而自得，故外不失名，內不失己。名成而己失，非士也。真人雖不甚愛其身，而以真亡身，雖亡猶不亡。若區區抱一節之行，以殉其身，此亡身不真，人役也，非役人者也。若狐不偕以下八子，皆人役也。因世人尊廉而顯忠，破析道德，棄捐性命，以偷一時之譽，人為政而已，奔命之不暇，故曰「役人之役，適人之適，而非自適其適者也」。真人者，與天為徒，雖天下譽之不為勸，天下非之不為沮，誰能役哉？

古之真人，其狀義而不朋，若不足而不承；與乎其觚而不堅也，張乎其虛而不華也，邴邴乎其似喜乎，崔乎其不得已乎！滀乎進我色也，與乎止我德也；厲乎其似世乎，謷乎其未可制也；連乎其似好閉也，悗乎忘其言也。與，去聲，下同。觚音孤。邴音丙。滀，勑六反，音觸。謷音敖。好，去聲。悗，亡本反。

「朋」，疑當作「明」。義有分別，近於明晢。「義而不明」，含光匿耀也。有餘者，乘人不足者。承人既若不足，又不卑屈謙，尊而光也。「與」者，猶豫之義。觚稜必堅，真人觚而不堅，無廉隅之跡矣。虛近於華，真人虛而不華，真空之中，妙有存矣。「邴邴」，喜貌。「崔」，動貌。喜者好事，乃真人不得已而後起，非我動矣。「滀」，色憤起貌。「與」，猶豫也。滀乎有進色，而其德則止，非我進矣。「厲」，當作「廣」。「謷」，志遠貌。遊於世者必可制，而不可

<hr />

〔註2〕郭《注》：「因人心之所欲亡而亡之，故不失人心也。夫白日登天，六合俱照，非愛人而照之也。故聖人之在天下，煖焉若春陽之自和，故蒙澤者不謝；淒乎若秋霜之自降，故凋落者不怨也。」

制，放而自得矣。「連」，縣邈之意。「悗」，廢忘也。深藏者多智數，而泯然何言，天機之自寂矣。

　　以刑為體，以禮為翼，以知為時，以德為循，以刑為體者，綽乎其殺也；以禮為翼者，所以行於世也；以知為時者，不得已於事也；以德為循者，言其與有足者至於丘也，而人真以為勤行者也。知，去聲。

　　刑者治之具，以刑為一體，不純用也。禮者治之輔，以禮為兩翼，不純恃也。因時而用智，非我唱也。循德而自動，非我作也。「以刑為體」者，任治之自殺，雖殺而寬也。「以禮為翼」者，禮所以行於世，不得不任也。「以知為時」者，時至而事起，有所不得已故也。「以德為循」者，事在身而非身之所為，言在口而非口之所為，率性自然而已。譬登山者足，而非足所能為。若以為勤行之故，則事皆可以人為，而非天機矣。此雖人之所為，皆天之所為也。「勤行者」，以有涯隨無涯者也，烏足與論於天人之一哉！

　　故其好之也一，其弗好之也一。其一也一，其不一也一。其一與天為徒，其不一與人為徒。天與人不相勝也，是之謂真人。好，去聲。

　　真人常無心而順應，故好亦一無心也，惡亦一無心也。好與惡同一無心，未始有二也。縱萬感異齊，好惡迭異，而其無心未始二也，曷為而有一哉！與天為徒，因自然而不強作故也，又曷為而有不一哉！與人為徒，因感而應，應非我也。天無為而人有為，世人言天則妨人，言人則妨天，其相勝也久矣。惟真人則曠然內不見其心，冥然外不見其物，詎知天之非人、人之非天，何相勝之有！此所謂知天之所為，知人之所為者也，是之謂真人。

　　死生，命也，其有夜旦之常，天也。人之有所不得與，皆物之情也。彼特以天為父，而身猶愛之，而況其卓乎！人特以有君為愈乎己，而身猶死之，而況其真乎！與音預。

　　死生在人，命實宰之。譬猶夜而旦，旦而夜，天也。人之所不能為也，物之常情也，何足以嬰人之胸中！顧人有卓然獨存而稱真君，非死之所能死者，胡可不是愛哉？人皆曰天猶父也，而任其陰陽寒暑，莫之敢惡矣，此特天之天，非吾之天也。況吾卓然之天，可不愛乎？生人總總，必奉一人以為君，謂有君愈於無君之利也，故為之死而不惜。又況吾有真君存焉，而為喜怒哀樂之所戕賊，死生變化之所震懾，滑稽突梯之所熒惑，聲味臭色之所移蕩，奚其可乎？

泉涸，魚相與處於陸，相呴以溼，相濡以沫，不如相忘於江湖。而〔註3〕其譽堯而非桀也，不如兩忘而化其道。夫大塊載我以形，勞我以生，佚我以老，息我以死，故善吾生者，乃所以善吾死也。夫藏舟於壑，藏山於澤，謂之固矣。然而夜半有力者負之而走，昧者不知也。藏小大有宜，猶有所遯。若夫藏天下於天下而不得所遯，是恒物之大情也。特犯人之形，而猶喜之。若人之形者，萬化而未始有極也，其為樂可勝計邪？故聖人將遊於物之所不得遯而皆存。善夭善老，善始善終，人猶傚之，又況萬物之所係，而一化之所待乎！涸音鶴，戶各反。處，上聲。呴音叶。沫音末。譽音余。夫音扶。塊，苦怪反。樂音洛。勝音升。犯與範同，《淮南子》作范。

魚相忘於江湖，人相忘於道德，為道德則區區堯、桀之辨無庸論矣，在江湖則沾沾呴濡之愛無庸為矣。為道德者，以天地為一身，萬物為一物，形生老死皆我也，安知生之非勞、死之非息，而貪生畏死為也，顧吾所以善之何如耳。如其載情而遊，任道而往，不與物為始，不與物為終，無罣無礙，蕩蕩自得，可謂善吾生矣。一旦奄然就盡，執此以往，奚所不可？生為聖帝，死為明神。所謂卓然燭存而稱真君者，與天地無窮可也。且夫善藏者，藏舟於山澤之中，可謂固矣，而猶有遯失。故知世無可止之物，物無可藏之處，惟藏天下於天下，斯無遊爾。人者，萬形中之一形爾，豈獨人形可喜而萬形無可樂邪？倏焉為人，又忽焉為非人，總之出入陰陽，而循環於天地之內。物萬化亦與之萬化，化無極亦與之無極，其為樂何可勝計，而何必人形之樂邪？此所謂藏天下於天下而無所遯，聖人之所遊也。彼善攝生者，善夭善老，善始善終。稱考終矣，人猶慕而希焉，又況樞紐萬物而齊一變化之源者，其可慕當何如乎！賈誼曰〔註4〕：「萬物變化兮，固無休息。斡流而遷兮，或推而還。形氣轉續兮，變化而嬗。沕穆無窮兮，胡可勝言！」李元卓《藏舟論》曰〔註5〕：「自物之無而觀之，真常湛寂，亙古今而不去。自物之有而觀之，大化密移，交臂而已失。達此者，即其流動之境，了其不遷之宗，故遊塵可以合太虛，秋毫可以約天地也，負將安之乎？昧此者，覽其有涯之生，託乎必遯之地，不知停燈者前焰非後焰，比形者今吾非故吾，雖欲執之，而皆自冥冥中去矣。故以火藏火，一也，藏之水

〔註3〕「而」，通行本作「與」。
〔註4〕見賈誼《鵩鳥賦》。
〔註5〕見李元卓《莊列十論》。

則滅；以水藏水，一也，藏之土則湮。又況舟山有體矣，壑澤有方矣，執而藏之有心矣。彼造物者未始有物，宜夜半負而走也。」古之藏天下於天下者以此。

　　夫道有情有信，無為無形；可傳而不可受，可得而不可見；自本自根，未有天地，自古以固存；神鬼神帝，生天生地；在太極之先而不為高，在六極之下而不為深，先天地生而不為久，長於上古而不為老。狶韋氏得之，以挈天地；伏戲得之，以襲氣母；維鬥得之，終古不忒；日月得之，終古不息；堪壞得之，以襲崑崙；馮夷得之，以遊大川；肩吾得之，以處太山；黃帝得之，以登雲天；顓頊得之，以處玄宮；禺強得之，立乎比極；西王母得之，坐乎少廣。莫知其始，莫知其終。彭祖得之，上及有虞，下及五伯；傅說得之，以相武丁，奄有天下，乘東維，騎箕尾，而比於列星。夫音扶。先，去聲。長，丁丈反。狶音豕。挈，苦結反。戲音羲。壞音裴。處，上聲。顓音專。頊音旭。禺音愚。少，去聲。伯音霸。說音悅。相，去聲。

　　道非空言也，有情實有信。然又非可指言也，無事為，無形質。聖賢相傳，代不絕統，而無受之之形與其得之之跡。自本自根，莫為之根。生天地先，莫為之先。聰明睿智，皆由此出。生成覆載，皆由此立。在高而不高，在深而不深，在久而不久，在老而不老。上下無不格者，不得以高卑稱；內外無不至者，不得以表裏名也。與化俱移，不得言久也。終始常存，不可謂老也。自古明神巨靈聖君賢相，神變化之道，立天地之極者，何莫由斯，皆自然之所為也。知人之未始不為天，則知聖君賢相未始不為明神巨靈，明神巨靈未始不為天神地祇。不必目狶韋、伏戲以下為人，而標天地、氣母以下為天。與道為體者，皆範造化，模萬物，運宰工之樞軸，而鼓真精之爐韝者也。此又極言道之神功如此。「狶韋氏」，上古帝王。挈天地者，舉天地之要。「伏戲」，即伏羲。「襲氣母」者，入元氣之本。「維斗」，北斗，萬古為天地之綱維。「堪壞」，神名，人面獸形。「馮夷」，河伯也。《清泠傳》云：「華陰人。服八石，得水仙。以八月庚子浴於河而溺死。」「肩吾」，山神，不死至孔子時。「黃帝」，有熊氏，得道上天。「顓頊」，高陽氏。「玄宮」，北方宮也。「禺強」，北海神人，人面鳥身，珥兩青蛇，踐兩赤蛇，靈龜為之使。「西王母」，狀如人，狗尾蓬頭，戴勝，善嘯。漢武時，與上元夫人降於漢宮。「彭祖」，壽八百歲。「傅說」，殷相。「武丁」，殷王高宗也。「東維」，箕、斗之間，天漢津之東維也。傅說死，其精神乘東維，託龍角為列宿，今天官有此星。以上幽怪之談，莊子時有之。列子更

驚奇多矣。要之，是氣所磅礴，在人為人，在物為物，在神為神，在天為天。與天遊者，日之高明；與物遊者，日之沉濁。夫何怪哉！

南伯子葵問乎女偊曰：「子之年長矣，而色若孺子，何也？」曰：「吾聞道矣。」南伯子葵曰：「道可得學邪？」曰：「惡！惡可！子非其人也。夫卜梁倚有聖人之才而無聖人之道，我有聖人之道而無聖人之才。吾欲以教之，庶幾其果為聖人乎？不然，以聖人之道告聖人之才，亦易矣。吾猶守而告之，三日而後能外天下；已外天下矣，吾又守之，七日而後外物；已外物矣，吾又守之，九日而後能外生；已外生矣，而後能朝徹；朝徹，而後能見獨；見獨，而後能無古今；無古今，而後能入於不死不生。殺生者不死，生生者不生。其為物，無不將也；無不迎也，無不毀也，無不成也。其名為『攖寧』。攖寧也者，攖而後成者也。」南伯子葵曰：「子獨惡乎聞之？」曰：「聞諸副墨之子，副墨之子聞諸洛誦之孫，洛誦之孫聞之瞻明，瞻明聞之聶許，聶許聞之需役，需役聞之於謳，於謳聞之玄冥，玄冥聞之參寥，參寥聞之疑始。」女偊音女禹。長，丁丈反。惡並音烏。幾，平聲。易音異。於音烏。參，七南反。

吾欲以聖人之道教聖人之才，使斯人為聖人，庶幾近矣，而猶不然。守而告之三日，而後能外天下，澹然忘世也。又七日，而後能外物。物者，朝夕所須，尤切而難忘故也。又九日，而後能外生。有身而後有患，有根而後有欲，尤難忘也。忘生而後能朝徹。朝徹者，如大明之啟旦，而萬物畢顯，破群迷之暗網，飛天光之皎鏡也。朝徹而後能見獨，不恃言詮，不落擬議，斷前際與後際也。見獨而後能無古今，古猶今也。無古今而後能入於不死不生，死猶生也。夫係生故有死，惡死故有生，是以無係無惡則無死無生也。人莫不以生為殺之所能死，生之所能生，而不知生非殺之所能死，生之所能生。至人之於物，無不將，亦無不迎；無不毀，亦無不成。將送、迎逆、毀敗、成就，皆不在我，故其名為攖寧。「攖」者，觸動之義，與「寧」相反。然天下之理，惟攖之而後成，故當其攖之之時，非毀也，成也；非殺也，生也。是故古今不二，死生不殊，物我不隔，而謂之上聖也。以下九聞者，或古人名，或寓言。「副貳」，玄墨，無著無極之義。〔註6〕苞洛通達，不遺不滯之義。「瞻明」，智慧之義。攝保，總持之義。「濡〔註7〕役」，柔弱之義。「於謳」，逍遙詠歌之義。「玄冥」，

〔註6〕此處似脫「洛誦」二字。
〔註7〕「濡」似當作「需」。

無義。「參寥」，無無義。「疑始」，雖始非有始，疑無是始矣，《齊物論》曰「有未始有夫未始有無也者」是也。

　　子祀、子輿、子犁、子來四人相與語曰：「孰能以無為首，以生為脊，以死為尻，孰知死生存亡之一體者，吾與之友矣。」四人相視而笑，莫逆於心，遂相與為友。俄而子輿有病，子祀往問之。曰：「偉哉！夫造物者，將以予為此拘拘也。」曲僂發背，上有五管，頤隱於齊，肩高於頂，句贅指天。陰陽之氣有沴，其心閒而無事，跰𨇠而鑒於井，曰：「嗟乎！夫造物者，又將以予為此拘拘也！」子祀曰：「女惡之乎？」曰：「亡。句。予何惡！浸假而化予之左臂以為雞，予因以求時夜；浸假而化予之右臂以為彈，予因以求鴞炙；浸假而化予之尻以為輪，以神為馬，予因而乘之，豈更駕哉！且夫得者時也，失者順也，安時而處順，哀樂不能入也，此古之所謂縣解也；而不能自解者，物有結之。且夫物不勝天久矣，吾又何惡焉！」尻，苦羔反。僂音呂。齊音臍。句音勾。沴音麗。閒音閑。跰𨇠音駢仙。女音汝。惡，烏路反，下同。亡音無。彈音但。鴞音囂。炙音柘。夫音扶。處，上聲。樂音洛。縣音玄。

　　首、脊、尻，一體也。若謂首、脊、尻有上下中之異者，猶非論一體之義者也。直謂之一爾，相視而笑，無庸言矣。偉哉！「夫造物者將以予為此拘拘也」，此子輿之言。言造化至大而善變，令予為此拘攣不伸之狀也。「曲僂發背」以下，又敘疾甚傴僂之形狀。「句贅」，項椎也。「沴」，陵亂也。「其心閒而無事」，不以為患也。「跰𨇠」，行不正貌。「嗟乎」以下，子輿又訝造物之善變也。「浸假而化」，化必以漸，而合假成真也。「時夜」，候夜也。「鴞炙」，以鴞為炙也。「豈更駕哉」，言不復更求他駕也。至人體化合變，無所不可，如此豈惡死邪？且夫得者，時之偶然來也；失者，道之自然順也。至人安之而不逆，處之而不去，故哀樂不入，與解懸同。彼為物所結者，不能自解矣。蓋人於宇宙之中，生之時少，而未生之時多。未生之時，無待於物，則無所懸而常解。生則懸矣。生而不以生為者，雖待於物，而未始著於物，是為雖懸猶解也。此至人以人合天之事矣。又況天大而物小，我惡能以物之力勝天而惡之哉！

　　俄而子來有病，喘喘然將死，其妻子環而泣之。犁往問之，曰：「叱！避！無怛化！」倚其戶與之語，曰：「偉哉造化！又將奚以汝為？將奚以汝適？以汝為鼠肝乎？以汝為蟲臂乎？」子來曰：「父母於子，東西

南北，唯命之從。陰陽於人，不翅於父母。彼近吾死而我不聽，我則悍矣，彼何罪焉？夫大塊載我以形，勞我以生，佚我以老，息我以死。故善吾生者，乃所以善吾死也。今大冶鑄金，金踊躍曰：『我且必為鏌鋣！』大冶必以為不祥之金。今一犯人之形，而曰『人耳人耳』，夫造化者必以為不祥之人。今一以天地為大鑪，以造化為大冶，惡乎往而不可哉！」成然寐，蘧然覺。喘音舛。叱，昌失反。怛音妲。夫音扶。鏌鋣音莫邪。惡音烏。覺音教。

叱，叱聲也。避，令其妻子無環泣也。死生猶寤寐耳，寐者不願人之驚之，化者豈願人之驚之哉！故子犁叱令避也。一氣分散，復合他氣以受生，則為鼠一肝，為蟲一臂，皆不可知，任之造化矣。人於父母之命，尚不敢逆，況陰陽之命而可違乎？命吾死而吾不聽，吾則悍逆，為罪大矣，陰陽何罪焉？金之入範，聽大冶之所為耳。必請為鏌鋣，則必以為不祥金矣。人之入範，亦惟大造之所為耳。必請為人，非不祥人而何！賈生曰〔註8〕：「天地為爐兮，造化為工。陰陽為炭兮，萬物為銅。合散消息兮，安有常則。千變萬化兮，未始有極。忽然為人兮，何足控摶。化為異物兮，又何足患。小智自私兮，賤彼貴我。達人大觀兮，物無不可。」或問：佛氏以三途六道為大阬坎，乃莊子謂鼠肝、蟲臂、尻輪、神馬無所不可，此論孰為至當？余謂黃蘗有言〔註9〕：「凡人臨終時，但觀五蘊皆空，四大無我，真心無相，不去不來。湛然圓寂，心境一如。見善相諸佛來迎，亦無心隨去；見惡相種種見前，亦無怪畏。但自忘心，同於法界，使〔註10〕得自在，不為三世所拘繫矣。」今真人安時處順，哀樂不入，善生善死，以天地為大鑪，以造化為大冶，此時內外身心一齊俱捨，豈不是「五蘊皆空，四大無我，真心無相，不去不來」之謂？其言鼠肝、蟲臂一任為之者，正是種種惡相亦不怪畏之意也，焉有如此人而真墮惡道哉？彼方遊於造化之無窮，雖聖級不歷，而況六道乎！惟置一牀，寢疾而臥，祇是不起諸見，無一法可得。學者但須心地乾淨，勿患說鼠肝、蟲臂，便做鼠肝、蟲臂，此時由你

〔註8〕見賈誼《鵩鳥賦》。

〔註9〕瞿汝稷《指月錄》卷十《六祖下第四世》：「凡人臨欲終時，但觀五蘊皆空，四大無我，真心無恒，不去不來。生時性亦不來，死時性亦不去，湛然圓寂，心境一如。但能如是，直下頓了，不為三世所拘繫，便是出世人也，切不得有分毫趣向。若見善相諸佛來迎，及種種現前，亦無心隨去。若見惡相種種現前，亦無心怖畏。但自忘心，同於法界，便得自在，此即是要節也。」

〔註10〕「使」，《指月錄》作「便」。

主張不得。

　　子桑戶、孟子反、子琴張三人相與友曰：「孰能相與於無相與，相為於無相為？孰能登天遊霧，撓挑無極，相忘以生，無所終窮？」三人相視而笑，莫逆於心，遂相與友。莫然有間，而子桑戶死，未葬。孔子聞之，使子貢往待事焉。或編曲，或鼓琴，相和而歌曰：「嗟來桑戶乎！嗟來桑戶乎！而已反其真，而我猶為人猗！」子貢趨而進曰：「敢問臨尸而歌，禮乎？」二人相視而笑曰：「是惡知禮意！」子貢反，以告孔子，曰：「彼何人者邪？修行無有，而外其形骸，臨尸而歌，顏色不變，無以命之。彼何人者邪？」孔子曰：「彼遊方之外者也，而丘遊方之內者也。外內不相及，而丘使汝往弔之，丘則陋矣！彼方且與造物者為人，而遊乎天地之一氣。彼以生為附贅縣疣，以死為決疣潰癰。夫若然，又惡知死生先後之所在！假於異物，託於同體；忘其肝膽，遺其耳目；反覆終始，不知端倪；芒然彷徨乎塵垢之外，逍遙乎無為之業。彼又惡能憒憒然為世俗之禮，以觀眾人之耳目哉！」和，去聲。惡音烏。行，下孟反。縣疣音玄尤。疣，胡虬反。觀，去聲。

　　世人皆有所與，有所為，故所友愈多而無一人可依，所為愈多而無一事可託，此拘井跼虛，動皆有礙，沉迷濁趣，汩沒下流。一日不可知，況於千古也！惟相與於無相與，相為於無相為，雖遊人間，如在天上，而宛轉跳躍於玄曠無極之中，隨變任化，相忘以生，而無終窮之所矣。三人者以此為友，故以死為反真，當哭而更歌，可謂相與於無相與矣。不治喪事而編曲鼓琴，可謂相為於無相為矣。以跡而論，信非禮矣。子貢雖譏之，然豈知禮意者哉！禮生於道，道出於天。人各有相生相愛之情，故死而有號踴、哭泣、弔唁、祔奠之禮。及察其初，而生無所生，愛無所愛，故天不以秋落為殺，物不以霜雪為屬，人有形則有敝，有新則有故，萬代相送，事理之常，斯則天人之際、性命之初，禮所從出之論也。故喪不過三年，毀不滅性，降殺而下，各有差等，此可以觀禮意矣。充孝子之心，宜無所不哀，豈三年之後可以易其始；充仁人之意，宜無不痛，豈五服之外可以異其施！蓋禮之有節，從天節也；禮有哀死，而禮意有不哀者存也。未聞性與天道者，未喻此矣。賜也達，亦知斯人者，修行無有之事，遺其形骸之用，雖棄禮教，要非凡人也，故問焉。方，道術也。道曷為有內外之辨哉！舉其粗則粗，舉其精則精，中人不可語上，恒民不可使知，故聖人設教齊之以禮，而不暇與人言禮意也。弔者，方內之近

事，而施之方外則陋矣。聖人何陋焉？彼方外之人陋我，則自謂陋可也。彼且方與造化者為人，而遊乎天地之一氣，此天之徒，而偶託於人間，則彼視其身如附贅疣氣之偶聚也，我之無所用也，未嘗以為樂也；死則如決疣潰癰，復其無物之常，快然矣，又惡知死生先後之所在而稱孰勝負哉！彼謂初受天地之氣以生，合集異氣以成一體，亦猶干將莫鎁合集異金以成一物，故彼方忘其肝膽，遺其耳目，不知為吾之肝膽耳目與？人之肝膽耳目與？抑異物之肝膽耳目，而偶寄於吾與？此生之終，又異生之始。一反一覆，不知端倪，故雖不伏山林，而常彷徨乎塵垢之外；不輟操作，而常逍遙乎無為之業。彼又何能憒憒鶩亂，為世俗之禮，以觀示眾人之耳目哉！「編曲」，造歌詞也。舊注未當。

子貢曰：「然則夫子何方之依？」曰：「丘，天之戮民也。雖然，吾與汝共之。」子貢曰：「敢問其方。」孔子曰：「魚相造乎水，人相造乎道。相造乎水者，穿池而養給；相造乎道者，無事而生定。故曰魚相忘乎江湖，人相忘乎道術。」子貢曰：「敢問畸人。」曰：「畸人者，畸於人而侔於天，故曰天之小人，人之君子；人之君子，天之小人也。」造，七報反，詣也。畸音雞。

夫子論方外之事津津矣，然夫子不為，何哉？其心必有不欲為也。子貢善問矣。戮，刑。戮禮教者，人生之桎梏也。天發天褒之中而又為之搢笏紳修之類束縛之，何以異於桎梏。然治世者不得不爾也。將以為世倡，則治身又不得不爾也。故曰「吾與子共之」。一云戮與勠〔註11〕同，並力也。《書》云：「與之戮力」〔註12〕，亦此「戮」字。夫天之於民，固欲使先知先覺者教之；教之而不行，則必諄諄然復之。海內之民在溝中，則奔走而救之。故其心甚苦而力甚勞。在天下稱先覺之民，在其人真勞戮之民矣。雖明知其為勞戮之民，而終不能諉之以孤上天之託，豈惟不能諉，又不得不群弟子而共舉先知先覺之職，斯亦天命之莫逃者也，故曰「吾與子共之」。夫方分內外，而均謂之方，道雖殊塗，必有統合。子貢問方，此又善問也。魚所相詣而並生者，水；人所相詣而並生者，道。魚非水，人非道，死矣。魚相詣乎水，故一穿池而養已給；人相詣於道，故一無事而生已定。若究而論，則魚必江湖而後相忘，人必道術而後相忘。夫子急於救世，故不吝穿池之勞，以養天下。若三人者之為畸人，則

〔註11〕「勠」，光裕堂刻本誤作「戮」。
〔註12〕《尚書·商書·湯誥》：「聿求元聖，與之戮力，以與爾有眾請命。」

相忘於道術，自放於江湖，而不可以方拘，不可以世俗之禮制者也。子貢又問曰：「彼曷為而獨為畸人哉？」子曰：「彼雖不耦於人，而實耦於天。人之小人，天之君子也。彼願為天之君子，安得不與人畸哉？」夫子貢未知禮意，既為三人之所譏。然此三人者，亦畸人耳，世俗之所驚，禮教之所仇也。徹上下，合天人，非吾夫子其誰哉！自群弟子而下，源遠而流益分，子思、孟軻之言，即荀卿已不能喻，而況其他乎！蒙莊之論，乃聖門之秘，藏而發六藝之未發者也，亦人之小人，天之君子也。

　　顏回問仲尼曰：「孟孫才，其母死，哭泣無涕，中心不慼，居喪不哀。無是三者，以善喪蓋魯國，固有無其實而得其名乎？回一怪之。」仲尼曰：「夫孟孫氏盡之矣，進於知矣，唯簡之而不得，夫已有所簡矣。孟孫氏不知所以生，不知所以死。不知就先，不知就後，若化為物，以待其所不知之化已乎！且方將化，惡知不化哉？方將不化，惡知已化哉？吾特與汝，其夢未始覺者邪？且彼有駭形而無損心，有旦宅而無情死。孟孫氏特覺，人哭亦哭，是自其所以乃且也相與吾之耳矣，庸詎知吾所謂吾之乎？且汝夢為鳥而厲乎天，夢為魚而沒於淵。不識今之言者，其覺者乎，其夢者乎？造適不及笑，獻笑不及排，安排而去化，乃入於寥天一。」惡音烏。覺音教。造，七報反。

　　孟孫氏盡道矣，知天之所為，非常知也，進於知矣。至道不繁，人惟求簡而不得。彼既已簡矣，彼不知其所以生，所以死，不知就先，不知就後，若將以其身化為異物，以至於不可知之化而後已也，惡知化之為不化，惡知不化之為已化哉？若吾與汝之未化，在孟孫視之，特夢之未覺者邪？「駭形」，形有變化而可訝。如楊布之衣白而出，衣黑而入是也。「旦宅」，旦暮所徙之宅，謂此身無常如傳舍也。彼視體有駭異，而心無傷損，舍有遷易而死非真實，謂其母實不死，但眾人皆哭，吾安得不哭，此所以不慼不哀，第且相與吾之耳，而豈知其所以吾之乎！「是自其所以乃且也相與吾之耳矣」十四字一句讀。「吾」者，哭聲。凡我與吾皆親之之辭，哭者必以吾我冠辭，古今同也。且汝嘗夢為魚鳥矣，夢者汝也，今之言者亦汝也。不識言者其覺而飛遊者夢邪？不識言者其夢而飛遊者覺邪？不可知也。然則未知其孰為死，孰為生也，惡庸哭哉！人適意則笑。若所詣皆適，則忘適矣，不及笑矣。即偶有發笑，亦天機之自推移，非人力也，不及排矣。安於推移，而與化俱去，乃入於寥廓，而與天為一，是故謂之真人。孟孫任真者也，與天徒者也，不可以人理論也。《鶴林玉露》

云〔註13〕：「佛告波斯匿王，汝年十三時，見恒河水與今無異，是汝皮肉雖皺，見精不皺，可見身有老少，而見精常存。身有死生，而本性常在也。晁文元嘗問劉海蟾不死之道，海蟾曰：『人何曾死？而君求生乎？』此本常理，但異端說得黏皮著骨。如《易》曰：『精氣為物，遊魂為變。』原始反終，故知死生之說。伊川曰：『堯舜幾千年，其心至今在。』横渠曰：『存吾順事，沒吾寧也。』說得多少混融。」

　　意而子見許由。許由曰：「堯何以資汝？」意而子曰：「堯謂我：『汝必躬服仁義而明言是非。』」許由曰：「而奚來為軹？夫堯既已黥汝以仁義，而劓汝以是非矣，汝將何以遊夫遙蕩恣睢轉徒之塗乎？」意而子曰：「雖然，吾願遊於其藩。」許由曰：「不然。夫盲者無以與乎眉目顏色之好，瞽者無以與乎青黃黼黻之觀。」意而子曰：「夫無莊之失其美，據梁之失其力，黃帝之亡其知，皆在鑪捶之間耳。庸詎知夫造物者之不息我黥而補我劓，使我乘成以隨先生邪？」許由曰：「噫！未可知也。我為汝言其大略：吾師乎！吾師乎！螯萬物而不為義，澤及萬世而不為仁，長於上古而不為老，覆載天地、刻彫眾形而不為巧。此所遊已。」軹音止，語辭。黥音鯨。劓音義。恣音諮。睢，翾圭反。與音預。知音智。捶，之藥反。螯音齏，碎也。長，丁丈反。

　　遊其藩，言不敢望升堂入室，願少游其藩傍間也。「鑪捶」，教訓之義。

　　顏回曰：「回益矣。」仲尼曰：「何謂也？」曰：「回忘仁義矣。」曰：「可矣，猶未也。」他日復見曰：「回益矣。」曰：「何謂也？」曰：「回忘禮樂矣。」曰：「可矣，猶未也。」他日復見曰：「回益矣。」曰：「何謂也？」曰：「回坐忘矣。」仲尼蹵然曰：「何謂坐忘？」顏回曰：「墮枝體，黜聰明，離形去知，同於大通，此謂坐忘。」仲尼曰：「同則無好也，化則無常也，而果其賢乎！丘也請從而後也。」復，扶又反。墮音灰。

〔註13〕羅大經《鶴林玉露》卷十《不死》：「《楞嚴經》：『佛告波斯匿王，汝年十三時，見恒河水與今無異，是汝皮肉雖皺，見精不皺，以明身有老少，而見精常存；身有死生，而本性常在也。』晁文元嘗問隱者劉海蟾以不死之道，海蟾笑曰：『人何曾死？而君乃畏之求生乎？所可死者，形爾。不與形俱滅者，固常在也。』此理本常理，但異端說得黏皮著骨。如《易》曰：『精氣為物，遊魂為變。』孟子曰：『所過者化，所存者神。』伊川曰：『堯舜幾千年，其心至今在。』横渠曰：『物物故能過化，性性故能存神』；又曰：『存吾順事，沒吾寧也。』說得多少混融。」

去，上聲。知音智。好，去聲。

仁者，兼愛之事。義者，成物之功。為仁義而忘仁義，則真仁義也。以仁義為美而為之，其仁義小矣。禮者，持身之節。樂者，樂生之具。為禮樂而忘禮樂，則真禮樂也。以禮樂為貴而為之，其禮樂粗矣。仁義主於及物，忘之猶易；禮樂切於治身，忘之為難。至於坐忘，則不覺其有身矣，無不存而無存，墮壞枝體，形而離形；無不照而無照，黜罷聰明，智而去智。天地與我為一，同於大通矣，故混然齊合，何好何惡；翛然變化，何故何常。雖欲從之，末由也已。末由者，見道之不可常，而與化俱徂之謂也。

子輿與子桑友，而霖雨十日，子輿曰：「子桑殆病矣！」裹飯而往食之，至子桑之門，則若歌若哭，鼓琴曰：「父邪？母邪？天乎？人乎？」有不任其聲而趨舉其詩焉。子輿入，曰：「子之歌詩，何故若是？」曰：「吾思夫使我至此極者而弗得也。父母豈欲吾貧哉？天無私覆，地無私載，天地豈貧我哉？求其為之者而不得也。然而至此極者，命也夫！」食音嗣。任音壬。趨音促，局促催促之義。

何故若是？恐其舉天、人、父、母之為怨也。子桑實非有怨，蓋念天地父母非有私而至於此，命也。命莫之致而致，豈吾思之所能得，知之所能知哉！其心不與形俱憊也如此夫。

應帝王第七　內篇

無心而任化者，不蘄為帝王而默應帝王之道者也，莊子之所謂外王者以此。

齧缺問於王倪，四問而四不知。齧缺因躍而大喜，行以告蒲衣子。蒲衣子曰：「而乃今知之乎？有虞氏不及泰氏。有虞氏其猶藏仁以要人，亦得人矣，而未始出於非人。泰氏其臥徐徐，其覺於於；一以己為馬，一以己為牛；其知情信，其德甚真，而未始入於非人。」齧，五結反。要，平聲。知音智。

非人者，是人非人之域也。知人之善而謂之是，知人之惡而謂之非，斤斤察察，以行其賞罰，後世之治天下，率是道矣。而不知是非愈明，賞罰愈多，則訿訾之口愈增，功罪之籍愈棼，告訐紛然，爭訟滋起，天下愈不可治。其始起於是人之是，非人之非，其究至於非人之是，非人之非，而賢者皆蒙不肖之稱矣。此以智爐亂天下之過也。智愈多則愈亂，智愈少則愈治。智有一絲之尚

存，則治不帝不王。不但用數挾術之謂智，有心迎而至之即智也。故有虞氏稱
盛帝矣，然猶懷仁以求人之歸。雖得人之歸矣，尚不出於非人之域。若泰氏則
不然。「其臥徐徐，其覺於於」，起居動息之外，無他事矣。呼我為馬，即應之
以馬；呼我為牛，即應之以牛。隨物順應之外，無他謀矣。其智實信，未嘗懷
億逆之私。其德甚真，未嘗有將迎之跡。而曷嘗入於非人之域乎？不出於非人
之域者，有是非也。有是非，則必多為之法以廣耳目，明為之導以表嚮往，使
天下脊脊奔命於仁義，而偽端滋起矣。不入於非人之域者，無是非也。無是非
者，非頑然冥然之謂也，以是來則以是應，以非來則以非應，善者自受賞而往，
惡者自抱惌而歸，而聖人無庸心，故智察天下而不損。聖人之信，仁澤天下而
不減。聖人之真，無治天下之心，而天下自治也。

　　肩吾見狂接輿，狂接輿曰：「日中始何以語女？」肩吾曰：「告我君
人者以己出經，式義度人，孰敢不聽而化諸！」接輿曰：「是欺德也。其
於治天下也，猶涉海鑿河，而使蚉負山也。夫聖人之治也，治外乎？正
而後行，確乎能其事者而已矣。且鳥高飛以避矰弋之害，鼷鼠深穴〔註14〕
乎神丘之下，以避熏鑿之患，而曾二蟲之無知！」語，去聲。夫音扶。矰音
增。鼷音兮。曾音層。

　　「以己出經」，身建其極也。「式義度人」，立法定制，使人遵行無踰越也。
涉海而鑿河，無成功也。聖人之治，豈必治之而使之不為亂乎？若是則治其外，
非治其內也。若必「以己出經，式義度人」，區區以「正而後行」，則如小石之
堅，確能治於治之所及而已，不能治於治之所不及也。鳥獸無知，亦能避矰弋
之害與熏鑿之患，豈人之知而二蟲之不如哉！「以己出經，式義度人」，用知
甚矣，祇為駭愚之網罟，亂俗之罩弋，何益？

　　天根遊於殷陽，至蓼水之上，適遭無名人而問焉，曰：「請問為天
下。」無名人曰：「去！汝鄙人也，何問之不預也！予方將與造物者為
人；厭，則又乘夫莽眇之鳥，以出六極之外，而遊無何有之鄉，以處壙
埌之野。汝又何帠以治天下感予之心為？」又復問。無名人曰：「汝遊心
於淡，合氣於漠，順物自然，而無容私焉，而天下治矣。」蓼音了。壙，
苦廣反。埌，力黨反。帠音藝，法也。

　　「與造化者為人」，與天為徒也。厭則出六極之外，又將超離三界矣。汝

又何以治天下之鄙事溷我哉！「遊心於淡」，無思也。「合氣於漠」，無為也。「順物自然，而無容私」，非自然，即私也。無私無為，因物付物，而天下自治矣。

　　陽子居見老聃，曰：「有人於此，向疾強梁，物徹疏明，學道不勌，如是者可比明王乎？」老聃曰：「是於聖人也，胥易技係，勞形怵心者也。且也虎豹之文來田，猨狙之便、執斄之狗來藉。如是者，可比明王乎？」陽子居蹵然曰：「敢問明王之治。」老聃曰：「明王之治：功蓋天下而似不自己，化貸萬物而民弗恃；有莫舉名，使物自喜；立乎不測，而遊於無有者也。」勌、倦同。易音異。怵音出。猨音袁。狙音疽。便音駢。斄音來。治，直吏反。貸，吐反代。

　　「向疾」，敏給如向應之疾速也。「強梁」，勇敢也。「物徹疏明」，疏通明晢，如指物之照徹也。「胥」，胥徒。有才智為什長者，易治也。技，巧藝之人。「係」，結縛也。言此人如胥徒之治事，如技工之結縛，而外勞其形，內怵其心者也，烏可比於明王？斯人而謂之明王，則虎豹以其皮而見獵，猨狙以其捷、狗以其善執，狸而見繫，亦可比於明王矣。此皆以文章技能累其身，非涉虛以御無方者也。

　　鄭有神巫曰季咸，知人之死生存亡、禍福壽夭，期以歲月旬日，若神。鄭人見之，皆棄而走〔註15〕。列子見之而心醉，歸，以告壺子，曰：「始吾以夫子之道為至矣，則又有至焉者矣。」壺子曰：「吾與汝既其文，未既其實，而固得道與？眾雌而無雄，而又奚卵〔註16〕焉！而以道與世亢，必信夫，故使人得而相汝。嘗試與來，以予示之。」明日，列子與之見壺子。出而謂列子曰：「嘻！子之先生死矣！弗活矣！不以旬數矣！吾見怪焉，見溼灰焉。」列子入，泣涕沾襟，以告壺子。壺子曰：「鄉吾示之以地文，萌乎不震不正，是殆見吾杜德機也。嘗又與來。」道、與，平聲。夫音扶。相，息亮反，下同。鄉音向，下同。

　　季咸之相人太驗，故鄭人更畏之不敢近，恐聞死日也。列子見之而心醉，於是乎輕其師矣。壺子曰：「道有文有實。文者，事為之粗跡也。實者，神聖之祕藏也。吾之教汝而汝之所既盡者，文爾，非實也。爾固謂已得吾之道歟？

〔註15〕「走」，通行本作「走」。
〔註16〕「卵」，光裕堂刻本誤作「卵」。

雌雖眾，必得雄而後成卵〔註17〕。文雖既，必得實而後成道。孤雌不卵〔註18〕，徒文非道。爾乃以道與世人抗，而期其必伸，勝心虛氣不推於庸眾，安能伸於人之上哉！無怪乎相人者得以淺深汝也。試以予示之，必有不驗者矣。」見壺子之地文，則以為溼灰之氣，應死法。「地文」者，土色也。萌乎不震不正，芒然無生，不震則頹，不正則邪，常人得此氣固宜死。而不知至人無感，魄寂體委，乃有此象，豈季咸所能及乎！故曰「是見吾杜德機也」。德機不發，而塞杜之際如此也。

明日，又與之見壺子。出而謂列子曰：「幸矣，子之先生遇我也！有瘳矣，全然有生矣！吾見其杜權矣。」列子入，以告壺子。壺子曰：「鄉吾示之以天壤，名實不入，而機發於踵，是殆見吾善者機也。嘗又與來。」瘳音抽。

杜權，權所以應用者，生機也，雖杜塞而其端內存，故季咸以為有瘳矣。蓋常人有動無靜，惟死而後有靜，動則生矣，故季咸覩靜寂即謂之死，覩動萌即謂之生，而不知非所以論至人也。「天壤」者，天與壤合，即有發生之功，視地文之孤陰不生有間矣。「名實不入而機發於踵」者，言人間名實之事雖不交涉，而交涉之端已發於最下之處，如重陰之下一陽初動，如冬春之際一氣潛回，此生生化化之機，故曰「善者機也」。有此生意，季咸安得不謂之瘳乎！季咸識此，亦可謂善相，顧人相也，非至人相也。

明日，又與之見壺子。出而謂列子曰：「子之先生不齊，吾無得而相焉。試齊，且復相之。」列子入以告壺子，壺子曰：「吾鄉示之以太沖莫勝，是殆見吾衡氣機也。鯢桓之審為淵，止水之審為淵，流水之審為淵。淵有九名，此處三焉。嘗又與來。」齊、齋同。復，扶又反。鯢音倪。處，上聲。

齊則齊一。季咸見壺子之難知，遂謂之不齊。「太沖莫勝」者，沖然無物，澹泊玄同，不可謂之有，不可謂之無；不可謂之動，不可謂之靜。莫之能勝，故亦莫之能知也。如衡之平，不可謂之昂，不可謂之低也。凡有偏者易狀，而無偏者難名；有著者可求，而無著者難論。謂之不齊固宜。「鯢」，鯨也。「桓」，盤桓也。「審」，《列子》作「潘」，音盤，水之盤回處也。止水之靜，流水之動。

〔註17〕「卵」，光裕堂刻本誤作「卯」。
〔註18〕「卵」，光裕堂刻本誤作「卯」。

鯢盤之水，非靜非動，而兼靜兼動，皆盤旋縈回，而謂之淵。杜德機則止水之淵也，善者機則流水之淵也，衡氣機則鯢蟠之淵也。「淵有九名，此處三焉」，壺子之機亦有九，此徒示之三耳。而季咸已遺其二，何足與論相者哉！

明日，又與之見壺子。立未定，自失而走。壺子曰：「追之。」列子追之不及。反，以報壺子曰：「已滅矣，已失矣，吾弗及已。」壺子曰：「鄉吾示之以未始出吾宗。吾與之虛而委蛇，不知其誰何，因以為弟靡，因以為波流，故逃也。」然後列子自以為未始學而歸，三年不出，為其妻爨，食豕如食人，於事無與親，雕琢復樸，塊然獨以其形立。紛而封哉，一以是終。委蛇音煨移。弟舊音穨，今據《列子》當作「茅」。為，去聲。食音嗣。

「未始出吾宗」，在道為無極之真，在人為未發之中，虛玄靜寂，絕無彊陽之跡。澹然至順，豈揣摩之所能到？故季咸不能名，因名為茅靡，如草之從風也；因名為波流，如波之隨流也；而皆不敢定。蓋至人無跡之跡，相術所不載，宜其自失而走哉！晁文元曰〔註19〕：「我願以無所住之心，退藏於密，令人不可窺測。如季咸善相，不能相壺丘末後之相。又如大耳三藏得他心通，不能觀彗忠國師末後之心。」此語足以相發也。然後列子自悟其學之未至，歸而默修。「為其妻爨」，忍辱也；「食豕如食人」，平等也；「於事無與親」，因應也；雕其琢，復其樸，塊然獨以其形立，而廉隅外飾之盡去也。紛封散亂，任其眾動之自如也，終其身如是。至人之學，務為無奇如此。「弟靡」，當作「茅靡」。李元卓曰〔註20〕：「神之妙物者，未嘗顯妙。物之受妙者，未嘗知妙。是之謂神。彼巫則誣神耳。雖言死生存亡旬日可期，而似妙非妙，特若神矣。既謂之巫，而又曰季咸者，言感也，咸則有感，感則有心，方且以我之有心而感人之有心，故死生存亡妄名起矣。名既已妄，又妄見之；見既愈妄，又妄言之；世之滯於相而不能冥妄者，又妄受之，直以是為真，故棄而走也。雖列子猶心醉，以其未能剗心也。夫壺子者，以空虛不毀為體，以淵明不測為用，子有出母道以應世者，故能託無相於有相之間。季咸有心而感，故每入皆曰見；壺子無心而應，故每至皆曰示。示之以地文，則歎其死；示之以天壤，則幸其生。不知死本無死，心滅則死；生本無生，心生則生。形之死生，心之起滅。心之起滅，見之有無也。地文則陰勝陽，天壤則陽勝陰，至於太沖，則陰陽之中而莫之能

〔註19〕見晁迥《法藏碎金錄》卷一。（清文淵閣四庫全書本）
〔註20〕見李元卓《莊列十論》。

勝天地之平也。然三者皆謂之機。動之微而見之先，故猶得而見也。示之以未始出吾宗，則示無所示矣。彼以實投我而此以虛，彼以有受我而此以無。彼之起心役見為有盡，此之離人藏天為無盡。以有盡相無盡，殆矣。此季咸所以望而走，追而滅也。且曰『見吾杜德機』，曰『見吾善者機』，曰『見吾衡氣機』，皆曰吾，猶立我也。至曰『吾與之虛而委蛇』，不知其誰何，雖吾亦喪矣，示之者其誰邪？相之者其誰邪？故逃也。壺子之心，太虛矣。太虛之體，空明妙湛，總持萬有，飾之以榮華而不留，揮之以兵刃而不傷，沃之以水而不濡，燎之以火而不焚。壺子之心，弔之以死，受之而不惡；慶之以生，受之而不悅；名之不齊，受之而不爭。彼卒自失而滅，亦不以為勝，而得亦以虛爾。莊周方論應帝王，而言此者，夫帝王應世，惟「寂然不動」，故能「感而遂通」；惟「退藏於密」，故能「吉凶與民同患」。一將出其宗，敝敝然以天下為吾患，役於萬物而非所以役萬物，人得而相汝矣。此古之帝王所以蕩蕩乎無能名也。」

無為名尸，無為謀府，無為事任，無為知主。體盡無窮，而遊無朕。盡其所受乎天，而無見得，亦虛而已。至人之用心若鏡，不將不迎，應而不藏，故能勝物而不傷。知音智。

不為名尸，不為謀府，不為事任，不為知主，言事不為先，迫而後應，不得已而後起也。體無窮之道，遊無端之塗，天所付於我者，吾盡有之，而不見其有得，蓋名本無尸，謀本無府，事本無任，知本無主。始則受，無所受；終則得，無所得。一虛而已。至人之心猶鏡。鏡之照物，未嘗將送而迎待，來即應，去即止，有應而無藏，故能盡照萬物而無勞神之累也。人心若有將有迎，有應有藏，則可以照一物，不可以照萬物，所傷多矣。

南海之帝為儵，北海之帝為忽，中央之帝為渾沌。儵與忽時相與遇於渾沌之地，渾沌待之甚善。儵與忽謀報渾沌之德，曰：「人皆有七竅，以視聽食息，此獨無有，嘗試鑿之。」日鑿一竅，七日而渾沌死。儵音叔。渾，胡本反。沌，徒本反，音如昏豚之上聲。

惟渾沌故能待之甚善，亦惟無七竅以視聽食息，故稱渾沌。七竅鑿，又安稱渾沌哉！破道德以為仁義，淺神理以為聰明猶是也。

卷 四

駢拇第八　外篇

外篇者，四篇之輔也，大旨不出內篇。縱而言之，時則有矣。

駢拇、枝指，出乎性哉！而侈於德；附贅、縣疣，出乎形哉！而侈於性。多方乎仁義而用之者，列於五藏哉！而非道德之正也。是故駢於足者，連無用之肉也；枝於手者，樹無用之指也；多方駢枝於五藏之情者，淫僻於仁義之行，而多方於聰明之用也。是故駢於明者，亂五色，淫文章，青黃黼黻之煌煌非乎？而離朱是已。多於聰者，亂五聲，淫六律，金石絲竹黃鐘大呂之聲非乎？而師曠是已。枝於仁者，擢德塞性以收名聲，使天下簧鼓以奉不及之法非乎？而曾、史是已。駢於辯者，纍瓦結繩，竄句遊心於堅白同異之間，而敝跬譽無用之言非乎？而楊、墨是已。故此皆多駢旁枝之道，非天下之至正也。彼正正者，不失其性命之情。故合者不為駢，而枝者不為跂；長者不為有餘，短者不為不足。是故鳧脛雖短，續之則憂；鶴脛雖長，斷之則悲。故性長非所斷，性短非所續，無所去憂也。意仁義其非人情乎，彼仁人何其多憂也？拇音母。縣音玄。疣音尤。藏，去聲。行，下孟反。擢音濯。簧音黃，簧鼓惑亂意。纍音誄，聚無用之語，如瓦之纍、繩之結也。竄句，邪說微隱穿鑿文句也。敝，又作蔽，音別離之別。跬音屑。蔽跬，分外用力貌。譽音子。楊、墨，楊朱、墨翟。跂、企同，音器。鳧音符。脛音幸。斷音短。去，上聲。無所去憂，言憂不待去而自去也。意如字。

「駢拇」，足大指與第二指相連為一也。「枝指」，手大指傍枝生一指而六也。此皆生而有者，故曰「出於性」，然於同有之德為侈矣。「附贅」，附生之肉。「縣疣」，懸繫之瘤。皆稟形以後方有，故曰「出於形」，然於本生之性為侈矣。「侈」，多也。天下之為道術者，多方於仁義之行。仁義雖出於五藏之情，然於道德之正為侈矣。是故駢於明者亂色，而離朱則以為是；多於聰者亂聲，而師曠則以為是；枝於仁者擢德塞性，而曾、史則以為是；駢於辯者遊誇無用，而揚、墨則以為是。此皆多駢旁枝之道，非正道也。正道者，惟不失性命之情。不失性命之情者，可合可枝，可長可短，鳧脛鶴脛，一皆任之而無憂也。吾意仁義非性命之情乎？性命之情宜無憂矣，而何仁人之憂多也？「離朱」，即離婁，黃帝時人。「師曠」，字子野，晉平公樂師。「擢」，拔也。「曾」，曾參。「史」，史鰌。「正正」，疑當作「至正」。「去憂」，「去」字疑有誤。

且夫駢於拇者，決之則泣；枝於手者，齕之則啼。二者或有餘於數，或不足於數，其於憂一也。今世之仁人，蒿目而憂世之患；不仁之人，決性命之情而饕富貴。故意仁義其非人情乎？自三代以下者，天下何其囂囂也？夫音符。齕音紇，齒斷也。蒿，好羔反，亂也。饕音滔。

且仁人之多憂，何異於不仁者哉！譬之駢枝者有餘於數，固人之所憂，而決之齕之，不免於啼。則不足於數，亦人之所憂也。世之仁人，蒿目而憂世之患，是決齕之類也，亦憂也。不仁者，決性命之情以饕富貴，是駢枝之類也，亦憂也。故意仁義其非人之情乎？人情則天下安之矣，而何三代以下之囂囂也？

且夫待鉤繩規矩而正者，是削其性也；待繩約膠漆而固者，是侵其德也；屈折禮樂，呴俞仁義，以慰天下之心者，此失其常然也。天下有常然。常然者，曲者不以鉤，直者不以繩，圓者不以規，方者不以矩，附離不以膠漆，約束不以纆索。故天下誘然皆生而不知其所以生，同焉皆得而不知其所以得。故古今不二，不可虧也。則仁義又奚連連如膠漆纆索而遊乎道德之間為哉？使天下惑也！呴音籲。離音麗。纆音墨。索，悉各反。

所謂人情者，性命也，道德也，人之常然也。待矯揉造作而成者，非常然也。何必屈折禮樂、呴俞仁義以遊於道德之間哉！

夫小惑易方，大惑易性，何以知其然邪？自虞氏招仁義以撓天下也，

天下莫不奔命於仁義，是非以仁義易其性與？故嘗試論之，自三代以下者，天下莫不以物易其性矣。小人則以身殉利，士則以身殉名，大夫則以身殉家，聖人則以身殉天下。故此數子者，事業不同，名聲異號，其於傷性以身為殉，一也。臧與穀，二人相與牧羊而俱亡其羊。問臧奚事，則挾筴讀書；問穀奚事，則博塞以遊。二人者，事業不同，其於亡羊均也。伯夷死名於首陽之下，盜跖死利於東陵之上。二人者，所死不同，其於殘生傷性均也。奚必伯夷之是而盜跖之非乎！天下盡殉也，彼其所殉仁義也，則俗謂之君子；其所殉貨財也，則俗謂之小人。其殉一也，則有君子焉，有小人焉。若其殘生損性，則盜跖亦伯夷已，又惡取君子小人於其間哉？夫音扶。殉，松俊反。筴、策同。塞，悉代反，博之類也。惡音烏。

以仁義易性，與以名利易性者何異？此臧、穀之譬也。奚必伯夷之是而盜跖之非乎？奚必仁義之是而貨財之非乎？此節之言尤為無理。

且夫屬其性乎仁義者，雖通如曾、史，非吾所謂臧也；屬其性於五味，雖通如俞兒，非吾所謂臧也；屬其性乎五聲，雖通如師曠，非吾所謂聰也；屬其性乎五色，雖通如離朱，非吾所謂明也。吾所謂臧，非仁義之謂也，臧於其德而已矣；吾所謂臧者，非所謂仁義之謂也，任其性命之情而已矣；吾所謂聰者，非謂其聞彼也，自聞而已矣；吾所謂明者，非謂其見彼也，自見而已矣。夫不自見而見彼，不自得而得彼者，是得人之得而不自得其得者也，適人之適而不自適其適者也。夫適人之適而不自適其適，雖盜跖與伯夷，是同為淫僻也。余愧乎道德，是以上不敢為仁義之操，而下不敢為淫僻之行也。屬音孰。夫音扶。

惟無所屬之為，無係無著，夫是之謂性命之情，夫是之謂道德。有所屬者皆非也，皆適人之適而不自適其適者也。愧道德之不能，故棄仁義與棄淫僻之行同，而皆不敢為也。余嘗謂絕聖棄智、絕仁棄義之談始於老而盛於莊，蓋自仲尼沒，支流分，盜仁義名字者不可勝數。如所謂擢德塞性以收名聲者不少，大抵得聖人之用，而遺聖人之體。蓋以顏氏之學止而不傳之故，宜仲尼有喪予之歎，而高談道德者以仁義為訐也。夫殉仁義之有殘生損性，固也，顧不知尊性命，徒不死，亦何益。天生人之意，豈欲人苟偷視息，如龜鶴松靈而已哉！聖人之道，用行捨藏，王天下乎四海，有之不為加，無之不為損，不為錦衣玉食肥澤，不為藜藿蓬累腠胒，殺生不為痛，得生不為喜，豈復置養生適性之論於胸中哉！若此篇者，吾不敢護莊子之短而曲為之解也。

馬蹄第九　外篇

　　馬，蹄可以踐霜雪，毛可以御風寒，齕草飲水，翹足而陸。此馬之真性也。雖有義臺、路寢，無所用之。及至伯樂曰：「我善治馬。」燒之，剔之，刻之，雒之，連之以羈馽，編之以皁棧，馬之死者十二三矣；饑之，渴之，馳之，驟之，整之，齊之，前有橛飾之患，而後有鞭筴之威，而馬之死者已過半矣。陶者曰：「我善治埴，圓者中規，方者中矩。」匠人者〔註1〕：「我善治木，曲者中鉤，直者應繩。」夫埴木之性，豈欲中規矩鉤繩哉？然且世世稱之曰：「伯樂善治馬，而陶匠善治埴木。」此亦治天下者之過也。齕，胡切反。樂音洛。剔音惕。雒音落。羈，居宜反。馽音執。皁，才老反。棧〔註2〕，士板反。橛，其月反。筴、策同。

　　「路寢」，正寢。「伯樂」，孫陽，秦穆公時人。「燒」，鐵炙之也。「剔」，翦其毛。「刻」，削其蹄。「絡」，籠其頭。「羈」，謂連枝絆也。「馽」，約前兩腳也。「皁」，槽櫪。「棧」，編木為棧，安馬腳下，以去其溼，所謂馬牀也。「橛」，銜也。帶皮曰鞭，無皮曰筴，皆馬杖也。範土曰陶，埴黏土也。「鉤」，曲也。謂世以任自然者為不善治，以厲駑為驥，揉曲為直，矯自然者為善治，過也。

　　吾意善治天下者不然。彼民有常性，織而衣，耕而食，是謂同德；一而不黨，命曰天放。故至德之世，其行填填，其視顛顛。當是時也，山無蹊隧，澤無舟梁；萬物群生，連屬其鄉；禽獸成群，草木遂長。是故禽獸可係羈而遊，鳥鵲之巢可攀援而闚。夫至德之世，同與禽獸居，族與萬物並，惡乎知君子小人哉？同乎無知，其德不離；同乎無欲，是謂素樸；素樸而民性得矣。及至聖人，蹩躠為仁，踶跂為義，而天下始疑矣；澶漫為樂，摘僻為禮，而天下始分矣。故純樸不殘，孰為犧樽？白玉不毀，孰為珪璋？道德不廢，安取仁義？性情不離，安用禮樂？五色不亂，孰為文采？五聲不亂，孰應六律？夫殘樸以為器，工匠之罪也；毀道德以為仁義，聖人之過也。填音田。蹊隧音兮。遂長，丁丈反。夫音符。惡音烏。蹩音別離之別。躠音薛。踶跂音踶支，又音弟企。澶漫音但曼。

　　「填填」，滿足意。「顛顛」，高直貌。「蹊徑」，隧道。「舟」，舡。「梁」，橋。「蹩躠」，用力貌。「踶跂」，矜恃之容。「澶漫」，縱逸之心。「摘僻」，曲拳之行。「犧樽」，酒器，刻為牛首以祭宗廟者。上銳下方曰珪，半珪曰璋。

〔註1〕「者」，通行本作「曰」。
〔註2〕「棧」，底本、光裕堂刻本誤作「稜」。

　　夫馬，陸居則食草飲水，喜則交頸相靡，怒則分背相踶。馬知已此矣。夫加之以衡扼，齊之以月題，而馬知介倪、闉扼、鷙曼、詭銜、竊轡。故馬之知而能至盜者，伯樂之罪也。夫赫胥氏之時，民居不知所為，行不知所之，含哺而熙，鼓腹而遊，民能已此矣。及至聖人，屈折禮樂以匡天下之形，縣跂仁義以慰天下之心，而民乃始踶跂好知，爭歸於利，不可止也。此亦聖人之過也。知，去聲，下同。哺音步。縣音玄。

　　「靡」，摩順也。「踶」，踏也。「已」，止也。「衡」，轅前橫木。「扼」，馬頸木。「月題」，額上當顱，形似月者也。「介」，獨。「倪」，睥睨。「闉」，曲。「鷙曼」，抵突。愚嘗謂強搏弱，眾暴寡，智苦愚，此有生之常理。燕雀鷹鸇必無共巢，牛羊虎豹必無同穴，而謂至德之世，人與鳥獸同族，非虛言哉？或者見襌伯有降伏龍虎者，遂謂龍虎可遊，物無不可遊也。不知襌伯能盡龍虎而降伏之耶？凡為襌伯者皆能降且伏耶？道有所獨行，會有所特遘，而非其必然者也。否則，其偏至之性與久馴之習，而非其盡然者也。蓋善政祛虎，至誠化鼉，大孝感鵲，積仁馴雉，今古耳目往往雖有，然長者以為偶然，真偶然，非退託也。至於豢龍、養虎、解鳥語、遊鷗群者，咸不必賢知而能，則吾所謂偏至之性與久馴之習，而非人情物理之大較矣。執此而謂上古之世，人與禽獸更無別者，不知幾萬年，理所難信。夫禽獸尚不能自相容也，而能容人乎？人所以免於禽獸之害者，聖人功也。《大易》所云：穴居野處，而教之以宮室也。重門繫〔註3〕柝，以待暴客也。罟網以佃漁也。耒耜以耕稼也。服牛乘馬，以代勞也。日中為市，以通有無也。〔註4〕盡聖人安養天下之功，蓋民待此而始蕃

〔註3〕「繫」，當作「擊」。

〔註4〕《周易·繫辭下》：「古者包犧氏之王天下也，仰則觀象於天，俯則觀法於地，觀鳥獸之文，與地之宜。近取諸身，遠取諸物，於是始作八卦，以通神明之德，以類萬物之情。作結繩而為罔罟，以佃以漁，蓋取諸離。包犧氏沒，神農氏作。斵木為耜，揉木為耒，耒耨之利，以教天下，蓋取諸益。日中為市，致天下之民，聚天下之貨，交易而退，各得其所，蓋取諸噬嗑。神農氏沒，黃帝、堯、舜氏作，通其變，使民不倦，神而化之，使民宜之。易窮則變，變則通，通則久，是以自天祐之，吉無不利。黃帝、堯、舜垂衣裳而天下治，蓋取諸乾坤。刳木為舟，剡木為楫，舟楫之利以濟不通。致遠以利天下，蓋取諸渙。服牛乘馬，引重致遠，以利天下，蓋取諸隨。重門擊柝，以待暴客，蓋取諸豫。斷木為杵，掘地為臼，臼杵之利，萬民以濟，蓋取諸小過。弦木為弧，剡木為矢，弧矢之利，以威天下，蓋取諸睽。上古穴居而野處，後世聖人，易之以宮室，上棟下宇，以待風雨，蓋取諸大壯。古之葬者，厚衣之以薪，葬之中野，不封不樹，喪期無數，後世聖人，易之以棺槨，蓋取諸大過。上古結繩而治，後世聖人，易之以書契，百官以治，萬民以察，蓋取諸夬。」

也。彼異家書載盤古以來，幾萬載而至於羲、黃，若是則所謂容成、大庭之流，亦蜘蛛螻蟻之不若耳。蜘蛛能網蟲，螻蟻能聚糧，彼天生天死，而不能畫一奇，猶稱至德之君，愧矣！故自有人類以至於蕃滋者，聖人功也。而莊子顧以為罪，何也？聖人豈不欲人之同乎無知，而民必不能無知；聖人豈不欲使民同乎無欲，而民必不能無欲。既已有知有欲矣，必不能反之而歸於愚，則仁義之說立而法制之事行。至於愈趨愈下，愈增愈繁。而至於周之末世則勢然，而非聖人之心然也。烏可以是罪聖人哉！謂馬之知而能盜者，伯樂罪也，然則獼猴之知而盜果也，鼠之黠無不盜也，蟻之知而僕僕然牽醜而附羶，竊餘糧剩甘而藏之坦也，蜘蛛之知而結網以睍蜓蚕也，此又誰之過也？竭馬力而至於敗，此東野稷之過〔註5〕，非伯樂過也。竭人情而至於敗，此後世之過，非聖人過也。

胠篋第十　外篇

　　將為胠篋、探囊發匱之盜而為守備，則必攝緘縢，固扃鐍，此世俗之所謂知也。然而巨盜至，則負匱、揭篋、擔囊而趨，唯恐緘縢、扃鐍之不固也。然則鄉之所謂知者，不乃為大盜積者也？故嘗試論之，世俗所謂知者，有不為大盜積者乎？所謂聖者，有不為大盜守者乎？何以知其然邪？昔者齊國鄰邑相望，雞犬之音相聞，罔罟之所布，耒耨之所刺，方二十〔註6〕餘里。闔四竟之內，所以立宗廟社稷，治邑屋州閭鄉曲者，曷嘗不法聖人哉？然而田成子一旦殺齊君而盜其國，所盜者，豈獨其國邪？並與其聖知之法而盜之。故田成子有乎盜賊之名，而身處堯、舜之安，小國不敢非，大國不敢誅，十二世有齊國，則是不乃竊齊國並與其聖知之法，以守其盜賊之身乎？為，去聲。胠音區。探，平聲。扃，古螢反。鐍音厥。知，去聲。向音向。為大，去聲，下同。竟音境。治，平聲。殺音弒。知，去聲。處，上聲。

　　「胠」，開。「篋」，箱。「囊」，袋。「攝」，收。「緘」，結。「縢」，繩也。「扃」，關鈕也。「鐍」，鎖鑰也。「田成子」，齊大夫陳恒也，陳敬仲七世孫，食采於田。魯哀公十四年，陳恒弒簡公，割安平至於琅琊，自為封邑。至曾孫太公和〔註7〕遷齊康公於海上，自立為齊侯。自敬仲至莊公，凡九世知齊政。

〔註5〕《莊子・達生》。
〔註6〕「十」，通行本作「千」，是。
〔註7〕「和」，光裕堂刻本誤作「邪」。

自太公至威王，三世為侯。通計十二世。莊子，宣王時人也。

　　嘗試論之。世俗之所謂至知者，有不為大盜積者乎？所謂至聖者，有不為大盜守者乎？何以知其然邪？昔者龍逢斬、比干剖，萇弘胣，子胥靡，故四子之賢，而身不免乎戮。故跖之徒問於跖曰：「盜亦有道乎？」跖曰：「何適而無有道邪？夫妄意室中之藏，聖也；入先，勇也；出後，義也；知可否，知也；分均，仁也。五者不備，而能成大盜者，天下未之有也。」由是觀之，善人不得聖人之道不立，跖不得聖人之道不行；天下之善人少而不善人多，則聖人之利天下也少而害天下也多。故曰脣竭則齒寒，魯酒薄而邯鄲圍，聖人生而大盜起。掊擊聖人，縱捨盜賊，而天下始治矣！夫川竭而谷虛，丘夷而淵實，聖人已死則大盜不起，天下平而無故矣。聖人不死，大盜不止。雖重聖人而治天下，則是重利盜跖也。為之斗斛以量之，則並與斗斛而竊之；為之權衡以稱之，則並與權衡而竊之；為之符璽以信之，則並與符璽而竊之；為之仁義以矯之，則並與仁義而竊之。何以知其然邪？彼竊鉤者誅，竊國者為諸侯，諸侯之門，而仁義存焉，則是非竊仁義聖知邪？故逐於大盜，揭諸侯，竊仁義，並斗斛、權衡、符璽之利者，雖有軒冕之賞弗能勸，斧鉞之威弗能禁。此重利盜跖而使不可禁者，是乃聖人之過也。剖，普口反。萇音長。胣，勑紙反。捨，上聲。

　　桀、紂四君亦得據君人之威以戮賢人，而莫之敢亢者，皆聖法之由也。向無聖法，則桀、紂焉得守斯位而放其毒於天下？脣竭非以寒齒而齒寒，魯酒薄非以圍邯鄲而邯鄲圍，聖人生非以起大盜而大盜起，此自然相生之勢也。楚宣王會諸侯，魯恭公後至而酒薄，宣王怒將辱之。恭公曰：「我周公之胤，行天子禮樂，勳在周室。今送酒已失禮，方責其薄，無乃太甚乎？」遂不辭而還。宣王怒，興兵伐魯。梁惠王常欲伐趙而畏魯，會楚、魯有事，遂圍邯鄲。故竭川非以虛谷而谷虛，夷丘非以實淵而淵實，絕聖非以止盜而盜止。彼竊鉤小盜，刑罰加焉；竊國之盜，則享富貴之安，而又兼有仁義之名，頌功贊德者不絕於前。凡先王所製斗斛、權衡、符璽之屬，又皆為之資，世雖有賞罰之典，弗得而加，則是重利盜跖而使之不可禁，皆聖智之法，倒太阿而授之柄也。蓋成子相齊，大施於民，常以國量出，家量入，偽為仁義，以收人心，而因竊齊國。故莊子有感而云。寧獨陳恒，古今事若此者多矣。嘗疑天道亦瑣屑於小報應，而茫昧於其大者，當有別論，不可一一決之於目前也。乃莊子歸罪於仁義，迂

矣！莊子獨疾橫議者操仁義之名，以惑天下，而並追過於聖人，仁義何過而坐參夷之誅哉！

故曰「魚不可脫於淵，國之利器不可以示人。」彼聖人者，天下之利器也，非所以明天下也。故絕聖棄知，大盜乃止；擿玉毀珠，小盜不起；焚符破璽，而民樸鄙；掊斗折衡，而民不爭；殫殘天下之聖法，而民始可與論議；擢亂六律，鑠絕竽瑟，塞瞽曠之耳，而天下始人含其聰矣；滅文章，散五采，膠離朱之目，而天下始人含其明矣；毀絕鉤繩，而棄規矩，攦工倕之指，而天下始人有其巧矣。故曰「大巧若拙」。削曾、史之行，鉗楊、墨之口，攘棄仁義，而天下之德始玄同矣。彼人含其明，則天下不鑠矣；人含其聰，則天下不累矣；人含其知，則天下不惑矣；人含其德，則天下不僻矣。彼曾、史、楊、墨、師曠、工倕、離朱者，皆外立其德，而以爚亂天下者也，法之所無用也。知音智。殫音丹。攦，呂係反。倕音垂。行，下孟反。爚音藥。

「殫」，盡也。「擢」，拔也。「攦」，折也。「倕」，堯工人。周人鑄鼎，鏤倕身於鼎，使自齧其指，以戒後世不當為大巧也。「鉗」，閉也。「攘」，卻也。

子獨不知至德之世乎？昔者容成氏、大庭氏、伯皇氏、中央氏、栗陸氏、驪畜氏、軒轅氏、赫胥氏、尊盧氏、祝融氏、伏戲氏、神農氏，當是時也，民結繩而用之，甘其食，美其服，樂其俗，安其居，鄰國相望，雞狗之音相聞，民至老死而不相往來。若此之時，則至治已。今遂至使民延頸舉踵，曰「某所有賢者」，糧而趣之，則內棄其親而外去其主之事，足跡接〔註8〕諸侯之境，車軌結乎千里之外，則是上好知之過也。上誠好知而無道，則天下大亂矣。何以知其然邪？夫弓弩、畢弋、機變之知多，則鳥亂於上矣；鉤餌、網罟、罾笱之知多，則魚亂於水矣；削格、羅落、罝罘之知多，則獸亂於澤矣；知詐漸毒、頡滑堅白、解垢同異之變多，則俗惑於辯矣。故天下每每大亂，罪在於好知。故天下皆知求其所不知，而莫知求其所已知者；皆知非其所不善，而莫知非其所已善者；是以大亂。故上悖日月之明，下鑠山川之精，中墮四時之施；喘耎之蟲，肖翹之物，莫不失其性。甚矣，夫好知之亂天下也！自三代以下者是已。舍夫種種之民而悅夫役役之佞，釋夫恬淡無為而悅夫啍啍之

〔註8〕此處通行本有「乎」。

意，噂噂已亂天下矣。戲、羲同。樂音洛。贏音盈。知其如字，餘音智。餌音耳。
罾笱音曾鉤。削音笑。格，古百反。罝罘音嗟浮。漸音尖。頡，戶結反。滑，子八反。
解音蟹。好、知，並去聲。墮音灰。施，始鼓反。喘音舛。奭音軟，耳轉反。肖音消。
舍，上聲。種，上聲。夫音扶。噂音諄。

　　「贏」，裹也。小網有柄者曰畢，以繩繫矢射曰弋。罘、罾皆網也。「笱」，
曲梁也。「削格」，即今鹿角馬槍，以繩木羅絡而取獸也。「罝罘」，兔網。「漸
毒」，漸漬毒害於物也。「頡滑」，頡頏滑稽也，不正之語也。「解垢」，散亂污
垢也。附地之徒曰喘奭，飛空之類曰肖翹，皆輕小物也。「種種」，淳樸。「役
役」，輕點。「噂噂」，多言也。夫陳成子弒簡公，孔子沐浴請討田氏，不齒於
仁義之門久矣。十二世有齊國，則仁義不用故也。莊生更以為仁義之過，謬矣！
其曰天下之善人少而不善人多，則聖人之利天下少而害天下多，益謬。天下之
不善人多，正賴仁義訓化之整齊之，而後可更謀去之。小人益無忌憚矣。大氐
天下之勢，由質而文，若江河滔滔而下，孔、孟亦疾之矣，況莊、老乎！捄文
莫若以質，孔、孟亦欲之矣，何必莊、老乎？顧捄之之法，制德行，議度數，
辨上下，定民志，若是已矣。若欲盡掊而去之，是憤蚤虱而焚裘，若雀鼠而撤
廬，恨馬之不前、斬而投之河者也。蓋方是時，學術凌亂人事，變詐紛紜反覆，
殊不可人意。操剖擊之說者，不獨莊、老之流。即荀卿、墨翟之徒，往往有之。
顧不知憤世之論，可言不可用。其後，秦併天下，遂乃收天下兵，鑄鍾鐻，徙
[註9]豪傑，殺術士，焚詩書，一法令，除異議，掃先王封建、井田、禮樂之
跡略盡，雖不盡如莊生言，而幾莊生言，已行十七八矣。秦豈不自謂曠然更始，
直追太上之前，反天下之智，以為愚可萬世安也，而遽以亡滅，何哉？豈非仁
義不施之效乎！於是漢皇帝興，用陸賈之言，以仁義守之。賈名為仁義耳，尚
收其效，而況仁義如先生者哉！仁義何負於天下乎？顧莊生之論，人亦時誦之
者，何也？文不若材，繁不若簡，捄誇以僿，天之道也。是故周鼎於倕而齧其
指，周廟於金人而緘其口，先王之不貴巧也如是。是以文帝承周、秦之後，清
淨玄默，與民休息，而不遑禮樂之事，此正得捄誇之道。雖黃、虞當如是矣。
以《老子》言之，所謂「不以利器示人」者。故世謂文帝善用《老子》，信哉！
又何必聖知棄，仁義剖，斗折衡，焚符破璽，而可以反太古之舊乎！晁說之曰：
「儒者之言無難易，斯可行也，著為事業，傳之後世。苟得吾言者，其行與吾
均也。莊、老不然，其言甚大，聽之使人溺而易悅，顧其無為為之、不治治之

之類，若為而行也哉！」〔註10〕「《皇道》、《帝德》出於《尚書中候》，緯書也，嘉祐學者所不道也。孔子定《書》，斷自二帝，尚復皇之貴哉？武陵曰：六經無《皇道》。劉道原亦云。」〔註11〕

在宥第十一　外篇

聞在宥天下，不聞治天下也。在之也者，恐天下之淫其性也；宥之也者，恐天下之遷其德也。天下不淫其性，不遷其德，有治天下者哉？昔堯之治天下也，使天下欣欣焉人樂其性，是不恬也；桀之治天下也，使天下瘁瘁焉人苦其性，是不愉也。夫不恬不愉，非德也。非德也而可以長久者，天下無之。人大喜邪，毗於陽；大怒邪，毗於陰。陰陽並毗，四時不至，寒暑之和不成，其反傷人之形乎！使人喜怒失位，居處無常，思慮不自得，中道不成章，於是乎天下始喬詰卓鷙，而後有盜跖、曾史之行。故舉天下以賞其善者不足，舉天下以罰其惡者不給，故天下之大不足以賞罰。自三代以下者，匈匈焉，終以賞罰為事，彼何暇安其性命之情哉！治，平聲。樂音洛。邪音耶。處，上聲。行，下孟反。

「在」者，存而不擾之謂。「宥」者，寬而不急之謂。聞古之御天下者，存之寬之而已，不聞有以治之也。所以存之而不擾者，人之性本自然，擾則有加於性之外而淫之，故不為也。所以宥之而不迫者，人之德寬以養之而後可，急則變業而不可久，故不為也。夫性者，民之性。使民不淫其性，治之如性而止矣，非我治之，亦非別有治之之道也。古之人如此，有治天下者否乎哉？自堯治之，則使天下欣欣然樂，樂則不恬，有加於性之上矣。自桀治之，則使天下瘁瘁焉苦，苦則不愉，有損於性之中矣。加之與損，不恬之與不愉，皆非德也，不可久也。人大喜則助陽，大怒則助陰，陰陽偏則不和，使人傷形損性而中道夭，於是天下始矯強詰屈，卓詭鷙悍，而有奇舉之行，人趨於奇，故舉天下不足以賞罰，而嘩焉日以賞罰為事，於是懼斧鉞之誅，而又慕軒冕之貴，競貨利之謀，而又計聲稱之好，操兩心以御一身，兼日夜以謀一生，與跡共逐，日以所寄為事耳，何暇安其性命之情哉！此治之之過也。

而且說明邪，是淫於色也；說聰邪，是淫於聲也；說仁邪，是亂於德也；說義邪，是悖於理也；說禮邪，是相於技也；說樂邪，是相於淫

〔註10〕見晁說之《儒言·言浮》。
〔註11〕見晁說之《儒言·皇帝》。（清鈔本）

也；說聖邪，是相於藝也；說知邪，是相於疵也。天下將安其性命之情，之八者，存可也，亡可也；天下將不安其性命之情，之八者，乃始臠卷愴〔註12〕囊而亂天下也。而天下乃始尊之惜之，甚矣天下之惑也！豈直過也而去之邪！乃齊戒以言之，跪坐以進之，鼓歌以儛之，吾若是何哉！

說音悅。相，去聲。知，去聲。臠音攣。卷音拳。愴音戕。邪音耶。齊，側皆反。

人非徒謼於賞罰而已也，而且有多方之眩，有聲，有色，有仁，有義，有禮，有樂，有聖，有知，皆所以淫亂其德而相助其欲者。天下如安其性命之情，此八者雖有之不為病。天下惟不安其性命之情，而日以此八者為治，則天下乃始臠拳不舒，愴囊急遽，而趨於亂。不能遺此八者，已為過矣。而又且重之愛之，甚矣天下之惑也！重之愛之，過而不留，尚嫌其多事也。而又且珍之重之，非齊戒不敢授受，非跪坐不敢進獻，播之於詩歌佾舞，而薦之於清廟明堂，其愛芻狗而惜蘧廬如此，吾且奈之何哉！

故君子不得已而臨蒞天下，莫若無為。無為也，而後安其性命之情，故貴以身於為天下，則可以託天下；愛以身於為天下，則可以寄天下。故君子苟能無解其五藏，無擢其聰明，尸居而龍見，淵默而雷聲，神動而天隨，從容無為，而萬物炊累焉。吾又何暇治天下哉！蒞音利。見音現。從音聰。炊音吹。

君子無樂乎臨蒞天下也，不得已而臨蒞天下，莫若無為。無為者，貴愛其身甚於天下，而不敢以輕試之謂也。夫然後能使天下各安其性命之情，而寄託於天下之上。故君子苟能無闊其五藏，無拔其聰明，不動而變寂，同祭祀之屍，而龍章已顯；不言而章默，如萬仞之淵，而雷聲已赫。神順物而自動，天隨理而自行，從容無為，恬淡虛無，無心於萬物之交，若遊塵浮動於太空，升降飄颻，惟其所之，而無定跡，使有罪者自受罰而去，物亦不苦，我亦不知；有功者自膺賞而往，物亦不樂，我亦不知，所謂在之宥之而已。如是則天下自治矣，又何暇於治之哉！「累」，塵也。

崔瞿問於老聃曰：「不治天下，安臧人心？」老聃曰：「汝慎無攖人心。人心排下而進上，上下囚殺，淖約柔乎剛彊，廉劌彫琢，其熱焦火，其寒凝冰，其疾俛仰之間而再撫四海之外。其居也淵而靜，其動也縣而天。僨驕而不可繫者，其唯人心乎！」上，時掌反。淖，昌略反。劌音貴。縣

音玄。僨，粉問反。

崔瞿曰：「不治天下，則人心何由善哉？」老子曰：「治人心，適所以撓人心也。汝慎毋撓人心哉！人心甚輕而易動，排之則下，進之則上。」上之即有殺物之毒，下之輒嬰自囚之苦。「剛彊」，悍鷙，有死而不可制。以剛遇剛，不碎則折；以柔遇剛，躪忿為悅。摧英雄之壯志，妙舞清歌；解彪虎之嚴顏，甘辭卑說。「廉」，察。「劌」，割。雕鏤刻琢，去彼鑛璞，就此釿鍔，熱腸生於順喜，焦火不如；冷面施於違怒，凝冰奚若。逐境隨波，迅鬼疾神，纏思維已遍周於諸界，一俛仰即再撫於千旻，夸父不能逐其影，亥章何以追其塵，故居則沉於淵，藏寂莫而無跡；動則縣於天，去廖廓而無垠。兩相馳而難佚，非尋丈之可云。「僨」，發。「驕」，騰。若為控御，故曰六馬可駕而氣難調，奔車可靡而情難制，險人心其若此，夫何法以擾治！

昔者，黃帝始以仁義攖人心，堯、舜於是乎股無胈，脛無毛，以養天下之形，愁其五藏以為仁義，矜其血氣以規法度。然猶有不勝也，堯於是放讙兜於崇山，投三苗於三峗，流共工於幽都，此不勝天下也夫！施及三王，而天下大駭矣。下有桀、跖，上有曾、史，而儒、墨畢起。於是乎喜怒相疑，愚知相欺，善否相非，誕信相譏，而天下衰矣；大德不同，而性命爛漫矣；天下好知，而百姓求竭矣。於是乎釿鋸制焉，繩墨殺焉，椎鑿決焉。天下脊脊大亂，罪在攖人心。故賢者伏處太山嵁巖之下，而萬乘之君憂慄乎廟堂之上。今世殊死者相枕也，桁楊者相推也，刑戮者相望也，而儒、墨乃始離跂攘臂乎桎梏之間。意甚矣哉！其無愧而不知恥也甚矣！吾未知聖知之不為桁楊接槢也，仁義之不為桎梏鑿枘也，焉知曾、史之不為桀、跖嚆矢也！故曰絕聖棄知，而天下大治。胈音魃。脛音幸。峗音危。施音異。知音智。釿音斤。推音槌。脊音籍。處，上聲。嵁音堪。枕，去聲。桁音杭。離音利。跂音企。接音楫。槢音習。枘，人銳反。嚆，虛交反。知、治，並去聲。

「胈」，白肉也。「施」，延也。「爛漫」，散亂也。「脊脊」，相踐籍也。「殊」，斷也。「桁楊」，械也。「離跂」，用力貌。「離跂攘臂乎桎梏之間」，言聖人之跡方為害物之具，而腐儒不知，反一無跡，方欲以跡治跡，何荒亂之能拯哉！故聖知乃桁楊之接槢也，仁義乃桎梏之鑿枘也，曾、史乃桀、紂之嚆矢也。絕之棄〔註13〕之，而後天下可治也。「接槢」，械楔也。械不楔不牢，故桁楊以接槢

〔註13〕「棄」，光裕堂刻本誤作「葉」。

為管。「鑿」，孔也。納孔之中者曰枘楄。無孔則無用，故楄楄以鑿枘為用。「嚆矢」，鏃有孔能鳴者。聖知為竊國之具，仁義為兇暴之資，曾、史為桀、跖之先聲而指向也。嚆矢即鳴鏑。漢匈奴冒頓作鳴鏑，所射下，無不悉射者。

　　黃帝立為天子。

此章蘇長公解〔註14〕佳，今全錄之。

　　十九年，令行天下。聞廣成子在於空同之上，故往見之，曰：「我聞吾子達於至道，敢問至道之精。吾欲取天地之精，以佐五穀，以養民人；吾又欲官陰陽，以遂群生；為之奈何？」

道固有是也。然自是為之，則殆〔註15〕不成。

　　廣成子曰：「而所欲問者，物之質也；而所欲官者，物之殘也。

得道者不問，問道者未得也。得道者無物無我，未得者固將先我而後物。夫苟得道，則我有餘而物自足，豈固先之耶？今乃捨己而問物，惡其不情也。故曰：「而所欲問者，物之質也；而所欲官者，物之殘也。」言其情在於欲己長生，而外託於養民人、遂群生也。夫長生不死，豈非物之實？而所謂養民人、遂群生者，豈非道之餘乎？

　　自而冶天下，雲氣不待族而雨，草木不待黃而落，日月之光益以荒矣，治，平聲。

天作時雨，山川出雲。雲行雨施，而山川不以為勞者，以其不得已而後雨，非雨之也。春夏發生，秋冬黃落，而草木不以為病者，以其不得已而後落，非落之也。今雲不待族而雨，草木不待黃而落，雖天地之精，不能供此有心之耗，故荒亡之符先見於日月。以一身占之，則耳目先病矣。

　　而佞人之心翦翦者，又奚足以語至道！」

真人之語〔註16〕佞人，猶谷之與稗也。所種者谷，雖瘠土惰〔註17〕農，不生稗也。所種者稗，雖美田疾耕，不生谷也。今欲學道，而問已隋〔註18〕。佞偽之種，道何從生！

〔註14〕即蘇軾《廣成子解》。
〔註15〕「殆」，《廣成子解》作「道」。
〔註16〕「語」，《廣成子解》作「與」。
〔註17〕「惰」，《廣成子解》作「墮」。
〔註18〕「隋」，《廣成子解》作「不情」。

　　黃帝退，捐天下，築特室，席白茅，間居三月，復往邀之。廣成子南首而臥，黃帝順下風膝行而進，再拜稽首而問曰：「聞吾子達於至道，敢問治身奈何而可以長久？」間音閒。復，扶又反。首，去聲〔註19〕。

　　棄世獨居，則先物後己之心無所復施，故其問如此〔註20〕。

　　廣成子蹙然而起，曰：「善哉問乎！來！吾語汝至道。語，去聲。

　　廣成子至此，始以道語黃帝乎？曰：否。人如黃帝而不足以語道，則天下無足語者矣。吾觀廣成子之拒黃帝也，其語至道已悉矣，是以間〔註21〕居三月而復往見，則〔註22〕蹙然為之變，其受道豈始於此乎？

　　至道之精，窈窈冥冥；至道之極，昏昏默默。

　　「窈窈冥冥」者，其狀如登高望遠，察千里之毫末；如臨深俯幽，玩萬仞之藏寶也。「昏昏默默」者，其狀如枯木死灰，無可生可然之道也。曰：道止〔註23〕此乎？曰：此窈冥昏默之狀，而致道之方也。如指以為道，則夫窈冥昏默者，可得謂之道乎？人能棄世獨居，體窈冥昏默之狀，以入於精極之淵，未〔註24〕有不得道者也。學道者患其散且偽也，故窈窈冥冥者，所以致一也；昏昏默默者，所以全真也。

　　無視無聽，抱神以靜，形將自正。必靜必清，無勞汝形，無搖汝精，乃可以長生。〔註25〕**慎汝內，閉汝外，多知為敗。**知，去聲。

　　自此以上，皆真實語，廣成子提耳畫一以教人者。「無視無聽，抱神以靜」，則無為也。心無所知，則無思也。「必靜必清，無勞汝形，無搖汝精」，則無欲也。三者具而形神一，形神一而長生矣。內不慎，外不閉，二者不去，而形神離矣。或曰：廣成子之於道，若是數數歟？曰：谷之不為稊，在種時〔註26〕一粒耳，何數〔註27〕數之有？然力耕敏〔註28〕耘，不可廢也。

〔註19〕「聲」，光裕堂刻本脫。
〔註20〕「如此」，《廣成子解》作「也情」。
〔註21〕「間」，《廣成子解》作「閒」。
〔註22〕「則」，《廣成子解》無。
〔註23〕《廣成子解》此處有「於」。
〔註24〕「未」，《廣成子解》作「本」。
〔註25〕通行本此處有「目無所見，耳無所聞，心無所知，女神將守形，形乃長生」。《廣成子解》亦有此數句。
〔註26〕「時」，《廣成子解》作「者」。
〔註27〕《廣成子解》此處有「不」。
〔註28〕「敏」，《廣成子解》作「疾」。

　　我為汝遂於大明之上矣，至彼至陽之原也；為汝入於窈冥之門矣，至彼至陰之原也。為，去聲。

　　窈冥昏默，長生之本。長生之本既立，則〔註29〕必有堅凝之者。二者如日月水火之用，所以修鍊變化，堅氣而凝物者也，蓋必有方矣。然皆必致〔註30〕其極，不極不化也。

　　天地有官，陰陽有藏，

　　廣成子以窈冥昏默立長生之本，以無思無為無欲去長生之害，又以至陰至陽堅凝之，吾事足於此矣。天地有官，自為我治之；陰陽有藏，自為我蓄之。為之〔註31〕在我，成之〔註32〕在彼。

　　慎守汝身，物將自壯。

　　言長生可必也。物豈有樨而不壯者哉！

　　我守其一，以處其和。故我修身十二百歲矣，吾形未嘗衰。」黃帝再拜稽首曰：「廣成子之謂天矣。」廣成子曰：「來！余語汝。彼其物無窮，而人皆以為終；彼其物無測，而人皆以為極。

　　物本無終極。其分也，成也。其成也，毀也。物未嘗有死，故長生者，物之固然，非我獨能。我能守一而處和，故不見其分成與毀爾。

　　得吾道者，上為皇而下為王；

　　皇者，其精也。王者，其粗也。

　　失吾道者，上見光而下為土。

　　生者明，死者幽。幽者不知明，明者不知幽。

　　今夫百昌皆生於土，而反於土。故余將去女，入無窮之門，以遊無極之野。

　　蓋將有〔註33〕示化去世形解入土之意也歟？

　　吾與日月參光，吾與天地為常，當我緡乎，遠我昏乎，人其盡死而我獨存乎！」緡音民。遠，去聲。

〔註29〕「則」，《廣成子解》作「亦」。
〔註30〕「致」，《廣成子解》作「至」。
〔註31〕《廣成子解》此處有「者」。
〔註32〕《廣成子解》此處有「者」。
〔註33〕《廣成子解》此處有「以」。

　　南榮趎挾三人以見老子，老子訶之，則矍然自失，人我皆喪。夫挾人以往固非也，人我皆喪亦非也。故學道者〔註34〕能盡死其人而〔註35〕獨存其我者，寡矣。可見、可言、可取、可去者，皆人也，非我也。不可見、不可言、不可取、不可去者，是真我也。近是則智，遠是則愚，得是則得道矣。故人其盡死而我獨存者，此之謂也。古今語異，吾不知緡之所謂也。以文意求之，其猶曰明也歟？

　　雲將東遊，過扶搖之枝，而適遭鴻蒙。鴻蒙方將拊髀雀躍而遊。雲將見，倘然止，贄然立，曰：「叟何人邪？叟何為此？」鴻蒙拊髀雀躍不輟，對雲將曰：「遊！」雲將曰：「朕願有聞也。」鴻蒙仰而視雲將曰：「吁！」雲將曰：「天氣不和，地氣鬱結，六氣不調，四時不節。今我願合六氣之精以育群生，為之奈何？」鴻蒙拊髀雀躍掉頭曰：「吾弗知！吾弗知！」雲將不得問。又三年，東遊，過有宋之野，而適遭鴻蒙。雲將大喜，行趨而進曰：「天忘朕邪？天忘朕邪？」再拜稽首，願聞於鴻蒙。鴻蒙曰：「浮遊，不知所求；猖狂，不知所往。遊者鞅掌，以觀無妄。朕又何知！」雲將曰：「朕也自以為猖狂，而民隨予所往；朕也不得已於民，今則民之放也。願聞一言。」鴻蒙曰：「亂天之經，逆物之情，玄天弗成；解獸之群，而鳥皆夜鳴；災及草木，禍及昆蟲。意！治人之過也！」雲將曰：「然則吾奈何？」鴻蒙曰：「意！毒哉！仙仙乎歸矣！」雲將曰：「吾遇天難，願聞一言。」鴻蒙曰：「意！心養！汝徒處無為，而物自化。墮爾形體，吐爾聰明，倫與物忘，大同乎涬溟：解心釋神，莫然無魂。萬物云云，各復其根，各復其根而不知；渾渾沌沌，終身不離；若彼知之，乃是離之。無問其名，無闚其情，物故自生。」雲將曰：「天降朕以德，示朕以默；躬身求之，乃今也得。」再拜稽首，起辭而行。拊音甫。髀音婢。倘，尺掌反。掉音耀。放音倣。意音噫，下同。處，上聲。墮音灰。涬溟音悻茗。渾音昏。上沌豚上。

　　「扶搖之枝」者，神木，生東海上。「拊」，拍也。「雀躍」，跳躍如雀。「倘然」，驚疑貌。「贄」，不動貌。「六氣」，陰陽風雨晦明也。「天」，呼鴻蒙。「鞅掌」，眾多也。「無妄」，真也。「解獸之群而鳥皆夜鳴」，解離鳥獸之群，駭而夜鳴也。昆蟲向陽啟蟄也。「意」，讀為「噫」。下並同。「仙仙」，輕舉貌。「歸」，

〔註34〕「者」，《廣成子解》無。
〔註35〕「而」，《廣成子解》無。

—90—

言己欲去也。「心養」，言治人之行在自養其心爾。「徒」，但也。倫與物忘，物我雙遣也。「涬溟」，自然之氣。「莫然」，無知意。「云云」，眾多也。鴻蒙言汝欲治人，無求治於人，在自養其心而已，但以無為養其心，而物將自化矣。凡人以形骸用事，則人我即生；以聰明御物，則情智漸起。此則己之胸中不勝其柴梗，豈能上與元氣遊而下與群生和哉？故必墮爾形體，吐爾聰明，忘形忘心，而使物我俱遣，大同乎涬溟自然之氣，蕩滌其塵凡有為之心。人之精魂常熒熒欲動，不肯暫休之物也。魂既莫然，神益清淨。神既清淨，則無所不清淨。故萬物為之，各正性命，保合太和，歸根覆命，而不自知矣。所謂不知者，非曰知之而付於不知也。知之而付於不知，此於大道未融，情想未盡，相去有天地間隔矣。必渾渾沌沌，不問〔註36〕其名，不闚其情，一聽之自然，而無所繫於懷，然後與萬物交樂於天，交食於地，各得其所，而自遂其生，生之理也。

　　世俗之人，皆喜人之同乎己而惡人之異於己也。同於己而欲之，異於己而不欲者，以出乎眾為心也。夫以出乎眾為心者，曷嘗出乎眾哉！因眾以寧所聞，不如眾技眾矣。而欲為人之國者，此攬乎三王之利而不見其患者也。此以人之國僥倖也，幾何僥倖而不喪人之國乎！其存人之國也，無萬分之一；其喪人之國也，一不成而萬有餘喪矣。悲夫，有土者之不知也！夫有土者，有大物也。有大物者，不可以物物；而不物，故能物物。明乎物物者之非物也，豈獨治天下而已哉！出入六合，遊乎九州，獨往獨來，是謂獨有。獨有之人，是之謂至貴。惡，烏路反。喪，息浪反。

　　世人莫不喜同而惡異，蓋以出眾為心也，而不知其不能出眾也。有所聞於此而不能自信，必因眾皆是之而後自信。然則其才之出於眾人下明矣。才出人下而欲謀人之國，此徒見前人之利而不見其患者也，此以人之國僥倖試者也。幸不可傲，其喪人國也決矣。存人國不能萬一，而喪人國也萬有餘矣。譬孤注然，傲幸於一擲，一擲不勝，而萬瓦解矣。悲夫，有國者之愚也！國非小物也。有大物者，不可以常物治，必非物者乃可以治之也。苟明乎非物治物之說，豈獨可以治天下，雖出入六合，遨遊九州，獨往獨來，逍遙乎絕人群而遊太虛可也！

〔註36〕「問」，光裕堂刻本誤作「間」。

大人之教，若形之於影，聲之於向〔註37〕，有問而應之，盡其所懷，為天下配。處乎無向，行乎無方。挈汝適復之撓撓，以遊無端；出入無旁，與日無始；頌論形軀，合乎大同，大同而無己。無己，惡乎得有有！覩有者，昔之君子；覩無者，天地之友。處，上聲。挈，苦結反。撓，而小反。惡音烏。

大人之教百姓，不以我教之，而以百姓之感教之，猶影響之隨形聲。然百姓猶形聲也，大人猶影響也，有問然後應之，使物各得盡其所懷，而我不先焉。是百姓為主，而我為配也。靜則處乎無響，動則行乎無方，提挈萬物而復歸其撓撓自動之性，以遨遊於無端之塗，生死於無旁之門，與日俱新，無始無末，如此而已。未嘗以我為主，而強人之從，亦未嘗於百姓本然之外，有一毫之增加也。故頌讚其形，似則與大道合，同而不見其有己。己尚無有，豈復有群有哉？故覩有者，昔之君子，行仁義禮樂而不離一切有為之事，非至人也。覩無者，天地之友，乘道德之正而逍遙於無為之業，至人也。

賤而不可不任者，物也；卑而不可不因者，民也；匿而不可不為者，事也；麤而不可不陳者，法也；遠而不可不居者，義也；親而不可不廣者，仁也；節而不可不積者，禮也；中而不可不高者，德也；一而不可不易者，道也；神而不可不為者，天也。故聖人觀於天而不助，成於德而不累，出於道而不謀，會於仁而不恃，薄於義而不積，應於禮而不諱，接於事而不辭，齊於法而不亂，恃於民而不輕，因於物而不去。物者，莫足為也，而不可不為。不明於天者，不純於德；不通於道者，無自而可。不明於道者，悲夫！何謂道？有天道，有人道。無為而尊者，天道也；有為而累者，人道也。主者，天道也；臣者，人道也。天道之與人道也，相去遠矣，不可不察也。累，上聲。

事情多端故曰匿。義遠於道故曰遠。仁近於道故曰親。「積」，厚也。「中」，順也。「易」，變化也。天雖無為，然不為亦非天也。「累」，薄也。「薄於義而不積」，當作「積於義而不薄」。此十條者，皆言無。無為亦無為之事，而獨言「物莫足為而不可不為」者，蓋莊子論無為詳矣，又恐人遠萬物以求無為，而失無為之宗，故言物「不可不為」，而為物者在於無為。無為者，天也，德也，道也。不明於此，則物皆不足為。明於此，則物皆不可不為。不明於此，則人

〔註37〕「向」，通行本作「響」。

道也；明於此，則天道也。天道者，君道也；人道者，臣道也。天道與人道相
去遠，君道與臣道相去亦遠，而不可混為一也。君天下者，不務以天自居，而
下為有司之事，故天下之所以亂也。

卷　五

天地第十二　外篇

　　天地雖大，其化均也；萬化雖多，其治一也；人卒雖眾，其主君也。君原於德而成於天，故曰：玄古之君天下，無為也，天德而已矣。以道觀言，而天下之君正；以道觀分，而君臣之義明；以道觀能，而天下之官治；以道汎觀，而萬物之應備。故通於天地者，德也；行於萬物者，道也；上治人者，事也；能有所藝者，技也。技兼於事，事兼於義，義兼於德，德兼於道，道兼於天。故曰：古之畜天下者，無欲而天下足，無為而萬物化，淵靜而百姓定。《記》曰：「通於一而萬事畢，無心得而鬼神服。」治，去聲，下同。治人，平聲。分音憤。

　　此莊子之粹言也。天地之化均，無二化也。萬物之治一，無二治也。人卒之主君，無二君也。故知君道者，原於德而成於天，無為可也。凡天下之業，何者不出於道？以道觀名而君道正，以道觀分而臣義明，以道觀技而官工治，以道汎觀而物理備。故通於天地而與之均其化者，混然大同之德也；行於萬物而使之各適於治者，順然汎應之道也；居上治下者如禮樂刑政，皆事也；能有所藝，局於一而不相通者，有司百工之技也。並眾技而為事，並眾事而為義，並眾義而為德，德混成而為道，道混成而為天，故古之君天下者，以天自處，無欲無為而淵靜，通於一而萬事畢矣。通無所通，得無所得，則鬼神猶從之，而況於人乎！彼有為者，下侵有司之事，亂天下者也。

　　夫子曰：「夫道，覆載萬物者也，洋洋乎大哉！君子不可以不刳心

焉。無為為之之謂天，無為言之之謂德，愛人利物之謂仁，不同同之之謂大，行不崖異之謂寬，有萬不同之謂富。故執德之謂紀，德成之謂立，循於道之謂備，不以物挫志之謂完。君子明於此十者，則韜乎其事心之大也，沛乎其為萬物逝也。若然者，藏金於山，藏珠於淵；不利貨財，不近貴富，不樂壽，不哀夭；不榮通，不醜窮；不拘一世之利以為己分，不以王天下為己處顯。顯則明。萬物一府，死生同狀。」行，下孟反。樂音洛。分音憤。王，去聲。處，上聲。

「刌心」者，刌其有心之累而去之也。「韜」，包容也。不拘一世之利為己分，以天下之利利天下，而不視之為己也。顯則明者，不顯則默而止也。

夫子曰：夫道，淵乎其居也，漻乎其清也。金石不得無以鳴。故金石有聲，不考不鳴。萬物孰能定之！夫王德之人，素逝而恥通於事，立之本原而知通於神，故其德廣。其心之出，有物採之。故形非道不生，生非德不明。存形窮生，立德明道，非王德者邪？蕩蕩乎，忽然出，勃然動，而萬物從之乎？此謂王德之人。視乎冥冥，聽乎無聲。冥冥之中，獨見曉焉；無聲之中，獨聞和焉。故深之又深，而能物焉；神之又神，而能精焉[註1]。故其與萬物接也，至無而供其求，時騁而要其宿，大小、長短、修遠。夫音扶。此類不能盡音。王，去聲，下同。知音智。

夫道淵乎靜，漻乎清，故能應萬事而不礙。彼金石不寂，無以應感。聲由考起，不考不鳴。道惟無所在，故能無應而無不在也，萬物孰能拘之？夫盛德之人，任素而往，非好與事通也。惟本原既立，大定而大慧自生，故廣大圓通，無不周遍也。非其心之出也，物採於外而不得不出也。其出者暫而非常也，故形非道，則塊然一形，無何死矣安能生？生非德，則蠢然一物耳，何以稱萬物之最靈？至人存其形，生而與天地俱窮，立德明道，而與神明不測，非甚盛德，曷能與於此蕩蕩乎？無心善應，忽然勃然，而萬物莫之敢違，此之謂至德之人。至幽而至神，至冥而至靈，眇漠之中，真知炯然。故深之又深，愈深而跡從此出；神之又神，愈神而精從此生。故至無而不竭，萬物之求時出，而直要萬物之歸，隨其大小、長短、修遠，無所不可，皆一虛無寂靜之所為也。

黃帝遊乎赤水之北，登乎崑崙之丘而南望。還歸，遺其玄珠。使知索之而不得，使離朱索之而不得，使喫詬索之而不得也。乃使象罔，象

[註1]「焉」，光裕堂刻本誤作「為」。

罔得之。黃帝曰：「異哉！象罔乃可以得之乎！」知音智。索，所白反。喫，苦擊反。詬音搆。

　　此寄言得真，出於無心也。黃帝居中建極，玄珠至寶，本其自有。遊於赤水之北，水火交爭，其失宜矣。登乎崑崙，從高望遠，嚮明而破其迷方，返照而索其遺珍。顧至真絕想，非可以心求也；至真離色，非可以目取也；至真離言，非可以辨索也。故知與離朱、喫詬皆非所使使。象罔乃得之，離心離色離言，而後通其妙也。此廣成、鴻蒙之旨也。二氏亦曰：「視不見我，聽不得聞，離種種邊，名為妙道」〔註2〕；「若以色見我，以音聲求我，是人行邪道，不能見如來。」〔註3〕世豈知衣下玄珠，故在汝邊哉！又曰：「千百文殊不能出女人定，惟罔明菩薩能出女人定。」〔註4〕有友人戲指余僕曰：「此得道乎？」余曰：「此有道者，非得道也。」友曰：「有道與得道異乎？」余曰：「堯之時，比屋可封，豈人人得道乎？亦有道爾。今夫赤子、嬰孩、愚人、百姓，誰非有道者，而未可謂之得道也。」友曰：「何象罔之得珠耶？」余曰：「象罔定當得珠。當首使象罔，何使三子不效而後使也。既象罔得珠，直宜嘉之耳，何稱異哉！駭之也，亦謂非所宜得而得也。」友曰：「象罔既得矣，而子猶謂其非所宜得而得，不亦異乎？」余曰：「固欲言之。無三三子索於前，象罔何由得？夫道不可以有心求，亦不可以無心得。恃三子非也，恃象罔亦非也。徒恃象罔，則赤子、嬰孩、愚人、百姓皆得道人也，無為貴聖矣。《老子》曰：『知其雄，守其雌，為天下谿。常德不離。常德不離，復歸於嬰兒。』從有知而歸於無知，非有知，非非有知，而後可以得道。嬰兒者，聖人之所歸也，非與其為嬰兒而已也，故聖人使象罔在使三子後也。一象罔可以得珠，何為使三子哉！」

　　堯之師曰許由，許由之師曰齧缺，齧缺之師曰王倪，王倪之師曰被衣。堯問於許由曰：「齧缺可以配天乎？吾藉王倪以要之。」許由曰：

〔註2〕見《太上升玄消災護命妙經》。

〔註3〕見《金剛經·法身非相分第二十六》。

〔註4〕釋普濟《五燈會元》卷一：「世尊昔因文殊至諸佛集處，值諸佛各還本處，唯有一女人近彼佛坐，入於三昧。文殊乃白佛云：『何此人得近佛坐，而我不得？』佛告文殊：『汝但覺此女令從三昧起，汝自問之。』文殊繞女人三匝，鳴指一下，乃託至梵天，盡其神力而不能出。世尊曰：『假使百千萬文殊，出此女人定不得。下方經過四十二恒河沙國土，有罔明菩薩出此女人定。』須臾，罔明大士從地湧出，作禮世尊。世尊敕罔明出，罔明卻至女子前，鳴指一下，女子於是從定而出。」又見瞿汝稷《指月錄》卷一。

「殆哉，圾乎天下！齧缺之為人也，聰明叡知，給數以敏，其性過人，而又乃以人受天。彼審乎禁過，而不知過之所由生。與之配天乎？彼且乘人而無天，方且本身而異形，方且尊知而火馳。方且為緒使，方且為物絯，方且四顧而物應，方且應眾宜，方且與物化而未始有恆。夫何足以配天乎？雖然，有族有祖，可以為眾父，而不可以為眾父父。治，亂之率也，北面之禍也，南面之賊也。」被音披。圾、岌同。數音朔。尊知音智。絯音該。

「配天」，欲讓為帝也。「圾」，危也。帝天下者，冕旒蔽目，黈纊塞耳。而齧缺之為人也，聰敏過人，其跡彰矣，而又乃用智以求復其自然。夫過生於知，而又役知以禁之，其過彌甚。若與之配天，彼且將任知而失真，且將本視其身而異視萬物，且將尊用賢知而火速馳驟以亂人心，且將不能制事而反為事所役，不能通物而反為事所礙。既為緒使與物絯矣，於是不勝其累，且將四面瞻顧而逐物接應，且將一一而求其所應之宜。既物應而眾宜矣，且將逐物而去，無以自主而失其常然之心。若是者，何足以配天乎！雖然，生人之類，有族有祖，同居謂之族，所自出者謂之祖，族有眾父，祖則眾父父也。公侯官長，猶眾父也。帝天下者，猶眾父父也。齧缺之所操，臣道也，非君道也，可以為眾父，而不可以為眾父父。以之為君，一時亦可偽治，而終不免於亂，是治亂之倡也。將淳散樸，使後世受聖知之弊。北面者嬰其禍，南面者被其賊矣，胡可以君天下乎？北面之禍、南面之賊者，桀、紂賴聖知以殺賢臣，故聖知北面之禍也；田恒資仁義以殺齊君，故仁義南面之賊也。

堯觀乎華，華封人曰：「嘻，聖人！請祝聖人，使聖人壽。」堯曰：「辭。」「使聖人富。」堯曰：「辭。」「使聖人多男子。」堯曰：「辭。」封人曰：「壽、富，多男子，人之所欲也，女獨不欲，何邪？」堯曰：「多男子則多懼，富則多事，壽則多辱。是三者，非所以養德也，故辭。」封人曰：「始也我以女為聖人邪，今然君子也。天生萬民，必授之職。多男子而授之職，則何懼之有？富而使人分之，則何事之有？夫聖人，鶉居而鷇食，鳥行而無彰，天下有道，則與物皆昌；天下無道，則修德就間〔註5〕；千歲厭世，去而上仙；乘彼白雲，至於〔註6〕帝鄉；三患莫至，身常無殃，則何辱之有？」封人夫子，堯隨之，曰：「請問。」封人曰：

〔註5〕「間」，通行本作「閒」。
〔註6〕「至於」，光裕堂刻本誤作「文公」。

「退已！」華，去聲。又〔註7〕平聲。女音汝〔註8〕。鶉〔註9〕音淳。㲉〔註10〕音寇。間音閒。

多男子而授之職，物各得所而志定，何懼之有？富而使人分之，藏富於人，何事之有？聖人之居如鶉，野居而無常處；聖人之食如鳥，子仰母而無容心；聖人之行如飛鳥，行空而無定蹤。世治則與物皆享，世亂則混俗韜光，厭世則乘化歸盡，任其氣之所之，歸於天帝之鄉，何辱之有？至言！至言！

堯治天下，伯成子高立為諸侯。堯授舜，舜授禹，伯成子高辭為諸侯而耕。禹往見之，則耕在野。禹趨就下風，立而問焉，曰：「昔堯治天下，吾子立為諸侯。堯授舜，舜授予，而吾子辭為諸侯而耕，敢問其故何也？」子高曰：「昔堯治天下，不賞而民勸，不罰而民畏。今子賞罰而民且不仁，德自此衰，刑自此立，後世之亂自此始矣！夫子闔行邪？無落吾事！」俋俋乎耕而不顧。闔本作盍。俋音揖。

「闔」、「盍」同。「落」，廢也。「俋俋」，耕貌。史稱〔註11〕禹見罪人而泣之，曰：「堯、舜之人皆以堯、舜之心為心。寡人為君，百姓各自以其心為心，是以痛之。」夫世雖屢降，俗雖善變，而禹繼治世之後，未聞失德，百姓未應便薄至此。蓋聖人求治之切，防亂之深，故有是言也。莊子此語，意者本於是而託之子、託之口耶？郭子玄曰〔註12〕：「夫禹三聖相承，治成德備，史籍無所載，仲尼不能間也。時無聖人，故天下之心俄然歸啟。夫至公者，付天下於百姓，故失之不求，得之不辭，是以受非毀於廉士而名列於三王也。莊子因斯

〔註7〕「又」，底本作「义」，據光裕堂刻本改。
〔註8〕「汝」，光裕堂刻本誤作「女」。
〔註9〕「鶉」，光裕堂刻本誤作「已」。
〔註10〕「㲉」，光裕堂刻本誤作「役」。
〔註11〕《說苑》卷一：「禹出見罪人，下車問而泣之，左右曰：『夫罪人不順道，故使然焉，君王何為痛之至於此也？』禹曰：『堯舜之人，皆以堯舜之心為心；今寡人為君也，百姓各自以其心為心，是以痛之。』《書》曰：『百姓有罪，在予一人。』」
〔註12〕郭《注》：「夫禹時三聖相承，治成德備，功美漸去，故史籍無所載，仲尼不能間，是以雖有天下而不與焉，斯乃有而無之也。故考其時而禹為最優，計其人則雖三聖，故一堯耳。時無聖人，故天下之心俄然歸啟。夫至公而居當者，付天下於百姓，取與之非己，故失之不求，得之不辭，忽然而往，侗然而來，是以受非毀於廉節之士而名列於三王，未足怪也。莊子因斯以明堯之弊，弊起於堯而釁成於禹，況後世之無聖乎！寄遠跡於子高，便棄而不治，將以絕聖而反一，遺知而寧極耳。其實則未聞也。夫莊子之言，不可以一途詰，或以黃帝之跡禿堯舜之脛，豈獨貴堯而賤禹哉！故當遺其所寄，而錄其絕聖棄智之意焉。」

以為弊起於堯而釁成於禹，將以絕聖而反〔註13〕一，遺智而寧極爾。夫莊子之言，不可以一途詰，或以黃帝之跡禿堯舜之脛，豈獨貴堯而賤禹哉！當遺其所寄，而錄其絕聖棄智之意焉。」

泰初有無，無有無名；一之所起，有一而未形。物得以生，謂之德；未形者有分，且然無間，謂之命；留動而生物，物成生理，謂之形；形體保神，各有儀則，謂之性。性修反德，德至同於初。同乃虛，虛乃大，合喙鳴，喙鳴合，與天地為合。其合緡緡，若愚若昏，是謂玄德，同乎大順。喙音諱。

太上初始之時，獨有無爾。既無矣，安得有名？雖無之名亦無有也。至於無，不能不化而有，始謂之一。方是時，亦有一而已。然渾淪之氣而已，而未有形之可指也。一寓於物而物得之以為生，斯謂之德。方其未形之時，將有分授，而向在於分未分之間也，謂之命。如君之命臣，正在授受之際也。陰陽之氣，靜不能生物，必動而後生；動亦不能生物，必動者稍留而後能生。留動而生物，物成而各具其有生之條理，斯謂之形。形體成矣，神明與之俱，而各有彝則者，謂之性。至人循性而修，以反其德，修德之至，則同於泰初矣。同乃虛，虛乃大〔註14〕，而德與萬物通，雖與喙鳴之類亦皆脗合。與喙鳴之類脗合，則與天地無不合。而其所謂合者，非以此配彼之謂也。其合緡緡，不知我之為天地而天地之為我，混無痕跡，若愚若昏，而不知其所以然。如此故謂之玄德，而同乎大順也。此莊子粹語，善形容性命天人之際矣。

夫子問於老聃曰：「有人治道若相放，可不可，然不然。辯者有言曰：『離堅白，若縣寓。』若是則可謂聖人乎？」老聃曰：「是胥易技係，勞形怵心者也。執留之狗成思，猨狙之便自山林來。丘，予告若，而所不能聞與而所不能言。凡有首有趾、無心無耳者，眾有形者與無形無狀而皆存者盡無。其動止也，其死生也，其廢起也，此又非其所以也。有治在人，忘乎物，忘乎天，其名為忘己；忘己之人，是之謂入於天。」放音倣。縣寓音玄宇。易，去聲。猨、猿同。沮音疽。

有人於此，治道若相倣效，秩然有條，較然畫一，使可不可、然不然毫無假借。彼為堅白之論者，本難致詰，而我以辨離之，分明易見，若高天之去地

〔註13〕「反」，郭《注》同，光裕堂刻本誤作「友」。
〔註14〕「大」，光裕堂刻本作「未」。

－100－

也。若是則是非不惑，而人心可正，可謂聖人之治乎？老子曰：「是猶胥徒之治事，以靡見苦；技人之繫結，以藝見役。狗以善獵，繫頸而成愁思；猨狙以見巧，被繫而出山林。此有心之過也，何以治人？予告若以未聞未知之道。凡天下之物，有首有趾而無心無耳者，象如山河草木之類，多於飛遊蝡動之類，可見有心者不久，而無心者久也。此猶不足言也。若夫有形之物與無形無狀而皆不亡者必無矣。何則？天下惟虛空不毀，而有形者皆有毀也。由此觀之，不獨心當無，雖形亦當無。無心之至，至於無形而後可長久也。所謂無形無狀者何物？動極而止，生極而死，起極而廢，是亦無形無狀矣，而不足謂之無形無狀。蓋止特動之對，死特生之對，廢特起之對，安有相為對待者而近可謂之無哉？故曰此又非吾之所謂也。天下之治，存乎人之自治耳。而苟不忘所以治之之心，則為有己。有己者不能治人，必忘乎物、忘乎天，然後謂之忘己。忘己之人，是之謂入於天，然後可以當無形無狀之稱，而天下治矣。天下不可以有治也！」

　　將閭葂見季徹曰：「魯君謂葂也曰：『請受教。』辭不獲命，既已告矣，未知中否，請嘗薦之。吾謂魯君曰：『必服恭儉，拔出公忠之屬而無阿私，民孰敢不輯！』」季徹局局然笑曰：「若夫子之言，於帝王之德，猶螳蜋之怒臂以當車軼，則必不勝任矣。且若是，則其自為處危，其觀臺多物，將往投跡者眾。」將閭勉覤覤然自〔註15〕曰：「葂也汒若於夫子之所言矣。雖然，願先生之言其風也。」季徹曰：「大聖之治天下也，搖盪民心，使之成故易俗，舉滅其賊心而皆進其獨志，若性之自為而民不知其所由然。若然者，豈兄堯、舜之教民，溟涬然弟之哉！欲同乎德而心居矣！」葂音免。中，去聲。軼音轍。〔註16〕勝〔註17〕音升。處，上聲。觀〔註18〕，去聲。覤〔註19〕，許逆反。覤〔註20〕同。汒、芒同。溟涬音茗悻。

　　至人之治，不大聲色、示好惡，使人折而從我之所欲為也。若是則猶自處於高臺之上，而使人競趨〔註21〕之舉投跡焉。非不可以快一時之心，而咈百姓

〔註15〕　「驚」，通行本同，光裕堂刻本作「自」。
〔註16〕　「軼音轍」，光裕堂刻本誤作「失音故」。
〔註17〕　「勝」，光裕堂刻本誤作「不」。
〔註18〕　「觀」，光裕堂刻本誤作「見」。
〔註19〕　「覤」，光裕堂刻本誤作「見」。
〔註20〕　「覤」，光裕堂刻本誤作「見」。
〔註21〕　「趨」，光裕堂刻本作「起」。

以從己之欲。違道以干百姓之譽，非治以人而治以我，於是天下棄其性而鶩於偽矣。故大聖之治，不過披拂長養，如春風之於百草，使之各去其非而各成其性，若彼自然，而不知斯人也，豈肯多謝堯、舜而甘為之後哉！我欲德，而德已在矣。「溟涬」，甚貴之謂也。

　　子貢南遊於楚，反於晉，過漢陰，見一丈人方將為圃畦，鑿隧而入井，抱甕而出灌，搰搰然用力甚多而見功寡。子貢曰：「有械於此，一日浸百畦，用力甚寡而見功多，夫子不欲乎？」為圃者卬而視之曰：「奈何？」曰：「鑿木為機，後重前輕，挈水若抽，數如洗湯，其名為槔。」為圃者忿然作色而笑曰：「吾聞之吾師，有機械者必有機事，有機事者必有機心。機心存於胸中，則純白不備；純白不備，則神生不定；神生不定者，道之所不載也。吾非不知，羞而不為也。」子貢瞞然慚，俯而不對。有間，為圃者曰：「子奚為者邪？」曰：「孔丘之徒也。」為圃者曰：「子非夫博學以擬聖，於于以蓋眾，獨弦哀歌以賣名聲於天下者乎？汝方將忘汝神氣，墮汝形骸，而庶幾乎！而身之不能治，而何暇治天下乎！子往矣，無乏吾事！」畦音兮。隧音遂。搰音骨。械，戶戒反。卬、仰同。挈，輕結反。數音朔。洗音逸。槔音皋。瞞，武版反。

　　水南曰陰。種蔬曰圃。埒中曰畦。「隧」，地道也。「搰搰」，用力貌。「械」，機器，機關也。「數」，疾也。「瞞然」，羞貌。「於于」，誇誕之謂。「蓋」，掩也。「乏」，闕也。

　　子貢卑陬失色，頊頊然不自得，行三十里而後愈。其弟子曰：「向之人何為者邪？夫子何故見之變容失色，終日不自反邪？」曰：「始吾以為天下一人耳，不知復有夫人也。吾聞之夫子，事求可，功求成，用力少，見功多者，聖人之道。今徒不然。執道者德全，德全者形全，形全者神全。神全者，聖人之道也。託生與民並行而不知其所之，汒乎淳備哉！功利機巧，必忘夫人之心。若夫人者，非其志不之，非其心不為。雖以天下譽之，得其所謂，警然不顧；以天下非之，失其所謂，儻然不受。天下之非譽，無益損焉，是謂全德之人哉！我之謂風波之民。」反於魯，以告孔子。孔子曰：「彼假修渾沌氏之術者也，識其一，不知其二；治其內，不治其外。夫明白入素，無為復樸，體性抱神，以遊世俗之間者，汝將固驚邪！且渾沌氏之術，予與汝何足以識之哉！」陬，走候

反。頊音旭。復，扶又反。夫人音符。汒音芒。譽，平聲。謷音敖。渾昏，上聲。沌
豚，上〔註22〕聲。治，平聲。

「卑阤」，慚貌。「頊頊」，自失貌。「天下一人」，謂孔子。「汒乎淳備哉」，
謂茫昧深遠，不可測量，而其操行淳和，道德圓備也。又謂其獨任心志，不受
非譽，而稱之全德之人。自痛其學於孔子，為風波之民。子貢之稱丈人，過其
實矣。蓋獨任心志，不受非譽，亦宋榮子之徒爾，未足為全德。子貢之迷沒於
此人，猶列子之心醉於季咸也。此人非真修渾沌氏之術者也。聖人無心，以百
姓之心為心；聖人無用，以時之所用為用。斯乃真純備也，真渾沌也。斯人慾
修純備，而背今向古，差為世事，徒識修古抱灌之樸，而不知因時任物之妙，
故知其為假修也。真修者豈以外內為異，而偏有所治哉！「明白入素，無為復
樸，體性抱神」，固當江海蒼生，林藪萬物，雖遊於世俗而泯然無跡，豈必使
汝驚哉？明其必不驚也。且渾沌之術，在彼為彼，在此為此，妙絕智慮，孰識
之哉！所識者，常識其跡爾。

　　諄芒將東之大壑，適遇苑風於東海之　。苑風曰：「子將奚之？」曰：
「將之大壑。」曰：「奚為焉？」曰：「夫大壑之為物也，注焉而不滿，
酌焉而不竭，吾將遊焉。」苑風曰：「夫子無意於橫目之民乎？願聞聖
治。」諄芒曰：「聖治乎？官施而不失其宜，拔舉而不失其能，畢見其情
事而行其所為。句。行言自為而天下化，手撓顧指，四方之民莫不俱至，
此之謂聖治。」「願聞德人。」曰：「德人者，居無思，行無慮，不藏是
非美惡；四海之內共利之之謂悅，共給之之為安；怊乎若嬰兒之失其母
也，倘乎若行而失其道也，財用有餘而不知其所自來，飲食取足而不知
其所從，此謂德人之容。」「願聞神人。」曰：「上神乘光，與形滅亡，
此謂昭〔註23〕曠；致命盡情，天地樂而萬事銷亡，萬物復情，此之謂混
冥。」撓，而小反。怊音超。樂音洛。

　　「大壑」，海也。五行之內，惟民橫目，故謂橫目之民。諄芒論聖治，前
三言頗近世法，後二言入道矣。德者，神人之跡也，故曰容。神人則所以跡也。
上品神人，乘理照物，雖復明如日月，即照而亡，隳體黜聰，心形俱遣，故曰
「與形滅亡」。無我而任物，空虛而無懷，非闇色也，故曰「昭曠」。窮性命之
致，盡生化之情，故寄身天地，無不逍遙，物我虛幻，萬事銷亡矣。夫忘照而

〔註22〕「上」，光裕堂刻本誤作「丕」。
〔註23〕「昭」，通行本作「照」。

照，照與三景齊明；念生而生，生將二儀並樂。故能觀萬物之還原，睹四時之覆命，是以渾沌無分而冥同一道也。

門無鬼與赤張滿稽觀於武王之師。赤張滿稽曰：「不及有虞氏乎！故離此患也。」門無鬼曰：「天下均治而有虞氏治之耶，其亂而後治之與？」赤張滿稽曰：「天下均治之為願，而何計以有虞氏為！有虞氏之藥瘍也，禿而施髢，病而求醫。孝子操藥以脩慈父，其色燋然，聖人羞之。至德之世，不尚賢，不使能，上如標枝，民如野鹿，端正而不知以為義，相愛而不知以為仁，實而不知以為忠，當而不知以為信，蠢動而相使不以為賜。是故行而無跡，事而無傳。與，平聲。瘍音羊。禿，吐木反。髢音替。操，七刀反。燋音焦。當，去聲。

赤張滿稽謂武王之征伐不逮有虞之盛，而自傷見此事、罹此患也。門無鬼以為雖有虞之時非盛矣，故反詰曰：「天下本自均治，而舜偶治之耶？抑天下亂，而舜治之耶？」滿稽悟無鬼之言，於是答曰：「天下人心本自願治爾，豈計舜能治我而君之哉！舜之有治，譬有瘍而後有藥，有禿而後有髢，有病而後有醫爾。故孝子進藥於父，其色方焦然也，豈願是哉？聖人之恥言治天下，亦此類也。然則揖讓征伐，均之衰世事也。天下罹此患也久矣，豈特今日哉！標枝出物之上，而不自以為高也，野鹿放而自得也；蠢動而相使不以為賜，蠢然自動以相役，而不謝其功也。至德之世如此，故民無可名之跡，史無可紀之事，後世莫之知而稱治，則以有虞為首爾。」

孝子不諛其親，忠臣不諂其君，臣子之盛也。親之所言而然，所行而善，則世俗謂之不肖子；君之所言而然，所行而善，則世俗謂之不肖臣；而未知此其必然耶？世俗之所謂然而然之，所謂善而善之，則不謂之道諛之人也。然則俗故嚴於親而尊於君耶？謂己道人則勃然作色，謂己諛人則怫然作色，而終身道人也，終身諛人也，合譬飾辭聚眾也，是終始本末不相坐。垂衣裳，說采色，動容貌，以媚一世，而不自謂道諛，與夫人之為徒，通是非而不自謂眾人，愚之至也。知其愚者非大愚也，知其惑者非大惑也。大惑者終身不解，大愚者終身不靈。三人行而一人惑，所適者猶可致也，惑者少也；二人惑則勞而不至，惑者勝也。而今也以天下惑，予雖有祈向，不可得也，不亦悲乎！」大聲不入於里耳，《折楊》、《皇荂》則嗑然而笑。是故高言不止於眾人之心，至言不出，俗言勝也。以二缶鍾惑，而所適不得矣。而今也以天下惑，予雖有祈向，

其庸可得耶！知其不可得也而強之，又一惑也。故莫若釋之而不推。不推，誰其比憂？厲之人，夜半生子，遽取火而視之，汲汲然惟恐其似己也。諛音俞。折音哲。荂、華同。嗑音合。缶鍾應作垂踵。強，其丈反。比音婢。厲音賴。

　　凡〔註24〕臣子鮮不諂其君父者，故世俗以違拂為盛德，以將順為不肖。吾未知世俗之論必然否也。夫君父尚不可將順，而流俗可將順乎？乃以俗之是非為是非，俗之善惡為善惡，豈流俗之尊嚴乃過於君父耶？執我而數之，曰汝導汝諛，則怫然怒，而不自知其終身合譬類、餰言辭、聚徒黨，為道諛流俗之事也，可謂終始本末衡決而不對理矣。何也？凡其衣裳彩色容貌皆與人同，無敢為異也；凡其是非善惡皆與眾人同，而無敢為異也。是我亦一眾人也，而猶自謂賢於眾，可不謂愚乎？知其愚，猶非大愚也。終其身不復覺悟者，大愚也。三人行而一人惑，雖在迷方，猶可反也。二人惑則勞而不至，惑者勝也。今舉天下而道諛人惑矣，予雖求為之指南，不可得矣。悲夫！鈞天廣樂，非委巷之耳所能知；若《折楊》、《皇華》俚野之音，聞者皆嗑然笑。何者？流俗所知者，流俗之言，而高言非流俗之所知也。俗言當途，持高言者固宜批頰退矣。猶三人行而二人惑，所適不得矣。而況以天下惑，予雖有祈向，其庸可得耶？不可得則彼惑，知其不可得而強之則我又惑，豈若釋而不推之為無憂乎！厲之人，夜半生子，遽取火而照之，惟恐其似己也。夫厲猶知所祈向，胡今天下之皆惑而不反也？《折楊》、《皇華》，蓋古俗中小曲也。二垂踵，即上文「二人惑」之意，言舉足不定也。引厲事作歇後語，或有脫文。「厲」，惡疾。

　　百年之木，破為犧樽，青黃而文之，其斷在溝中。比犧樽於溝中之斷，則美惡有間矣，其於失性一也。跖與曾、史，行義有間矣，然其失性均也。且夫失性有五：一曰五色亂目，使目不明；二曰五聲亂耳，使耳不聰；三曰五臭薰鼻，困惾中顙；四曰五味濁口，使口厲爽；五曰趣舍滑心，使性飛揚。此五者，皆生之害也。而楊、墨乃始離跂自以為得，非吾所謂得也。夫得者困，可以為得乎？則鳩鴞之在於籠也，亦可以為得矣。且夫趣舍聲色，以柴其內，皮弁、鷸冠、搢笏、紳修以約其外，內支盈於柴柵，外重纆繳，睆睆然在纆繳之中而自以為得，則是罪人交臂歷指而虎豹在於囊檻，亦可以為得矣。斷音段。惾，子公反。中音眾。滑音

〔註24〕「凡」，光裕堂刻本誤作「几」。

骨。離音利。跂音企。䚦音聿。柵音策。重，平聲。纆音墨。繳音灼。睆音緩。

「五臭」，羶、薫、香、鯹、腐。「㥦」，塞也。「中顙」，中傷顙額也。「五味」，酸、辛、甘、苦、醎也。「厲」，病。「爽」，失。「趣」，取。「滑」，亂。「離跂」，用力貌。「皮弁」，皮冠。「䚦」，鳥，似鷺，取其羽餙冠，故謂䚦冠。「搢」，插。「紳」，大帶。「脩」，長。「柵」，籬也。「纆繳」，繩也。「睆睆」，視貌。

天道第十三　外篇

　　天道運而無所積，故萬物成；帝道運而無所積，故天下歸；聖道運而無所積，故海內服。明於天，通於聖，六通四辟於帝王之德者，其自為也，昧然無不靜者矣。聖人之靜也，非曰靜也善，故靜也。萬物無足以鐃心者，故靜也。水靜則明燭鬚眉，平中準，大匠取法焉。水靜猶明，而況精神？聖人之心靜乎！天地之鑒也，萬物之鏡也。辟音闢。鐃音撓。中，去聲。

　　莊子貴無為，乃稱運「而無所積」者，何哉？天時人事日夜相代於吾前，而不知其所萌。至變化也，吾不能與之俱化而有所凝滯，去道遠矣。蓋無為非無運之謂也。運而不積，所謂無為也。天一日一周，而照之以日月，潤〔註25〕之以雨露，鼓動陶鑄，曾無滯積，故萬物成。王者象天法地，撫運應時，亦運而不積，故天下歸。聖人因時變化，與世推移，亦運而不積，故海內服。明於天地，帝王聖人之德而其自為也無不昧然靜矣。聖人之靜，非以靜為善而務之也。凡惡動之心猶動也，求靜之心非靜也，以靜為善而靜，則靜從外入，而豈吾性無物之本體乎？性本無物，由感而後有物。感雖有物，而無一足以鐃聖人之心，已去無跡，未來無朕，見在不停，此三心惟一心，一心惟一靜也，而以何者動聖人乎？是故靜也。水靜猶明，而況精神聖人之心靜乎！是以天地萬物，無乎不坐照矣；六通四辟，無所不聞通之義。

　　夫虛靜、恬淡、寂漠、無為者，天地之平而道德之至，故帝王、聖人休焉。休則虛，虛則實，實者倫矣。虛則靜，靜則動，動則得矣。靜則無為，無為也則任事者責矣。無為則俞俞，俞俞者憂患不能處，年壽長矣。夫虛靜、恬淡、寂漠、無為者，萬物之本也。明此以南鄉，堯之

〔註25〕「潤」，光裕堂刻本誤作「澗」。

為君也；明此以北面，舜之為臣也。以此處上，帝王天子之德也；以此
處下，玄聖、素王之道也。以此退居而閒遊，江海、山林之士服；以此
進為而撫世，則功大名顯而天下一矣〔註26〕。靜而神，動而王，無為也
而尊，樸素而天下莫能與之爭美。處，上聲。鄉，去聲。素王如字，舊作去聲。
閒音閒。

「虛則實，實者倫」，言惟虛故能應物，而物各得其倫類，無失所也。夫
虛靜無為而任職者，不敢不盡其職，此治天下之要術也。百職有常，如耳聽、
目視、手持、足行，分定已久，各舉其職，自無廢曠。所以有廢者，則由上之
人擾之以多事，於是有司望風順指，或救過不暇，而不遑盡心於所事也。上無
以撓之，則下誰敢不舉其職乎？故堯、舜雖日勞萬幾，而惟以知人安民為急，
未嘗一侵人之官，無為而自治者以此。此歷舉虛靜、恬淡、寂寞、無為之善，
以明無為之為大本大宗也。

夫明白於天地之德者，此之謂大本大宗，與天和者也；所以均調天
下，與人和者也。與人而和者，謂之人樂；與天而和者，謂之天樂。莊
子曰：「吾師乎！吾師乎！䪠萬物而不為戾，澤及萬世而不為仁，長於
上古而不為壽，覆載天地、刻彫眾形而不為巧，此之謂天樂。故曰：『知
天樂者，其生也天行，其死也物化。靜而與陰同德，動而與陽同波。』
故知天樂者，無天怨，無物非，無物累，無鬼責。故曰：『其動也天，其
靜也地，一心定而王天下；其鬼不祟，其魂不疲，一心定而萬物服。』
言以虛靜推於天地，通於萬物，此之謂天樂。天樂者，聖人之心以畜天
下也。」夫音扶。樂音洛，下同。䪠音躋。王，去聲，下同。畜音旭。

知此德者，上可以得大本大宗而與天和，下可以均調天下而與人和也。䪠，
碎也。生也天行，則非人之所謂生；死也物化，則非人之所謂死；靜即陰，動
即陽，則非人之所謂動靜。故至人之一身皆天也。

夫帝王之德，以天地為宗，以道德為主，以無為為常。無為也，則
用天下而有餘；有為也，則為天下用而不足。故古之人貴夫無為也。上
無為也，下亦無為也，是下與上同德，下與上同德則不臣；下有為也，
上亦有為也，是上與下同道，上與下同道則不主。上必無為而用天下，
下必有為為天下用，此不易之道也。故古之王天下者，知雖落天地，不

自慮；辯雖彫萬物，不自說也；能雖窮海內，不自為也。天不產而萬物化，地不長而萬物育，帝王無為而天下功。故曰：莫神於天，莫富於地，莫大於帝王。故曰：帝王之德配天地。此乘天地，馳萬物，而用人群之道也。知音智。長，丁丈反。

　　推誠任物，故下莫敢不盡其力。執樞秉鑒，故上未嘗不舉其綱。恬惔無欲，故吾之所需易供，而臣民之事易辨。兼覆並載，故天地之和並應，而四海之外歸心。不俟智數之飛鉗、簿責之紛擾，而均衡和御，太上之極治也。彼管、韓以下，莫不藉口無為，而身無虛靜恬惔之德，以上供多欲之君，而下御不靜之人，無其質矣，安所稱無為哉？故管、韓者徒，以無為而益其詐譎之說者也。

　　本在於上，末在於下；要在於主，詳在於臣。三軍五兵之運，德之末也；賞罰利害，五刑之辟，教之末也；禮法度數，刑名比詳，治之末也；鐘鼓之音，羽旄之容，樂之末也；哭泣衰絰，隆殺之服，哀之末也。此五末者，須精神之運，心術之動，然後從之者也。末學者，古人有之，而非所以先也。君先而臣從，父先而子從，兄先而弟從，長先而少從，男先而女從，夫先而婦從。夫尊卑先後，天地之行也，故聖人取象焉。天尊地卑，神明之位也；春夏先，秋冬後，四時之序也；萬物化作，萌區有狀，盛衰之殺，變化之流也。夫天地至神，而有尊卑先後之序，而況人道乎！宗廟尚親，朝廷尚尊，鄉黨尚齒，行畢尚賢，大道之序也。語道而非其序者，非其道也。語道而非其道者，安取道！是故古之明大道者，先明天而道德次之，道德已明而仁義次之，仁義已明而分守次之，分守已明而形名次之，形名已〔註27〕明而因任次之，因任已明而原省次之，原省已明而是非次之，是非已明而賞罰次之，賞罰已明而愚知處宜，貴賤履位，仁賢不肖襲情，必分其能，必由其名。以此事上，以此畜下，以此治物，以此修身，知謀不用，必歸其天，此之謂太平，治之至也。故書曰：「有形有名。」形名者，古人有之，而非所以先也。古之語大道者，五變而形名可舉，九變而賞罰可言也。驟而語形名，不知其本也；驟而語賞罰，不知其始也。倒道而言，迕道而說者，人之所治也，安能治人！驟而語形名賞罰，此有知治之具，其知治之道；可用於天下，不足以用天下。此之謂辯士，一曲之人也。禮法數度，形名比詳，古人有之，

〔註27〕「已」，光裕堂刻本誤作「兄」。

此下之所以事上，非上之所以畜下也。辟音闢。比音婢。一音彼。分守，去聲。
省音眚。愚知音智，下知。謀同處，上聲。治物，平聲，下「所治」、「治人」同。

　　此以上皆莊子粹語。分守者，職分，典守有司之業也。形名者，形實名稱，
綜覈之事也。因任者，因其素分，任其當然也。原省者，原亮其情，省宥其罪
也。以天治民者，此皇王之上道也，無為之至德也。時非無仁義，渾然無仁義
之名也。降此而下，尚以原亮為心，不事操切。至於賞罰，而操切已甚，甚而
如申、商之牛馬使民，極矣。故皇王之世，非無賞罰，而不用賞罰，時一用之，
而亦不見其跡，所以為至治。末世之治，但知賞罰，不復知仁義以上為何物矣。
故書曰：「有形有名。」有之為言，非所急之辭也。驟而語刑名賞罰，此閭巷
小人最下之智，鬭刀錐之利者，所謂不可以為天下主也。

　　昔者舜問於堯曰：「天王之用心何如？」堯曰：「吾不敖無告，不廢窮
民，苦死者，嘉孺子，而哀婦人，此吾所以用心已。」舜曰：「美則美矣，
而未大也。」堯曰：「然則何如？」舜曰：「天德而出寧，日月照而四時
行，若晝夜之有經，雲行而雨施矣。」堯曰：「膠膠擾擾乎！子，天之合
也；我，人之合也。夫天地者，古之所大也，而黃帝、堯、舜之所共美也。
故古之王天下者，奚為哉？天地而已矣！」敖音傲。施音試。主，去聲。

　　「天德而出寧」，謂化育無方，與天合德，跡雖顯著，而心恒寧寂。故如
日照月行，春生秋殺，晝明夜晦，雲行雨施，既無心於偏黨，豈有情於養育，
自然而已矣。堯曰：「如子之言，吾膠膠擾擾多事矣。子之盛德，遠合於天。
吾之用心，特下符人事而已。」

　　孔子西藏書於周室，子路謀曰：「由聞周之徵藏史有老聃者，免而歸
居，夫子欲藏書，則試往因焉。」孔子曰：「善。」往見老聃，而老聃不
許，於是繙十二經以說。老聃中其說，曰：「大謾，願聞其要。」孔子
曰：「要在仁義。」老聃曰：「請問仁義，人之性邪？」孔子曰：「然。君
子不仁則不成，不義則不生。仁義，真人之性也，又將奚為矣？」老聃
曰：「請問何謂仁義？」孔子曰：「中心物愷，兼愛無私，此仁義之情也。」
老聃曰：「意，幾乎後言！夫兼愛，不亦迂乎！無私焉，乃私也。夫子若
欲使天下無失其牧乎？則天地固有常矣，日月固有明矣，星辰固有列矣，
禽獸固有群矣，樹木固有立矣。夫子亦放德而行，循道而趨，已至矣！
又何偈偈乎揭仁義，若擊鼓而求亡子焉！意，夫子亂人之性也！」徵藏，

去聲。繙音盤。說音稅。太〔註28〕音太。謾音慢。意音噫，下同。幾音鶏。夫兼音扶。
偈，居謁反。揭音傑。

「西藏書於周室」，將己所修之書欲藏於周之府藏，以示後王為治術也。
「徵藏史」，守典籍之官。「因」，因而藏書也。「不許」，謂其為已陳無用之芻
狗也。「十二經」，六經六緯也。「繙以說」，敷演以明其道也。「中其說」，不待
其畢辭而中止之也。「大謾」，嫌其繁也。「物愷」，願物安樂也。「後言」，猶未
說也。「牧」，養也。「固有」，已然也。「放德而行，循道而趨」，無心自然之謂
也。「偈偈」，勵力貌。「揭」，儋負也。「求」，尋也。「亡子」，逃人也。

士成綺見老子而問曰：「吾聞夫子聖人也，吾固不辭遠道而來願見，
百舍重趼而不敢息。今吾觀子，非聖人也。鼠壤有餘蔬而棄妹，不仁也；
生熟不盡於前，而積斂無崖。」老子漠然不應。士成綺明日復見，曰：
「昔者吾有刺於子，今吾心正郤矣，何故也？」老子曰：「夫巧知神聖之
人，吾自以為脫焉。昔者子呼我牛也而謂之牛，呼我馬也而謂之馬。苟
有其實，人與之名而弗受，再受其殃。吾服也恒服，吾非以服有服。」
士成綺鴈行避影，履行遂進而問：「修身若何？」老子曰：「而容崖然，
而目沖然，而顙頯然，而口闞然，而狀義然，似繫馬而止也；動而持，
發也機，察而審，知巧而覩於泰，凡以為不信。邊竟有人焉，其名為竊。」
見音現，下同。趼音繭。胝也。知音智，下同。鴈行音杭。顙奇葵。闞，許覽反。竟、境同。

三十五里為一舍。又，師一宿為舍。趼與胝同，胝也。士成綺見老子鼠穴
中有殘棄，而於妹則不收。生熟之物狼藉於前，而聚斂供給，浩無崖止。蓋至
人格量寬宏，故其充足之外，不復櫱懷，而於來者受之，不立界畔。士成綺不
識也。「郤」，退也。又言昨日初來，妄生譏刺，今時思省，又覺己非。引過責
躬，深懷愬悚，不知此何故也。巧知神聖之名，常人之所希跂，而至人以為桎
梏。老子言汝責我以聖人之事，而不知我於巧知神聖之域，久自信為脫過矣。
汝喚我作牛，我即從汝喚作牛；喚我作馬，我即從汝喚作馬。且有牛馬之實，
與之名而不受，則再受其殃，不必真有其實，但人加之以名，即是實與之名。
既一殃矣，苟為不受，則必復之，是再殃也。天下豈有不受而不再復者乎？至
人亦非為避殃計而受之也，聊為綺言耳。故又曰「吾服也恒服，吾非以服有
服」。「服」者，行習之意。鴈行避影者，側身逐老子後，而不敢直躡其跡也。

〔註28〕「太」當作「大」。

老子曰：學道之人，當抱樸如愚，而後可爾。氣象巖巖，高立崖岸，爾目光馳動，睢盱顧眄，爾顙額高亢，顯露華餚；爾口語不檢，誇張虢豁；爾狀貌驕豪，隄跂為義，有如繫馬而止；貌為恭敬，而志方奔馳不休也；躁動而矜持，不能任適而行也；攀緣之心，遇境輒發，如弩機之迅速也；不能虛遣明察而審辨，勞心於是非之域也；矜智任巧，鑿其渾沌，而多於其本性，使人得以矚目也。凡此十事，皆虛詐之行，而非真實之德。若邊境之上有是人巡徼，吏必以為盜而繫之矣。是故盛德容貌若愚，去汝矜智乃可爾。

老〔註29〕子曰：「夫道，於其大而不終，於其小而不遺〔註30〕，故萬物備廣。廣乎其無不容也，淵乎其不可測也。形德仁義，神之末也，非至人孰能定之？夫至人有世，不亦大乎！而不足以為之累。天下奮棅，而不與之偕；審乎無假，而不與利遷；極物之真，能守其本。故外天地，遺萬物，而神未嘗有所困也。通乎道，合乎德，退仁義，賓禮樂，至人之心有所定矣。」棅音柄。

棅，爭鶩權勢也。

世之所貴乎道者，書也。書不過語，語有貴也。語之所貴者意也，意有所隨。意之所隨者，不可以言傳也，而世因貴言傳書。世雖貴之哉，猶不足貴也，為其貴非其貴也。故視而可見者，形與色也；聽而可聞者，名與聲也。悲夫，世人以形色名聲為足以得彼之情！夫形色名聲果不足以得彼之情，則知者不言，言者不知，而世豈識之哉！為，去聲。

形色名聲不足以得聖人之情，故聖人之情不盡在於書也。世豈識之哉！雖然，即形色名聲足以得聖人之情，於我何益？

桓公讀書於堂上，輪扁斲輪於堂下，釋椎鑿而上，問桓公曰：「敢問公之所讀，為何言邪？」公曰：「聖人之言也。」曰：「聖人在乎？」公曰：「已死矣。」曰：「然則君之所讀者，古人之糟魄已夫。」桓公曰：「寡人讀書，輪人安得議乎！有說則可，無說則死。」輪扁曰：「臣也以臣之事觀之。斲輪，徐則甘而不固，疾則苦而不入，不徐不疾，得之於手而應於心，口不能言，有數存焉於其間。臣不能以喻臣之子，臣之子亦不能受之於臣，是以行年七十而老斲輪。古之人與其不可傳也死矣，

〔註29〕「老」，通行本作「夫」。
〔註30〕此兩句，通行本作「於大不終，於小不遺」。

然則君之所讀者，古人之糟魄已夫！」扁，符殄反。斵，陟角反。推音鎚。上，上聲。糟音遭。魄，普各反。

「輪」，車工。「扁」，名。酒滓曰糟，漬糟曰粕。「甘」，緩也。「苦」，急也。「數」，術也。大匠不能誨人以巧，古人不能告人以意。善學大匠者，由規矩而自悟其巧；善學古人者，由詩書而自神其意。若執紙上之虛言，則已漓之糟粕，蕩無少味，徒自勞其神明而已。

天運第十四　外篇

天其運乎？地其處乎？日月其爭於所乎？孰主張是？孰維綱是？孰居無事推而行是？意者其有機緘而不得已邪？意者其運轉而不能自止邪？雲者為雨乎？雨者為云乎？孰隆施是？孰居無事淫樂而觀是？風起北方，一西一東？有上彷徨，孰噓吸是？孰居無事而披拂是？敢問何故？巫咸祒曰：「來！吾語女。天有六極五常，帝王順之則治，逆之則凶。九洛之事，治成德備，監照下土，天下載之，此謂上皇。」處，上聲。上，上聲。彷徨音旁皇。祒音招。語，去聲。

四方上下為六極，金木水火土為五常。九洛之事未詳，舊云九州聚落之事〔註31〕，恐未然。或指上古帝皇之紀也。夫事物之近其故尚不可知，而況六合之外乎！不得已則謂之自然爾。而自然豈復有知之者哉！帝王之治亦明其自然，非有為也。

商太〔註32〕宰蕩問仁於莊子。莊子曰：「虎狼，仁也。」曰：「何謂也？」莊子曰：「父子相親，何為不仁？」曰：「請問至仁。」莊子曰：「至仁無親。」太宰曰：「蕩聞之，無親則不愛，不愛則不孝。謂至仁不孝，可乎？」莊子曰：「不然。夫至仁尚矣，孝固不足以言之。此非過孝之言也，不及孝之言也。夫南行者至於郢，北面而不見冥山，是何也？則去之遠也。故曰：以敬孝易，以愛孝難；以愛孝易，而忘親難；忘親易，使親忘我難；使親忘我易，兼忘天下難；兼忘天下易，使天下兼忘

〔註31〕成《疏》：「九洛之事者，九州聚落之事也。言王者應天順物，馭用無心，故致天下太平，人歌擊壤。九州聚落之地，治定功成；八荒夷狄之邦，道圓德備。既合二儀，覆載萬物；又齊三景，照臨下土。◎家世父曰：『此言天之運自然而已，帝王順其自然，以道應之，天地亦受裁成焉，而風雨調，四時序。九洛之事，即禹所受之九疇也。莊子言道有不詭於聖人者，此類是也。』」
〔註32〕「太」，通行本作「大」，下同。

我難。夫德遺堯、舜而不為也，利澤施於萬世，天下莫知也，豈直太息而言仁孝乎哉！夫孝悌仁義，忠信貞廉，此皆自勉以役其德者也，不足多也。故曰：至貴，國爵並焉；至富，國財並焉；至願，名譽並焉。是以道不渝。」易音異。並音丙。

至仁猶天地，而孝猶方隅也。「孝」者，仁中一節之名也。「無親」，非薄惡之謂也。無不親則無親，無不孝則無孝。有親有孝之名，而仁之名分矣。從殘忍悖逆仰而視之，則孝為高、為過。從道德混成俯而視之，則為卑、為不及。吾之言，非高視孝之言，乃卑視孝之言也。冥山非卑，從郢而望冥，去之遠則卑之矣。孝非小，從仁而論之，去之遠則小之矣。故曰：以敬孝易，以愛孝難。敬孝未離於跡，而愛孝心也。以愛孝易，而忘親難。愛孝猶有心，而忘則無心也。忘親易，使親忘我難。無心之極，親亦忘吾之孝，而無孝名也。使親忘我易，兼忘天下難。愛親者不敢惡於人，敬親者不敢慢於人，「永言孝思，孝思維則」也。兼忘天下易，使天下兼忘我難。瞽瞍〔註33〕底豫，而天下之為父子者定，「不識不知，順帝之則」也。至此則孝不足以言之矣，豈復太息而稱仁孝之美哉！故一節之行皆不足多務德尊道，而百行皆出於其中矣。至貴則國爵屏棄矣，至富則國財屏棄矣，至願則名譽屏棄矣，是以道不漓也。今道之所以為天下裂者，豈不以人務一節之行哉！

北門成問於黃帝曰：「帝張《咸池》之樂於洞庭之野，吾始聞之懼，復聞之怠，卒聞之而惑，蕩蕩默默，乃不自得。」

北門成初聞至樂，懼然驚悚。已而再聞，則想悟音旨，懼心退息矣。最後聞之，知至樂與二儀合德，視之不見，聽之不聞，無分別心，有同暗惑，物我俱喪，乃不自得也。

帝曰：「汝殆其然哉！吾奏之以人，徽之以天，行之以禮義，建之以太清〔註34〕。四時迭起，萬物循生；一盛一衰，文武倫經；一清一濁，陰陽調和，流尤其聲；蟄蟲始作，吾驚之以雷霆；其卒無尾，其始無首；一死一生，一僨一起；所常無窮，而一不可待。女故懼也。徽本作徵，今依《疏》。蟄，沉執反。僨，方問反。

「汝殆其然」，訝其所解能近於自然也。「奏」，應也。「徽」，順也。「禮

〔註33〕「瞍」當作「瞍」。

〔註34〕通行本此下有「夫至樂者，先應之以人事，順之以天理行，之以五德，應之以自然，然後調理四時，太和萬物」。沈氏有說明。

義」，五德也。「太清」，天道也。「倫」，理也。「經」，常也。夫至樂者，非音聲之謂，吾非能以意作之也。吾應之以人事，順之以天理，行之以五德，建之以自然。春夏秋冬更迭而起，根著頓動，循序而生。一盛一衰，文武各有倫經。一清一濁，陰陽自為調和。和氣廣布，元聲四流。仲春之月，蟄蟲始作。吾因其自然之理，而驚之以雷霆之音，尋之無端，運轉無極，第見一死一生，一僨一起，以變化為常，而反覆於無窮，是無窮之一旨，豈可以聲色求哉！子初聞之，安得不竦然懼乎？世本「太清」之下有「夫至樂者，先應之以人事，順之以天理行，之以五德，應之以自然，然後調理四時，太和萬物」三十五字，非莊子本文，乃《疏》語也，今削去。「徽」本作「徵」，誤。

　　吾又奏之以陰陽之和，燭之以日月之明。其聲能短能長，能柔能剛；變化齊一，不主故常；在谷滿谷，在阬滿阬〔註35〕；塗郤守神，以物為量。其聲揮綽，其名高明。是故鬼神守其幽，日月星辰行其紀。吾止之於有窮，流之於無止。子欲慮之而不能知也，望之而不能見也，逐之而不能及也。倘然立於四虛之道，倚於槁梧而吟；目知窮乎所欲見，力屈乎所欲逐，吾既不及已夫！形充空虛，乃至委蛇。女委蛇，故怠。阬音鏗。郤音隙。知音智。委蛇音煨〔註36〕移。

　　及第二奏之時，吾又用天之道，與陰陽合其序，與日月齊其明，順群生之修短，任萬物之柔剛，齊變化之一理，豈守故而執常？道無不在，所在皆無，乃谷乃阬，悉皆盈滿，而吾初無成心，因物而付，其聲揮動而寬綽，其名高大而光明，是故萬靈不離其所，三光不慝其度，天人幽顯，各不相撓。吾常建於太極之中，而運乎無極之外，化以不化為體，不化以化為用，故至樂者真道也。道非心識，何謀慮之能知？道非聲色，何瞻望之能見？道非形質，何追逐之能及？汝倘然立於四達之道，而不知所從；冥然倚於琴瑟槁梧之上，而自弘自吟。目之所見有涯極而稱窮，力之馳騖有分量而稱屈，自謂終不可逮矣。形充與空虛等無，隳體黜聰，離形去智，獨有委蛇任運而已。汝以委蛇，故而悚懼之情安得不怠息也。

　　吾又奏之以無怠之聲，調之以自然之命。故若混逐叢生，林樂而無形；布揮而不曳，幽昏而無聲；動於無方，居於窈冥；或謂之生，或謂之生；或謂之實，或謂之榮；行流散徙，不主常聲。世疑之，稽於聖人。

〔註35〕「阬」，光裕堂刻本誤作「伉」。
〔註36〕「煨」，光裕堂刻本誤作「懷」。

聖也者，達於情而遂於命也。天機不張而五官皆備，此之謂天樂，無言而心說。故有焱氏為之頌曰：『聽之不聞其聲，視之不見其形，充滿天地，苞裹六極。』女欲聽之而無接焉，而故惑也。樂也者，始於懼，懼故祟。吾又次之以怠，怠故遁；卒之於惑，惑故愚；愚故道，道可載而與之俱也。」林樂音洛。說音悅。焱音標。苞音包。

此第三奏也。再聞至樂，任情逶迤，悚懼之心於焉怠息。雖已賢於初聞，猶未盡也。故奏無怠之聲，斯則以無遣怠也。凡命之所為，莫非自然，吾此《咸池》之樂，則調造化之心，和自然之命。故混然無繫，隨化而生，若風動叢枝，百卉具暢，而不知其所以形；布揮四時，各得其所，而非由於牽曳寂寥。幽昏雖聲，而未嘗有聲；動於無方，而居於窈冥。雖千變萬化，而居寧極之鄉。故春生冬死，秋實夏榮，雲行雨散，水流風徙，日新其變，不可執恒。至樂之道，豈主常聲也！世疑之，則考於聖人。聖人者無他，通有物之情，順自然之命，故謂之聖也。廢心而任形，置天機於不用，而惟百體之所為，此之謂天樂。妙絕忘言，而心靈自悅也。汝欲聽而無可聽，分別情斷矣，安得而不惑哉！夫樂也者，始於悚聽，悚聽則鬼趣爾；次之以怠，怠故遁情，意稍悟，形跡稍滅矣；卒之於惑，惑故愚，愚故道，道可載而與之俱忘言忘、慮絕思絕維，而後與道有一分相應。必都絕分別，而後與無聲無臭者幾矣。

孔子西遊於衛，顏淵問師金曰：「以夫子之行為奚如？」師金曰：「惜乎，而夫子其窮哉！」顏淵曰：「何也？」師金曰：「夫芻狗之未陳也，盛以篋衍，巾以文繡，尸祝齊戒以將之。及其已陳也，行者踐其首脊，蘇者取而爨之而已。將復取而盛以篋衍，巾以文繡，遊居寢臥其下，彼不得夢，必且數眯焉。今而夫子亦取先王已陳芻狗，取弟子遊居寢臥其下。故伐樹於宋，削跡於衛，窮於商、周，是非其夢耶？圍於陳蔡之間，七日不火食，死生相與鄰，是非其眯耶？夫水行莫如用舟，而陸行莫如用車。以舟之可行於水也，而求推之於陸，則沒世不行尋常。古今非水陸與？周、魯非舟車與？今蘄行周於魯，是猶推舟於陸也。勞而無功，身必有殃。彼未知夫無方之傳，應物而不窮者也。行，下孟反。盛音成。齊，側皆反。復，扶又反。數音朔。眯音米。推，吐回反。與音餘。蘄音祈。

「芻狗」，結草為狗以解除也。「衍」，笥也。「尸祝」，巫師也。「將」，送也。「蘇」，取草者。「眯」，魘也，言廢棄之物，於時無用，用之更致他妖也。孔子適宋，與弟子講禮大樹之下，桓魋欲殺之。孔子去，魋惡其嘗坐而伐其樹

焉。嘗遊衛，衛人疾之，剗削其跡。應楚昭王之聘，過陳、蔡之間，陳、蔡大
夫懼孔子用而強楚，發兵圍之，七日不火食。「傳」，轉也。

　　且子獨不見夫桔槔者乎？引之則俯，舍之則仰。彼，人之所引，非
引人也。故俯仰而不得罪於人。故夫三皇五帝之禮義法度，不矜於同，
而矜於治。故譬三皇五帝之禮義法度，其猶柤棃橘柚耶〔註37〕！其味相
反而皆可於口。故禮義法度者，應時而變者也。今取猨狙而衣以周公之
服，彼必齕齧挽裂，盡去而後慊。觀古今之異，猶猨狙之異乎周公也。
故西施病心而矉其里，其里之醜人見而美之，歸亦捧心而矉其里。其里
之富人見之，堅閉門而不出；貧人見之，挈妻子而去之走。彼知美矉，
而不知矉之所以美。惜乎，夫子其窮哉！」桔槔音結皋。治，去聲。柤，側
加反。柚音又。猨音猿。狙音疽。衣，去聲。齕音紇。挽音晚。去，上聲。慊音怯。
矉音頻。捧，敷勇反。挈，苦結反。

　　「桔槔」，挈水具也，牽之則俛，不牽則仰。虛己以遊者，亦宜然也。此
章凡六喻。芻狗喻先王之教也，舟車異用喻周魯異宜也，桔槔喻遊世之道也，
柤棃橘柚皆可口喻禮義法度應時而變也，猨狙不可衣喻後世不可用周公之禮
也，西施之矉不可學喻先王之美處不在跡也。

　　孔子行年五十有一，而不聞道，乃南之沛，見老聃。老聃曰：「子來
乎？吾聞子，北方之賢者也，子亦得道乎？」孔子曰：「未得也。」老〔註
38〕子曰：「子惡乎求之哉？」曰：「吾求之於度數，五年而未得也。」曰：
「子又惡乎求之哉？」曰：「吾求之於陰陽，十有二年而未得。」老子
曰：「然。使道而可獻，則人莫不獻之於其君；使道而可進，則人莫不進
之於其親；使道而可以告人，則人莫不告其兄弟；使道而可以與人，則
人莫不與其子孫。然而不可者，無他也，中無主而不止，外無正而不行。
由中出者，不受於外，聖人不出；由外入者，無主於中，聖人不隱。惡
音烏。

　　中心無主，則無受道之質，而道不止。外事無正，則無行道之具，而道不
行。故由中出而不受於外，則正不行矣，即聖人不敢輕而出，雖欲垂〔註39〕道
設教無由也；由外入而無質於中，則主不立矣，即聖人不能強而入，雖欲假學

─────────────────

〔註37〕「耶」，通行本作「邪」。
〔註38〕「老」，光裕堂刻本誤作「者」。
〔註39〕「垂」，光裕堂刻本誤作「而」。

成性無由也。道之所以不足聞者以是哉！

　　名，公器也，不可多取。仁義，先王之蘧廬也，止可以一宿，而不可以久處，覯而多責。古之至人，假道於仁，託宿於義，以遊逍遙之虛，食於苟簡之田，立於不貸之圃。逍遙，無為也；苟簡，易養也；不貸，無出也。古者謂是採真之遊。以富為是者，不能讓祿；以顯為是者，不能讓名；親權者，不能與人柄。操之則栗，舍之則悲，而一無所鑒，以闚其所不休者，是天之戮民也。怨、恩、取、與、諫、教、生、殺八者，正之器也，唯循大變無所湮者為能用之。故曰：正者，正也。其心以為不然者，天門弗開矣。」蘧音渠。覯音搆。虛、墟〔註40〕同。易音異。操，七刀反。舍，上聲。湮音因。

　　聲名，人所同欲，天下公共之物，也不可以一人多取。多取，必有物敗之矣。仁義，先王之蘧廬，所以道人為善之路也，止可一宿，而不可久居。必招招乎揭仁義以示人，則偽生而責多矣。古之至人，第從仁義中假借塗路，寄託宿止，暫時遊寓而不久居，由此而遊於逍遙無為之墟，食於苟簡易養之田，立於修身養性不為物役之圃，古者謂之採真之遊。人情好富則不能讓祿，好顯則不能讓名，好誇則不能讓權。當其時而操此三者，則憂責方重，而稱副實難為之。晝夜危栗，若無以樂，此有者非其時。而捨此三者，又以為天下之困窮僇辱不幸在我，悲哀涕泣，若無所容於世者。冥頑無知，不見道之一班，而惟匍匐於名利，於內不免陰陽之患，於外不免人道之患。兩患交及，必無一幸，非天之戮民而何？且夫遊於顯融之途，則必任恩任怨，有奪有予，諫上教下，生善殺惡，此八者所以正人之具，不得不用者也。然而用之者，又不免及身之災，豈易事哉！惟有道君子，喜怒不關於心，死生不變於己，與化俱往，不膠於物，斯則我大而物小，為能用之爾。故曰：「正者，正也。」未有己不正而能正人者也。若其心不然，則天門閉塞，必冥行徑趨，而入於罟擭陷阱之中矣。故曰外無正而不行也。桓溫嘗歎曰：「貧賤日思富貴，富貴又履危機」，此非所謂「操之則栗，舍之則悲」者耶？比有貴人以命訊日者，日者曰：「不祥，幸矣，猶未出於大不祥。」貴人曰：「云何？」曰：「徒不利於官爾，可無死。」貴人蹷然曰：「是所謂大不祥也。如天之福，當出於死爾，烏可以無官？」日者駭曰：「何公之心覆也！」貴人曰：「汝則覆爾，我罷官則必死，是兩不祥也。死獨

一不祥爾，一不祥孰與兩不祥悲？」夫人之愛一官也如是哉！己則覆，而謂日者覆，果誰覆乎哉？昔賀季真以八十投老，君臣動色，以為賢達。由是觀之，宜當時之詫為賢達也。

孔子見老聃而語仁義。老聃曰：「夫播糠眯目，則天地四方易位矣；蚊虻噆膚，則通昔不寐矣。夫仁義憯然，乃憤吾心，亂莫大焉。吾子使天下無失其樸，吾子亦放風而動，摠德而立矣，又奚傑然若負建鼓而求亡子者耶〔註41〕？夫鵠不日浴而白，烏不日黔而黑。黑白之樸，不足以為辯；名譽之觀，不足以為廣。泉涸，魚相與處於陸，相呴以濕，相濡以沫，不若相忘於江湖。」糠音康。虻音盲。噆，子合反，音匝。憯、慘同，七感反。憤，扶粉反。放，去聲。黔音鈐。觀，去聲。呴音煦。沫音未。

「通昔」，通夕也。「放風而動」，如風之自動也。染緇曰黔夫。鵠白烏黑，稟之自然，豈待於浴黔哉！故黑白之質不足為烏鵠論，仁義之名不足為君子大，呴濡之潤不足為魚活。縱之於江湖，則魚適矣；相忘於道德，則君子大矣。奚以仁義為哉！

孔子見老聃，歸三日不談。弟子問曰：「夫子見老聃，亦將何規哉？」孔子曰：「吾乃今於是乎見龍！龍，合而成體，散而成章，乘乎雲氣而養乎陰陽。予口張而不能嗋，予又何規老聃哉？」子貢曰：「然則人固有尸居而龍見，雷聲而淵默，發動如天地者乎？賜亦可得而觀乎？」遂以孔子聲見老聃。老聃方將倨堂而應，微曰：「予年運而往矣，子將何以戒我乎？」子貢曰：「夫三王五帝之治天下不同，其係聲名一也，而先生獨以為非聖人，如何哉？」老聃曰：「小子少進！子何以謂不同？」對曰：「堯授舜，舜授禹，禹用力而湯用兵，文王順紂而不敢逆，武王逆紂而不肯順，故曰不同。」老聃曰：「小子少進！余語女三王五帝之治天下。黃帝之治天下，使民心一，民有其親死不哭而民不非也。堯之治天下，使民心親，民有為其親殺其殺而民不非也。舜之治天下，使民心競，民孕婦十月生子，子生五月而能言，不至乎孩而始誰，則人始有天矣。禹之治天下，使民心變，人有心而兵有順，殺盜非殺人，自為種而天下耳，是以天下大駭，儒、墨皆起。其作始有倫，而今乎婦女，何言哉！余語女，三皇五帝之治天下，名曰治之，而亂莫甚焉。三皇之知，上悖日月

〔註41〕「耶」，通行本作「邪」。

之明，下睽山川之精，中墮四時之施，其知憯於蠣蠆之尾、鮮規之獸，莫得安其性命之情者，而猶自以為聖人，不可恥乎，其無恥也？」子貢蹴蹴然立不安。嚼音脅。見音現。殺音曬。種音冢。語，去聲。知音智。墮音灰。施，去聲。憯、慘同。蠣音例。蠆，勑邁反。鮮規，舊云明貌。

「何規」，何以進戒也。「嚼」，合也。「聲見老聃」，因孔子為先容也。「年運而往」，自謙老悖也。黃帝之時，民心淳一，民有親死不哭而人無議之者，時無不孝之人。哀至則哭，不哭不為不孝，不非不哭，亦不為失譏。若後世有不哭之譏，故不至哀而強哭，哭以為人，非為親耳。故黃帝之時，不哭不非，皆淳一之民也。堯之時，民心尚親。既尚親，則不可與疏者無倫，而降殺之服起焉。分別既興，而人不非者，以親親為俗故也。舜之時，使民心競，母孕十月而生子，子生五月而能言，去胚胎纔十五月耳，而已有誰何分別之聲，蓋競教而速成故也。速而成者，亦速而死，則人始有天者矣。禹之時，使民心變，於是乎人各有心而兵革興。兵革既興，而順逆分殺人，非盛德事也。而不能無殺，於是有殺盜不為殺之律。明別是非，分析疑似，不能大齊於物，而真淳之樸日漓，畛畦之辯日嚴，人自為類，以為天下耳，非普天一覆之天下也。是以民心日駮，而儒、墨並起。其作始尚有倫類，物我猶同，其末流至不相容，雖鄰不覿。徒黨之分門戶，猶婦女之有室家耳，澆漓之風，尚可言乎？由是觀之，則三皇之智，所以鑿渾沌之竅而啟天下無窮之禍者也。名為治之，實亂之耳，而猶自以為聖人，不可恥乎？子貢本謂老子獨絕三王，欲同之於五帝，乃老子通毀五帝，以及於三王，失其所為談矣，故蹴蹴然立不安焉。

孔子謂老聃曰：「丘治《詩》、《書》、《禮》、《樂》、《易》、《春秋》六經，自以為久矣，孰知其故矣；以奸者七十二君，論先王之道而明周召之跡，一君無所鉤用。甚矣夫！人之難說也，道之難明耶〔註42〕？」老子曰：「幸矣，子之不遇治世之君也！夫六經，先生之陳跡也，豈其所以跡哉！今子之所言，猶跡也。夫跡，履之所出，而跡豈履哉！夫白鶂之相視，眸子不運而風化；蟲，雄鳴於上風，雌應於下風而風化；類自為雌雄，故風化。性不可易，命不可變，時不可止，道不可壅。苟得於道，無自而不可；失焉者，無自而可。」孔子不出三月，復見曰：「丘得之矣。烏鵲孺，魚傳沫，細要者化，有弟而兄啼。久矣夫，丘不與化為人！

〔註42〕「耶」，通行本作「邪」。

不與化為人，安能化人！」老子曰：「可，丘得之矣。」奸音干。夫音扶，篇末同。說音稅。治，去聲。鶃音逆。復，扶又反。傅音附。沫音末。要音腰。

「孰」，古「熟」字。奸、干同。鶃以眸子相視，蟲以鳴聲相應，俱不待合而便生子，故曰風化。鵲居巢內，交尾而表陰陽。魚在水中，傅沫而為牝牡。蜂取桑蟲，祝為己子。是知物性不同，各稟大道，咸率自然，烏可極也。人性亦然。有弟則兄之愛不得不減，失愛則兄悲不得不啼，亦理自然，不可勉強。自然者，化也。久矣，丘之不與化俱也。己不與化俱，而安能化人？必以六經說，非化矣。

刻意第十五　外篇

刻意尚行，離世異俗，高論怨誹，為亢而已矣；此山谷之士，非世之人，枯槁赴淵者之所好也。語仁義忠信，恭儉推讓，為修而已矣；此平世之士，教誨之人，遊居學者之所好也。語大功，立大名，禮君臣，正上下，為治而已矣；此朝廷之士，尊主彊國之人，致功併兼者之所好也。就藪澤，處閒曠，釣魚閒處，無為而已矣；此江海之士，避世之人，閑暇者之所好也。吹呴呼吸，吐故納新，熊經鳥申，為壽而已矣；此道引之士，養形之人，彭祖壽考者之所好也。若夫不刻意而高，無仁義而修，無功名而治，無江海而閒，不道引而壽，無不忘也，無不有也，澹然無極，而眾美從之。此天地之道，聖人之德也。行，下孟反。離，去聲。論，去聲。好，去聲，下同。治，去聲。朝音潮。閒音閑。呴音籲。

刻削志意，高尚其行，為高論以非世者，鮑焦、介推、陳仲子、爰旌目之流是也。韓子曰〔註43〕：「山峻則不高，水激則不深。行礔者，德不厚。志與天地侔者，其為人不祥。鮑焦之為人可謂不祥矣。」語仁義忠信，恭儉推讓為修者，若子夏之居西河，孟子之居鄒，荀卿之居蘭陵是也。語大功，立大名，禮君臣，正上下為治者，如管仲、晏子、樂毅、吳起、申不害之流是也。就藪澤閒曠，釣魚閒處無為者，如巢父、許由之類是也。吹呴呼吸，吐故納新，熊經鳥申為壽者，宛丘、彭祖、青烏公、白石生、陵陽子明之類是也。若夫不刻意而高，無仁義而修，無功名而治，無江海而閒，不導引而壽，莊子自謂也。

〔註43〕韓嬰《韓詩外傳》卷一：「夫山銳則不高，水徑則不深。行礔者，德不厚。志與天地擬者，其為人不祥。鮑焦可謂不祥矣。」

　　故曰：夫恬惔、寂漠、虛無、無為，此天地之平而道德之質也。故曰：聖人休休焉則平易矣，平易則恬惔矣。平易恬惔，則憂患不能入，邪氣不能襲，故其德全而神不虧。故曰：聖人之生也天行，其死也物化；靜而與陰同德，動而與陽同波；不為福先，不為禍始；感而後應，迫而後動，不得已而後起；去知與故，循天之理。故無天災，無物累，無人非，無鬼責。其生若浮，其死若休；不思慮，不豫謀；光矣而不耀，信矣而不期；其寢不夢，其覺無憂；其神純粹，其魂不罷；虛無恬惔，乃合天德。惔、澹並音淡。易音異。去，上聲。覺音教。罷音疲。

　　休，止也。知止則平易，平易則恬惔矣，恬惔則神不虧矣。故聖人之道，純任自然而已。天地無心，心普萬物而無心；聖人無情，情順萬事而無情。寂然而太公，物來而順應。其生其死，其動其靜，一以天自處而已。我不為事，事至而自應；我不為物，物來而自為。去知與事，循天之理，故天人咸宜，神鬼盡服，生死悉可，夢覺皆適也。

　　故曰：悲樂者，德之邪；喜怒者，道之過；好惡者，德之失。故心不憂樂，德之至也；一而不變，靜之至也；無所於忤，虛之至也；不與物交，淡之至也；無所於逆，粹之至也。樂音洛。惡，烏路反。

　　悲樂喜怒哀惡，豈不出於性哉？而更為性累。手足耳目口鼻，豈不出於形哉？而更為形累。妻孥子孫僕妾，豈不出於我哉？而更為我累。性之則無不為吾用，情之則無不為吾累。所貴為天下君者，為能役天下而不為天下役也。所貴乎能役天下者，為能清淨虛無恬惔寂漠而不為事以擾天下也。不能虛無恬惔而能役天下，未之有也。

　　故曰：形勞而不休則弊，精用而不已則勞，勞則竭。水之性，不雜則清，莫動則平，　閉而不流，亦不能清，天德之象也。

　　夫勞精竭形，猶之撓源竭流，其不可必矣。然既曰不動不雜之可已，而又曰「鬱閉而不流，亦不能清」，是尚不可以無動乎？此固學者之所當知也。天二日一周，而未嘗須臾停也；海一潮一汐，而未嘗須臾停也。靜安在哉？惟人亦然。一寤一寐，而未嘗停也。開眼見明，無非動也；擁衾臥矣，而魂猶營營以為夢也。靜安在哉？將為木為石，閉門而靜已乎？若是則無為貴人矣。故水之清，不在於流不流；人之靜，不在於動不動。流水而濁，黃河是也，而天下之流而清者多。河雖濁而不臭，亦清之類也。止水而清者，鮮矣。即有清焉，

恃源而往者也，斯亦流之類也。人之生，日夜相代乎前，而不知其所萌，因任而我無情，夫然後謂之靜。厭動求靜，安得謂之靜乎？故水之清當於流處求之，人之靜當於動處求之。而棄紛屏寂以求靜，何靜之能得？是學者之急務也。

故曰：純粹而不雜，靜一而不變，淡而無為，動而以天行，此養神之道也。夫有干越之劍者，柙而藏之，不敢用也，寶之至也。精神四達並流，無所不極，上際於天，下蟠於地，化育萬物，不可為象，其名為同帝。純素之道，唯神是守。守而勿失，與神為一。一之精通，合於天倫。野語有之曰：「眾人重利，廉士重名，賢士尚志，聖人貴精。」故素也者，謂其無所與雜也；純也者，謂其不虧其神也。能體純素，謂之真人。蟠音盤。

精神四達，並流而不極，至哉！是言天地之所以不毀者以是，而況於人乎！純素之道，唯神是守，約哉！是言天地且不違，而況於人乎！故曰：「天得一以清，地得一以寧。」〔註44〕體道君子，當三復於是言。

按：《莊子》此篇與《學》、《庸》全無異，蓋由中和正傳而得之者。獨其「不為福先，不為禍始，感而後應，迫而後動，不得已而後起」五句微不同，此道家所以有世，奚足為之！論學者諦審焉。

〔註44〕《老子》：「昔之得一者：天得一以清，地得一以寧。」

卷　六

繕性第十六　外篇

繕性於俗學，以求復其初；滑欲於俗思，以求致其明；謂之蔽蒙之民。繕音擅。滑音骨。

人生而靜，天之性也。感於物而動，性之欲也。性自完足，無待於學。善學者，學以率其性可矣。若如俗學，則矯揉之智爾。以是求復其初，賊已甚，去之不愈遠乎？情本順施，無待於思。善思者，思當其理可矣。若如俗思，則揣摩之智爾。以是求致其明，放析已甚，去之不愈遠乎？故謂之蔽蒙之民。「繕性於俗」下，郭本又有一「俗」字，廣本無之。余觀文勢，宜無此字。「滑欲於俗」，一作「滑欲於欲」，亦非。

古之治道者，以恬養知。生而無以知為也，謂之以知養恬。知與恬交相養，而和理出其性。夫德，和也；道，理也。德無不容，仁也；道無不理，義也；義明而物親，忠也；中純實而反乎情，樂也；信行容體而順乎文，禮也。禮樂徧行，則天下亂矣。彼正而蒙已德，德則不冒，冒則物必失其性也。治，平聲。知音智。夫音扶。

古之治道者，恬淡平夷而神明自照，謂之以恬養知。又率性而生，無用知有為之跡，謂之以知養恬。知與恬交相養，是故無知而知，知而不知；無為而為，為而不為。大用顯著，而本體不虧，無所於忤，無所於逆，和之至也。一之精通合於天，倫理之至也。和理出於其性矣，和故謂之德，理故謂之道。道德之名於是乎出。德則際天蟠地，化育萬物，故謂之仁。道則四達並流，接而

生時於心，故謂之義。義則心見於外，而物來附之，則有忠實之名。中心純實，而反其自得之情，則有樂之名。信行於容體之間，而順乎自然之節文，則有禮之名。夫此曰仁曰義曰忠曰樂曰禮云者，皆從道德中來。雖本降而為末，而不溺於末，故足尚也。世俗之所謂禮樂者，則一體之所履，一志之所樂，華藻之具，荒滛之器，而與和理不相干。此則禮樂之芻狗爾。故天下從此亂矣。彼群生者，莫不各正其性命而自蒙己德，不必以此而冒彼也。必為德以冒之，使人各棄己而從於我，安得不失其性哉！

古之人，在混芒之中，與一世而得澹漠焉。當是時也，陰陽和靜，鬼神不擾，四時得節，萬物不傷，群生不夭，人雖有知，無所用之，此之謂至一。當是時也，莫之為而常自然。逮德下衰，及燧人、伏戲始為天下，是故順而不一。德又下衰，及神農、黃帝始為天下，是故安而不順。德又下衰，及唐虞始為天下，興治化之流，澆淳散樸，離道以善，險德以行，然後去性而從於心。心與心識，知而不足以定天下，然後附之以文，益之以博。文滅質，博溺心，然後民始惑亂，無以反其性情而復其初。由是觀之，世喪道矣，道喪世矣，世與道交相喪也。道之人何由興乎世，世亦何由興乎道哉！道無以興乎世，世無以興乎道，雖聖人不在山林之中，其德隱矣。隱，故不自隱。混、昏，上聲。戲、羲同。澆音驕。以行，下孟反。知音智。喪，息浪反，下同。

在昔三皇以來，玄古無號之君，在混沌茫昧之中，與一世同其澹漠。當是時也，安所用其知哉！此之謂至一。至燧人、伏羲不能無為，始取天下而為之矣，故天下以為順帝之則，而不復與道一矣。至神農、黃帝又取天下而為之矣，故天下僅僅不危爾，而去順又遠矣。又至唐虞取天下而為之，不務其源而興其流，離析道之名而稱某善某善，險敗德之名而稱某行某行，然後去其真樸之性，而從事於有覺之心。心與心識，謀慮競起，而知不足以定之，然後多為之容餙，廣為之文章，增為之簡策，煩為之制度，所謂「已而為知者，殆而已矣」。於是本質埋湮，而心靈墊溺，使天下貿貿惑亂，而無以反其性情之初，於是道與世始兩相夫而不附。道自道，不可用於世；世自世，不復由夫道。故世指道為方外，而道詆世為俗塵，戛戛乎不入也。若是則聖人雖遊於朝市，而無所用之，與山林何以異哉！故曰「其德隱矣」。惟德隱於世，而至人之名亦顯。若玄古以前，舉世皆至人也，誰稱至人者哉！

古之所謂隱士者，非伏其身而弗見也，非閉其言而不出也，非藏其知而不發也，時命大謬也。當時命而大行乎天下，則反一無跡；不當時命而大窮乎天下，則深根寧極而待，此存身之道也。見音現。知音智，下同。

承上文，遂論隱。古所謂隱士者，非謂隱其身也，非謂隱其言與知也。適與時命相左，而無由興其道於天下，故稱隱也。當時命而大行乎天下，則反歸太一之途，而混然大同，登斯世於羲、燧之前矣。不當時命而大窮乎天下，則深藏其本，寧定其性，而待時之至然後行。雖在市朝，人孰窺其際哉！此至人之所以遊於人間世而存身之道也。

古之存身者，不以辯飾知，不以知窮天下，不以知窮德，危然處其所而反其性已，又何為哉？道固不小行，德固不小識，小識傷德，小行傷道。故曰：正己而已矣。樂全之謂得志。樂音洛，下同。

承上文，因論存身。古之存身者，不以浮華辯言而顯餘其知慧。知自知爾，何用昭昭然示人哉！餘知則外將以繁多之跡毒天下，而內亦累其道德之和，故不為也。第危然獨居其所，而反其性真。已矣，夫何為哉！蓋餘知者，棄大而從於小者也。大道蕩蕩而不小行，至德巍巍而不小識，小識小行，虧損道德之由也。是故至人不務，務正己而已矣。正己者，自得而已矣。自得者，樂全而已矣。

古之所謂得志者，非軒冕之謂也。謂其無以益其樂而已矣。今之所謂得志者，軒冕之謂也。軒冕在身，非性命也，物之儻來，寄〔註1〕也。寄之，其來不可圉，其去不可止。故不為軒冕肆志，不為窮約趨俗，其樂彼與此同，故無憂而已矣。今寄去則不樂。由是觀之，雖樂，未嘗不荒也。故曰：喪己於物，失性於俗者，謂之倒置之民。儻，吐黨反。圉音雨。為音位。

因上文論得志。古之人不為軒冕所榮而縱慾敗度，不為窮約所窘而競俗求容，其樂窮約與樂軒冕同。若以寄去而不樂，則其所謂樂軒冕者，樂荒淫而已矣，非自得之樂也。故曰「喪己於物」。而失其性於俗學俗思之務者，謂之倒置之民。

〔註1〕「寄」，光裕堂刻本誤作「奇」。

秋水第十七　外篇

　　秋水時至，百川灌河，涇流之大，兩涘渚崖之間，不辨牛馬。於是焉河伯欣然自喜，以天下之美為盡在己。順流而東行，至於北海，東面而視，不見水端。於是焉河伯始旋其面目，望洋向若而歎曰：「野語有之曰，聞道百以為莫己若者，我之謂也。且夫我嘗聞少仲尼之聞而輕伯夷之義者，始吾弗信；今我睹子之難窮也，吾非至於子之門，則殆矣，吾長見笑於大方之家。」北海若曰：「井蠹不可以語於海者，拘於虛也。夏蟲不可以語於冰者，篤於時也。曲士不可以語於道者，束於教也。今爾出於崖涘，觀於大海，乃知爾醜，爾將可與語大理矣。涇音經。涘音俟。虛音墟。

　　天秋多雨，百穀之水皆灌注於黃河，通流盈滿兩涯之間，遠不可辯牛與馬。「涇」，通也。「涘」，崖也。「涯」，際也。「渚」，洲也。水中可居曰洲也。「河伯」，河神馮夷也。「旋」，回也。「洋」，海瀾也。「若」，海神也。「虛」，小空也。「篤」，困也。

　　天下之水，莫大於海，萬川歸之，不知何時止而不盈；尾閭泄之，不知何時已而不虛；春秋不變，水旱不知，此其過江河之流，不可為量數。而吾未嘗以此自多者，自以比形於天地，而受氣於陰陽，吾在於天地之間，猶小石、小木之在大山也。方存乎見少，又奚以自多！計四海之在天地之間也，不似礨空之在大澤乎？計中國之在海內，不似稊米之在太倉乎？號物之數謂之萬，人處一焉；人卒九州，穀食之所生，舟車之所通，人處一焉，此其比萬物也，不似豪末之在於馬體乎？五帝之所連，三王之所爭，仁人之所憂，任士之所勞，盡此矣。伯夷辭之以為名，仲尼語之以為博，此其自多也，不似爾向之自多於水乎？」泄音屑。量音亮。比音婢。大音泰。礨音礨。空音孔。稊音蹄。處，上聲。

　　「尾閭」，泄海之所。海水沃之即焦，亦名沃焦。「礨空」，蟻穴也。「稊」，草似稗而米甚細。「號物之數謂之萬」，物不止萬而名物則云萬也。「卒」，眾也。九州穀實之所養，舟車之所載，其人卒不知幾億萬，而斯人處其一也。蓋天地之中有四海，四海之中有中國，中國之中有萬物，萬物之中有人，人之中有我，至微細矣。取而譬之，如大澤之中有礨空，礨空之中有太倉，太倉之中有稊米，稊米之中有馬，馬之中有豪末也。而五帝之所揖讓、三王之所征伐、仁人任士之所憂勞，不出此豪末中矣。伯夷辭此豪末以為名，仲尼語此豪末以為博，此

其自多也，不似爾之多秋水乎？

　　河伯曰：「然則吾大天地而小豪末，可乎？」北海若曰：「否。夫物，量無窮，時無止，分無常，終始無故。是故大知觀於遠近，故小而不寡，大而不多，知量無窮；證曏今故，故遙而不悶，掇而不跂，知時無止；察乎盈虛，故得而不喜，失而不憂，知分之無常也；明乎坦塗，故生而不說，死而不禍，知終始之不可故也。計人之所知，不若其所不知；其生之時，不若未生之時；以其至小，求窮其至大之域，是故迷亂而不能自得也。由此觀之，又何以知豪末之足以定至細之倪？又何以知天地之足以窮至大之域？」分，去聲。大知音智。曏音向。掇，專劣反。說音悅。

　　河伯曰：「據子所言，則天地大，豪末小矣。以此定大小之名，可乎？」北海若曰：「不可。夫〔註2〕物之器量無窮，隨其所受之多寡而不見其盈溢；物之時運無止，隨其所遇之久暫而不見其斷際；物之地位無常，隨其所寓之貴賤而不見其定在；物之終始無端，隨其所變之生死而不見其新故。是故大知之士觀遠察近，則知小不為寡，稱情即為至足，大不為多，取適不在有餘，知量之無窮也；證今明古，則知萬古即一日，不必厭其久活，一日即萬古，亦不慕夫長生，知時之無止也；察乎盈虛，則知得亦倘然不足以為欣，失亦倘然不足以為戚，知分之無常也；明乎坦塗，則知生非吾生，新吾即故吾；死非吾死，故吾即新吾，知終始之無故也。計人之所知於萬億無數物中，無一二爾；計人之生時於萬億無數劫中，無須臾爾。而欲持此至小，窮彼至大，故精搖意喪，卒不可得。然則豪末果可以定至細，而天地果可以窮至大乎？安知不有細於豪末而大於天地者哉！」

　　河伯曰：「世之議者皆曰：『至精無形，至大不可圍。』是信情乎？」北海若曰：「夫自細視大者不盡，自大視細者不明。夫精，小之微也；垺，大之殷也。故異便，此勢之有也。夫精粗者，期於有形者也；無形者，數之所不能分也；不可圍者，數之所不能窮也；可以言論者，物之粗也；可以意致者，物之精也；言之所不能論，意之所不能察致者，不期精粗焉。垺音孚。

　　河伯曰：「豪末不足以定至細之倪，則世謂至精無形，可以定至細之倪否？天地不足以窮至大之域，則世謂至大不可圍，可以窮至大之域否？是信實

─────────────────

〔註2〕「夫」，光裕堂刻本誤作「失」。

乎？」北海若曰：「人之目力有所極，而不能入無窮也。從大視大，庶幾可盡。從細視大，則目力幾何而能盡其宏遠之勢，如蠡測海是也。從細視細，庶幾可明。從大視細，則目力粗略，而不能精密分明，如鵬視下是也。精之為言，言乎其小之小也；垺之為言，言乎其大之大也。此猶異質而可辨。何則？未離於有境而非無義故也。若夫無形，則雖窮天下之數，不能復分矣；不可圍，則雖窮天下之數，不可復加矣。此則不以形勢言，而但以名數言；不以目力得，而但以心意致。若可以盡其形容矣。顧人之言說亦有所極，而不能入無窮，可以言說得者，猶物之粗法也；人之心意亦有所極，而不能入無窮，可以心意得者，猶物之精法也。不離於法，猶不足以盡至精至大之說也。至於言之所不能論，意之所不能致，神口無所開其喉，靈照無所庸其光，若此者，然後不可以精粗論，直無而已。無極之外復無極，無盡之外復無盡，而不知無極無盡也，然後可以盡無形與不可圍之說也。此物情也，此道體也。」

是故大人之行，不出乎害人，不多仁思；動不為利，不賤門隸；貨財弗爭，不多辭讓；事焉不借人，不多食乎力，不賤貪污；行殊乎俗，不多辟異；為在從眾，不賤佞諂；世之爵祿不足以為勸，戮恥不足以為辱；知是非之不可為分，細大之不可為倪。聞曰：『道人不聞，至德不得，大人無己。』約分之至也。」行，下孟反，下同。為利，去聲。辟音僻。約分，去聲。

大人知道無不在，在即非道，故應跡無常而不離於宗。量等乾坤，何所不愛，而亦未嘗以仁愛自多。無不仁，亦無仁也。高尚其事，未嘗為利，又混同榮辱，雖守門隸，而不自以為賤。無不潔，亦無潔也。寡欲知足，豈爭貨利，而亦不以辭讓為多。無不讓，無讓也。適可而止，不借人以興功，不多食人之力，而亦不避貪污之名。無不廉，無廉也。不染世塵，皎皎與俗殊矣，而又和光同塵，不多辟異。無不異，無異也。為在從眾，未嘗專己，而又自然正直，非賤佞諂。無不可，無可也。世之爵祿不足以為勸，世之戮辱不可以為阻，不可得而榮，不可得而辱，不可得而親，不可得而疏，為行如此。蓋知是非之不可分，細大之不可倪，混然齊同而無跡可尋也。故曰「道人不聞，至德不得，大人無己」。蓋無是非細大之分，而約之以至於極，惟極乎無形與不可圍故然也。

河伯曰：「若物之外，若物之內，惡至而倪貴賤，惡至而倪小大？」北海若曰：「以道觀之，物無貴賤；以物觀之，自貴而相賤；以俗觀之，

貴賤不在己。以差觀之，因其所大而大之，則萬物莫不大；因其所小而小之，則萬物莫不小。知天地之為稊米也，知豪末之為丘山也，則差數覩矣。以功觀之，因其所有而有之，則萬物莫不有；因其所無而無之，則萬物莫不無。知東西之相反而不可以相無，則功分定矣。以趣觀之，因其所然而然之，則萬物莫不然；因其所非而非之，則萬物莫不非。知堯、桀之自然而相非，則趣操覩矣。昔者堯、舜讓而帝，之、噲讓而絕；湯、武爭而王，白公爭而滅。由此觀之，爭讓之禮，堯、桀之行，貴賤有時，未可以為常也。梁麗可以衝城，而不可以窒穴，言殊器也；騏驥驊騮日而馳千里，捕鼠不如狸狌，言殊技也；鴟鵂夜撮蚤，察毫末，晝出瞋目而不見丘山，言殊性也。故曰：『蓋師是而無非，師治而無亂乎？』是未明天地之理，萬物之情者也；是猶師天而無地，師陰而無陽，其不可行明矣。然且語而不捨，非愚則誣也。帝王殊禪，三代殊繼。差其時，逆其俗者，謂之篡夫；當其時，順其俗者，謂之義之徒。默默乎河伯，女惡知貴賤之門、小大之家！」惡音烏，下同。以差、差數，義茲反。功分音憤。操，平聲。噲音快。王，去聲。之行，下孟反。狌音生。捨，上聲。

河伯曰：「如汝所言，是非不可分，小大不可倪，則無貴賤小大矣。然滿目前無非貴賤，無非小大，此貴賤小大為在物之內乎？為在物之外乎？從何處定？」北海若曰：「以道眼觀物，物無貴賤，貴賤一也。天之生賤與其生貴同，道之寄賤與其寄貴同，無定也。以物情觀物，莫不以在己者為貴，以在人者為賤，亦無定也。以俗趨觀，物時貴時賤，如市價之低昂，不由駔儈不爾；又物貴物賤，如名利之榮辱，不由人情不爾；此亦無定也。以品級觀之，則無大小之可言，因人所欲大而大之，則萬物莫不大；因人所欲小而小之，則萬物莫不小。如豪末本小，謂與丘山同大亦得，以性足故；天地本大，謂與稊米同小亦得，以性無餘故，本無定也。以績業觀之，則無有無之可言。因人所欲有而有之，則萬物莫不有；因人所欲無而無之，則萬物莫不無。如東西相反，本無功也，然非東無以形西，非西無以形東。謂之有功亦可，故曰功分定，實無定也。以好尚觀之，則無是非之可言。因人之所是而是之，則萬物莫不是；因人之所非而非之，則萬物莫不非。如堯以堯為是，桀為非；桀以桀為是，堯為非。知堯、桀之自是而相非，可見萬物情趣皆如此，亦無定也。故均一讓而或帝或絕，均一爭而或王或滅，吾安知爭者是而讓者非乎？讓者是而爭者非乎？各是其是，各非其非，各貴其貴，各賤其賤，存乎其時，不可定也。譬梁麗工於衝城

而拙於窒穴，騏驥長於千里而短於捕鼠，鴟鵂能於夜而不能於晝，無定也。若從是而違非，從治而違亂，猶從天而違地，從陰而違陽，皆滯色相，徇人我之見，與道不相應。故曰『汝惡知貴賤之門、小大之家』。」

河伯曰：「然則我何為乎，何不為乎？吾辭受趣舍，吾終奈何？」北海若曰：「以道觀之，何貴何賤，是謂反衍；無拘而志，與道大蹇。何少何多，是謂謝施，無一而行，與道參差。嚴乎若國之有君，其無私德；繇繇乎若祭之有社，其無私福；泛泛乎其若四方之無窮，其無所畛域。兼懷萬物，其孰承翼？是謂無方。萬物一齊，孰短孰長？道無終始，物有死生，不恃其成。一虛一滿，不位乎其形。年不可舉，時不可止。消息盈虛，終則有始。是所以語大義之方，論萬物之理也。物之生也，若驟若馳。無動而不變，無時而不移。何為乎，何不為乎？夫固將自化。」趣舍音取捨。行，下孟反。參，初林反。差，初宜反。畛音軫。

河伯曰：「如汝所言，則貴賤既無門，小大既無家，是非治亂咸無定矣。我之辭受趣舍必有所出，不能兩行也。終當奈何？」北海若曰：「以道觀之，本無貴賤。貴賤之名，從反覆尋衍而得。子毋拘執一定，妄加貴賤於其間，今〔註3〕與虛通大道蹇塞而不夷也，本無多少。多少之名，從代謝施用而起，子毋拘執一定，妄加多少於其間，令與變化之道參差而不齊也。必如國君之無德，若神明之無福，若天地四方之無窮域，兼懷萬物，無私嫗翼，是謂無方之大德。萬物之理一也，初無短長。大道無終始也，而物則有死生。死生者，無窮之一變爾，非終始也。成之與毀，相為對待。子毋恃其成，一虛一滿，惟其化之所之，而不守其一形。年有壽夭，時有延促，其來不可舉而令之去，其去不可止而令之住。消息盈虛，終則有始，循理直前，無勞措意，是所以語大義之方，論萬物之理也。萬物之變，流動無常，安而待之，必將自化，何勞措意於其間哉！」

河伯曰：「然則何貴於道邪？」北海若曰：「知道者必達於理，達於理者必明於權，明於權者不以物害己。至德者，火弗能熱，水弗能溺，寒暑弗能害，禽獸弗能賊。非謂其薄之也，言察乎安危，寧於禍福，謹於去就，莫之能害也。故曰：『天在內，人在外，德在乎天。』知天人之

〔註3〕「令」，光裕堂刻本誤作「今」。依下句「令與變化之道參差而不齊也」例，作「令」為是。

行，本乎天，位乎得，蹢躅而屈伸，反要而語極。」曰：「何謂天？何謂
人？」北海若曰：「牛馬四足，是謂天；落馬首，穿牛鼻，是謂人。故
曰：無以人滅天，無以故滅命，無以得殉名。謹守而勿失，是謂反其真。」
行，下孟反。蹢躅音擲濁。落絡同。

　　河伯曰：「道之所貴於天下者，為其為萬物極也。如子之言，直任物耳，
道於是乎失其操矣。然則何貴於道而尊之邪？」北海若曰：「知道者必達於理，
達於理者必明於權。明於權者遇物之來，不著不滯，應而無跡，過而弗有，必
不以外物而害己之真，故至德者遊於物而物不能傷，非謂其迫之也。迫水必溺，
迫火必焚，迫寒暑必害，迫禽獸必賊，豈有幸哉！言察乎安危，定乎禍福，謹
乎去就，而莫使其能害己也，此不著不滯之效也。故曰：天在內，人在外。天
者，人之本然，率性而有者也，故在內。人者，人之不得不然，因感而用者也，
故在外。所謂德者，謂其得夫天也，非謂其得夫人也。非不得夫人，奉天而行
之於人也。故知天人之行者本乎天，得乎德，蹢躅而不可定，屈伸而不可常，
是故可以反大道之要而語真常之極矣。此所以貴夫道也。」河伯曰：「何謂天？
何謂人？」曰：「凡天生自然者謂之天，人為不自然者謂之人。如牛馬四足為
天，絡馬首，穿牛鼻為人。顧穿絡雖在於人，而可穿可絡，不知其所以然而然
者，亦謂之天。因天命而施人事則可，以人事而滅天命不可，故曰：無以人滅
天，無以故滅命。得此則謂之德。德者，自得之謂，非名為得之謂也。若以得
而徇名，不謂之德矣。既得其得，謹守而勿失，則天命皆我，是謂反其真。」
《中庸》開卷言「天命之謂性」，有人言孟子親受業於子思之門，其解曰：「莫
之為而為者，天也；莫之致而至者，命也。」此解「天命」二字甚顯。審如此，
則與莊子所稱天命何異？要之，大義原不出此，學者其諦思之。以上《秋水》
一篇，總是一意反覆，有矩度可誦。又曰：莊子此種議論，其詳見於《齊物論》
中，大與吾儒不同。吾儒言事事物物各有定理，須好問好察而用其中，所以說
「無適無莫」，又說「義之與比」〔註4〕，故有精義之功，不免於分別。莊則不
然，只要不著不滯，無適無莫而已，更不論義。此論是「發揮喜怒哀〔註5〕樂
未發之謂中」一句，所以謂之性命宗。不免語上而遺下，然合於天道矣，是曾
點之流，見其大者。佛氏之學亦如此。

　　夔憐蚿，蚿憐蛇，蛇憐風，風憐目，目憐心。夔謂蚿曰：「吾以一足

〔註4〕《論語・里仁》：「君子之於天下也，無適也，無莫也，義之與比。」
〔註5〕「哀」，光裕堂刻本誤作「衰」。

跂踔而行，予無如矣。今子之使萬足，獨奈何？」蚿曰：「不然。子不見
夫唾者乎？噴則大者如珠，小者如霧，雜而下者不可勝數也。今予動吾
天機，而不知其所以然。」蚿謂蛇曰：「吾以眾足行，而不及子之無足，
何也？」蛇曰：「夫天機之所動，何可易邪？吾安用足哉！」蛇謂風曰：
「予動吾脊〔註6〕脅而行，則有似也。今子蓬蓬然起於北海，蓬蓬然入
於南海，而似無有，何也？」風曰：「然。予蓬蓬然起於北海而入於南海
也，然而指我則勝我，踏我亦勝我。雖然，夫折大木，蜚大屋者，惟我
能也，故以眾小不勝為大勝也。為大勝者，惟聖人能之。」蚿音玄。跂，
勑甚反。踔，勑角反。唾，上臥反。噴，普悶反。踏音促。折音哲。蜚、飛同。

「憐」者，愛尚之名。「夔」，一足獸。「蚿」，百足蟲也。夔以多足企少足，
故憐蚿。蚿以有足羨無足，故憐蛇。蛇以有形企無形，故憐風。風以有行企不
行，故憐目。目以形用企神用，故憐心。天地萬物皆稟自然，明闇有無，無勞
企羨，放而任之，自合玄道。倒置之徒，妄心希慕，故舉夔等以明天機之妙理
也。「跂踔」，跳擲也。夔曰：「我以一足跳擲而行，簡易無我如矣。今子駈馳
萬足，豈不勞哉？」蚿曰：「不然。夫唾而噴者，實無心於大小，而小大之跡
自分。或如珠，或如霧，散雜而下，其數難舉，天機也。今我眾足乃天機之自
張，有同唾噴耳，豈我能行之哉！」蚿謂蛇曰：「吾以眾足行而遲，子無足而
速，何也？」蛇曰：「夫天機之所動，何可易邪？吾安用足哉！」郭子玄曰〔註
7〕：「物之生也，非知生而生也。則生之行也，豈知行而行哉！足不知所以行，
目不知所以見，心不知所以知，倏然無心而自得矣。遲速之節，聰明之鑒，或
能或否，皆非我也。或〔註8〕者欲有其身而矜其能，所以逆其天機而蕩其神器
也。」蛇謂風曰：「予雖無足而行，猶有象也。子無象而鼓動無方，何哉？」
風曰：「予雖鼓動無方哉，顧人以手指撝我，我即不能折；以足踏踏我，我亦
不能折。不能勝人也。恣其天機，無所與爭也。雖然，時而飇起，折大木、飛
大屋者，惟我能也。此以眾小不勝為大勝也。譬達觀之士，穢跡揚波，混愚智

〔註6〕「脊」，光裕堂刻本誤作「春」。
〔註7〕郭《注》：「物之生也，非知生而生也。則生之行也，豈知行而行哉！故足不知
　　　所以行，目不知所以見，心不知所以知，倏然而自得矣。遲速之節，聰明之鑒，
　　　或能或否，皆非我也。而惑者因欲有其身而矜其能，所以逆其天機而傷其神器
　　　也。至人知天機之不可易也，故捐聰明，棄知慮，魄然忘其所為而任其自動，
　　　故萬物無動而不逍遙也。」
〔註8〕「或」，郭《注》作「惑」。

於群小之間，泯是非於囂塵之內，而亭毒蒼生，造化區宇，同二像之覆載，等三光之照燭，御六氣之正變，遨飛龍於無窮，所勝孰大哉！非聖人其孰能之？」「蓬蓬」，風聲。「踔」，蹴踏也。一作「鰌」，為藉蓋之義。

　　孔子游於匡，宋人圍之數匝，而絃歌不輟。子路入見，曰：「何夫子之娛也？」孔子曰：「來，吾語汝。我諱窮久矣，而不免，命也；求通久矣，而不得，時也。當堯、舜而天不無窮人，非知得也；當桀、紂而天下無通人，非知失也。時執適然。夫水行不避蛟龍者，漁父之勇也；陸行不避兕虎者，獵夫之勇也；白刃交於前，視死若生者，烈士之勇也；知窮之有命，知通之有時，臨大難而不懼者，聖人之勇也。由，處矣！吾命有所制矣！」無幾何，將甲者進，辭曰：「以為陽虎也，故圍之。今非也，請辭而退。」匡，子合反。見音現。語，去聲。知得知失，音智。父音甫。兕音似。難，乃旦反。處，上聲。

　　命非己制，雖彼蒼亦豈能制命哉！固有制之者，吾無為用心也。安於命，非中智以下事，唯聖人能之。

　　公孫龍問於魏牟曰：「龍少學先王之道，長而明仁義之行；合同異，離堅白；然不然，可不可；困百家之知，窮眾口之辯，吾自以為至達已。今吾聞莊子之言，汒焉異之。不知論之不及與？知之弗若與？今吾無所開吾喙，敢問其方。」公子牟隱機大息，仰天而笑曰：「子獨不聞夫埳井之鼃乎？謂東海之鱉曰：『吾樂與！吾跳樑乎井幹之上，入休乎缺甃之崖；赴水則接掖持頤，蹶泥則沒足滅跗；還虷、蟹與科斗，莫吾能若也。且夫擅一壑之水，而跨跱埳井之樂，此亦至矣。夫子奚不時來入觀乎？』東海之鱉左足未入，而右膝已縶矣。於是逡巡而卻，告之海曰：『夫千里之遠，不足以舉其大；千仞〔註9〕之高，不足以極其深。禹之時，十年九潦，而水弗為加益；湯之時，八年七旱，而崖不為加損。夫不為頃久推移，不以多少進退者，此亦東海之大樂也。』於是埳井之鼃聞之，適適然驚，規規然自失也。且夫知不知是非之竟，而猶欲觀於莊子之言，是猶使蚉負山，商蚷馳河也，必不勝任矣。且夫知不知論極妙之言，而自適一時之利者，是非埳井之鼃與？且彼方跐黃泉而登大皇，無南無北，奭然四解，淪於不測；無東無西，始於玄冥，反於大通。子乃規規然而

〔註9〕「仞」，光裕堂刻本誤作「仍」。

求之以察，索之以辯，是直用管闚天，用錐指地也，不亦小乎？子往矣！且子獨不聞夫壽陵餘子之學行於邯鄲與？未得國能，又失其故行矣，直匍匐而歸耳。今子不去，將忘子之故，失子之業。」公孫龍口呿而不合，舌舉而不下，乃逸而走。少，去聲。長，上聲。行，下孟反。知音智。茫音芒。與音余。喙音諱。隱音印。大音太。埳音坎。黿音蛙。樂音洛。幹，古旦反，亦音韓。甃，側救反，音縐。跗音附。還音旋。虷音寒。縶音執。潦音老。為，去聲。知音智，下同。竟音境，下同。蚷音巨。勝音升。跐音此。大音太〔註10〕。奭音釋。解音蟹。索，所白反。匐，蒲北反。呿音去。

公孫龍徒以口舌勝人耳。堅白、同異，大抵如《天下篇》惠子之術，於道無一當者。「喙」，口也。「埳井」，淺井。「蛙」，蝦蟆。「幹」，井欄。「甃」，井中累塼。「跗」，腳趺。「還」，顧視。「虷」，井中赤蟲。「科斗」，蝦蟆子。「腋」，臂下。「頤」，口下。「縶」，拘。「商蚷」，馬蚿也。「呿」，開也。

莊子釣於濮水，楚王使大夫二人往先焉，曰：「願以境內累矣。」莊子持竿不顧，曰：「吾聞楚有神龜，死已三千歲矣，王巾笥而藏之廟堂之上。此龜者，寧其死為留骨而貴乎？寧其生而曳尾於塗中乎？」二大夫曰：「寧生而曳尾塗中。」莊子曰：「往矣！吾將曳尾於塗中。」濮音卜。笥音似。

陶隱居畫二牸牛以答詔，一拘窘於鞭繩，一優游於水草，亦此意。〔註11〕先焉，謂宣其言也。藏之以笥，覆之以巾，曰巾笥。

惠子相梁，莊子往見之。或謂惠子曰：「莊子來，欲代子相。」於是惠子恐，搜於國中三日三夜。莊子往見之，曰：「南方有鳥，其名鵷鶵，子知之乎？夫鵷鶵發於南海而飛於北海，非梧桐不止，非練實不食，非醴泉不飲。於是鴟得腐鼠，鵷鶵過之，仰而視之曰：『嚇！』今子欲以子之梁國而嚇我邪？」相，去聲。鵷音冤。

「搜於國中」，索而逐之也。「練實」，竹實也。

莊子與惠子游於濠梁之上。莊子曰：「儵魚出遊從容，是魚樂也。」

〔註10〕「太」，光裕堂刻本誤作「久」。
〔註11〕褚伯秀《南華真經義海纂微》卷五十五《秋水第五》：
　　　　莊子辭召，以神龜為喻，義甚真切。蓋賢才之士，為國排難圖治，實有賴焉，而功成患集，身或不免，猶龜能靈於人也。昔陶隱居畫二牸牛以答詔，一拘窘於鞭繩，一優游於水草，亦此意。

惠子曰：「子非魚，安知魚之樂？」莊子曰：「子非我，安知我不知魚之樂？」惠子曰：「我非子，固不知子矣。子固非魚也，子之不知魚之樂，全矣。」莊子曰：「請循其本。子曰『女安知魚樂』云者，既已知吾知之，而問我，我知之濠上也。」鰷音條。從音聰。樂音洛。

　　「循其本」，反其初言也。言多則失，其本意必反其本而後得言之情。汝之初不曰女不知魚之樂而曰女安知魚之樂，是既已知吾知之而問我也。昔之昭然者，神告之矣，今反為不神者求耶？我之知魚，正知之此濠上耳。天地萬物，一氣潛通，子非我而知我，我非魚而知魚，豈形骸之所能隔，豈方類之所能礙，觸目而理自流，舉念而意自得，矢口而言自冥矣。子不必為我而後知我，我豈待為魚而後知魚哉？知之濠上，猶言知之此處，言不遠也。詞鋒圓妙，語絕意盡，惠子可與微言，辨壘旋破。「濠」，水名。石絕水曰梁。全謂全不知也。李元卓曰〔註12〕：「物之所同者，同乎一。一之所同者，同乎道。凡森布於貌象聲色之間者，無不具此。一性之分充足無餘，一天之遊逍遙無累，物與我咸有焉。惟契物我之知者，不期知而知其妙，此莊子所以知魚樂也。若夫出而揚，遊而泳，無濡沫之涸，無網罟之患，從容乎一水之中者，將以是為魚之樂乎？以是為樂，《齊諧》且知之矣，又奚待周而後知乎！昔人嘗言之矣：『眼如耳，耳如鼻，鼻如口，無不同也』〔註13〕，在我者蓋如也。視死如生，視富如貧，視周如魚，視人如豕，視我如人，在物者蓋如也。如則物物皆至，遊無非妙處，奚獨濠梁之上也哉！如則物物皆真，樂無非天和，奚獨鰷魚之樂也哉！」

至樂第十八　外篇

　　天下有至樂無有哉？有可以活身者無有哉？今奚為奚據？奚避奚處？奚就奚去？奚樂奚惡？夫天下之所尊者，富、貴、壽、善也；所樂者，身安、厚味、美服、好色、音聲也；所下者，貧賤、夭惡也；所苦者，身不得安逸，口不得厚味，形不得美服，目不得好色，耳不得音聲。若不得者，則大憂以懼，其為形也亦愚哉！夫富者，苦身疾作，多積財而不得盡用，其為形也亦外矣。夫貴者，夜以繼日，思慮善否，其為形也亦疏矣。人之生也，與憂俱生。壽者惛惛，久憂不死，何之苦也！其為形也亦遠矣。列士為天下見善矣，未足以活身。吾未知善之誠善邪，

〔註12〕見李元卓《莊列十論》。
〔註13〕見《列子·黃帝第二》。

誠不善邪？若以為善矣，不足活身；以為不善矣，足以活人。故曰：「忠諫不聽，蹲循勿爭。」故夫子胥爭之，以殘其形；不爭，名亦不成。誠有善無有哉？今俗之所為與其所樂，吾又未知樂之果樂邪，果不樂邪？吾觀夫俗之所樂，舉群趣者，誙誙然如將不得已，而皆曰樂者，吾未之樂也，亦未之不樂也。果有樂無有哉？吾以無為誠樂矣，又俗之所大苦也。故曰：「至樂無樂，至譽無譽。」天下是非果未可定也。雖然，無為可以定是非。至樂活身，唯無為幾存。請嘗試言之：天無為以之清，地無為以之寧，故兩無為相合，萬物皆化。芒乎芴乎，而無從出乎！芴乎芒乎，而無有象乎！萬物職職，皆從無為殖。故曰：「天地無為也而無不為也。」人也孰能得無為哉！樂音洛，篇內皆同。處，上聲。惡，烏路反。惛音昏。蹲音存。誙音阬。芒芴音荒忽，下同。

　　天下有至樂者無有哉？天下之所尊者，富、貴、壽、善也，安逸、厚味、美服、好色、音聲也。然求聲色臭味而不得，則大憂以懼，此更以其所樂者為累矣。富貴者多事而不得息，壽者久憂而不得休，列士徇善以殺其身，此又以其所樂者為累矣。若是而果可謂之樂哉？既謂之樂，人宜懽忻鼓舞以往也。吾觀世之為富貴名壽者，皆誙誙焉如趨死地而出於不得已之狀，然猶曰樂，吾未信其為樂。若我之所為樂者，則在無為，而俗又以為苦也。孰是孰非，果何所定哉？雖然，天下無不以有為殺身者，而惟無為足以活身，無為之為至樂，明矣。天以無為故清，地以無為故寧，天地以無為合，故慌惚變化而萬物生。無為者，無不為也，可不謂至樂哉！無為者，天地之道也，人與天地遠矣，其孰能無為哉？「忠諫勿聽，蹲循勿爭」，言不聽則勿瀆耳。「誙」與「硜」同，硜硜也。「職職」，繁殖貌。

　　莊子妻死，惠子弔之，莊子則方箕踞鼓盆而歌。惠子曰：「與人居，長子、老、身死，不哭亦足矣，又鼓盆而歌，不亦甚乎！」莊子曰：「不然。是其始死也，我獨何能無概！然察其始而本無生，非徒無生也而本無形，非徒無形也而本無氣。雜乎芒芴之間，變而有氣，氣變而有形，形變而有生，今又變而之死，是相與為春秋冬夏四時行也。人且偃然寢於巨室，而我噭噭然隨而哭之，自以為不通乎命，故止也。」長，丁丈反。噭，古弔反，音叫。

　　聞死感概，人之常情。莊子獨非人乎？顧其觀化之心素熟，回頭一轉，哀心頓微，是以鼓盆而歌，不失其常也。鼓盆而歌，非易悲為喜，亦非假物遣累，

只是不失其常而已。李漢老因哭子而問大慧，以為不能忘情，恐不近道。大慧曰：「子死不哭，是豺狼也。」〔註14〕此莊子所謂「惡能無槩」也。蓋形氣之始，悉本於無。雜乎芒芴之間，有氣有形，而情識愛樂因此焉出，親姻眷屬由此焉成。然以宇宙大觀揆之，則百年須臾之寄耳。惑者認以為實，緣情生愛，因愛生貪，滋長業緣，生死纏縛，害形損性，一何愚哉！真人痛憫凡迷，方便開喻，謂天下之物生於有，有生於無，須以毒眼覰破，使無一毫障礙，青天白日，萬古靈靈，何容憂喜於其間乎！《列子》載〔註15〕：「魏有東門吳者，其子死而不哭。人問其故，曰：『吾嘗無子，無子之時不憂。今子死，與向無子同，吾何憂焉？』」亦得此意矣。巨室指天地。嗷，叫，同呼也。人子之於父母，如上世不葬其親，親死則舉而委諸壑，當時不以為不孝，念不及於葬埋也。故曰：黃帝之時，民有親死不哭而人不非者。然至於其顙有泚，則真性之發必不容已。雖於他人之父母亦然，而況己之父母乎！故曰：是其始也，惡能無槩！是天理人情之至必不容已者也。孟子之所以命夷之者，正在此處作大機關，輕輕一轉。雖方外之士亦云仙人是忠孝人做，莊子若無此兩句，此神鬼之所必誅，天地之所不載者，何以為莊子！其下所云，卻浮遊於萬物之祖，以大父母之命，壓人兒女子之心，似大義滅親一般道理，直當如此。有人讀此書，謂莊子多了此兩句，好漢只宜一刀兩段，如龍女獻珠，何用擬議？愚卻以為不然。如此人說，正是吳起母死不奔喪，殺妻求將手段，惡稱大道？故道在幾微毫眇之間，差不得些小。儒者謂之時中，莊子謂之變化，不直死殺一向做。莊子所以發無情之論者，只為世人情多，故諄諄若一向無情便亂道。且此無情之論，亦無奇

〔註14〕褚伯秀《南華真經義海纂微》卷五十六《至樂第一》（明正統道藏本）：

　　碧虛注：聞死感槩，人之常情。鼓盆而歌，假物遣累也。人本無生，孰為形氣，混乎漠之際，相因而有此生，今又化而歸無，何異四時代謝而往來無跡？推求原本，故正世慮也。

　　鬳齋云：形變而有生，言先有形而後有此動轉者。釋氏云「動轉歸風」，便是此生字。四時行者，有生必有死之喻。鼓盆之事，亦寓言。如原壤登木而歌，豈親死之際全無人心乎？聖門之學，所以盡其孝慕者，豈不知死生之理？原壤、莊子之徒，欲指破人心之迷，故為此過當之舉，便是道心惟微，不可以獨行於世，所以有執中之訓。李漢老因哭子而問大惠，以為不能忘情，恐不近道。大惠答云：「子死不哭，是豺狼也。」此語極有見識，若其他學佛者答此問，必墮偏見。

〔註15〕《列子・力命第六》：「魏人有東門吳者，其子死而不憂。其相室曰：『公之愛子，天下無有。今子死不憂，何也？』東門吳曰：『吾常無子，無子之時不憂。今子死，乃與向無子同，臣奚憂焉？』」

特，莊家老子都會說。死是死的頭路，活是活的頭路，終不成大家哭死了，此是口頭言語，沒人譏謗，卻致疑於莊子之言，是何見解？有人臨生死際，握兒女妻妾手，悲啼不已，人必以為不達。彼其兒女妻妾漠然無徬徨悲踊之意，人又以為非人。此處看得道理正在天理人情之間，差不得毫釐。

支離叔與滑介叔觀於冥伯之丘，崑崙之虛，黃帝之所休。俄而柳生其左肘，其意蹶蹶然惡之。支離叔曰：「子惡之乎？」滑介叔曰：「亡。予何惡！生者，假借也。假之而左生者，塵垢也。死生為晝夜。且吾與子觀化而化及我，我又何惡焉？」滑音骨。虛、墟同。肘音帚。蹶音貴。惡，烏路反。

「黃帝之所休」，謂嘗休息於此。柳生肘間，怪徵也，死兆也。然吾方觀物之化而化今及我，即死何憾，乘化而盡已矣。郭子玄曰：「斯皆先示有情，然後尋至理以遣之。若云我無情，故無憂，則夫有情者，遂自絕於曠遠之域，而迷困於憂樂之境矣。」楊大年好禪，有八角磨盤之說。後為內召失旨，便溺俱下。朱子譏其八角磨盤果安在哉？〔註16〕止可笑他學力不濟，不可謂八角磨盤非也。學力到濟甚難。曾子啟手足，尚說「戰戰兢兢，今而後

〔註16〕朱熹《晦庵先生朱文公文集》卷四十三《答李伯諫》（四部叢刊景明嘉靖本）：
　　　　來書云曹參、楊億不學儒，不害為偉人。熹前書已奉答矣，而細思之，則老兄固云夫子之道乃萬世仁義禮樂之主，今乃有不學儒而自知道者，則夫子何足為萬世仁義禮樂之主也？且仁義禮樂果何物乎？又曹參、楊億二人相擬，正自不倫。曹參在漢功臣中，人品盡麤疎，後來卻能如此避正堂，捨蓋公，治齊相漢，與民休息，亦非常人做得，其所見似亦盡高。所可惜者，未聞聖人之道而止於是耳。楊億工於纖麗浮巧之文，已非知道者所為。然資稟清介，立朝獻替，略有可觀。而釋子特以為知道者，以其有『八角磨盤』之句耳。然既謂之知釋氏之道，則於死生之際宜亦有過人者。而方丁謂之逐菜公也，以他事召億。至中書，億乃恐懼，至於便液俱下，面無人色。當此時也，『八角磨盤』果安在哉？事見蘇黃門《龍川別志》第一卷之末。蘇公非詆佛者，其言當不誣矣。然則此二人者，雖皆未得為知道，然億非參之倫也。子比而同之，過矣。蓋老氏之學淺於佛，而其失亦淺。正如申、韓之學淺於楊、墨，而其害亦淺。因論二人，謾及之，亦不可不知也。
楊慎《丹鉛總錄》卷十八《八角磨盤》（清文淵閣四庫全書本）：
　　　　朱子語錄云：「人謂楊億通禪學者，以其有『八角磨盤』之句耳。」按：北澗禪師偈云：「六月一日前，萬象森羅替說禪。六月一日後，八角磨盤空裏走。今朝正當六月一，無位真人赤骨律。金毛獅子解翻身，無角鐵牛眠少室。十聖三賢總不知，笑倒寒山並拾得。」楊億因演而為頌曰：「八角磨盤空裏走，金毛獅子變作狗。擬欲藏身北斗中，應須合掌南辰後。」
按：楊慎稱「朱子語錄云」，誤。

方免」〔註17〕，此聖賢不欺語。滑介叔柳生左肘，意蹙蹙然惡之，亦是人情。只是道人一撥便轉，不撥，無何亦轉。

莊子之楚，見空髑髏，髐然有形，撽以馬捶，因而問之，曰：「夫子貪生失理而為此乎？將子有亡國之事、斧鉞之誅而為此乎？將子有不善之行，愧遺父母妻子之醜而為此乎？將子有凍餒之患而為此乎？將子之春秋故及此乎？」於是語卒，援髑髏枕而臥。夜半，髑髏見夢曰：「子之談者似辯士。諸子所言，皆生人之累也，死則無此矣。子欲聞死之說乎？」莊子曰：「然。」髑髏曰：「死無君於上，無臣於下，亦無四時之事，從然以天地為春秋，雖南面王樂不能過也。」莊子不信，曰：「吾使司命復生子形，為子骨肉肌膚，反子父母妻子閭里知識，子欲之乎？」髑髏深矉蹙頞曰：「吾安能棄南面王樂而復為人間之勞乎！」髑髏音獨樓。髐，苦堯反。撽，苦弔反。遺音位。枕，去聲。見音現。從音縱。矉音頻。頞音遏。復，扶又反。

人之所以有大患者，為吾有身也。若吾無身，則吾何患！人死則不待衣以為寒，不待食以為饑，徒有空知存，如日月之在天地間，何資物哉！無資則無患，南面王樂，何以過此！今請以小喻大。有虜中逃回者，悔其始之逃而更欲亡之虜中，人問曰：「復汝妻子父母閭里知識，而更欲亡之虜，何也？」對曰：「虜中文法寬疏，但有射獵馳驟已矣。今吾還中國，而徵輸求索之繁，仰事俯育之累，四集於我，我何以為生？以是思虜中樂耳。」然則髑髏之不願復生也，其意豈異是哉！故曰：「望其壙，羃如也，宰如也，墳如也，鬲如也，則知所息矣。」〔註18〕人胥知生之樂，未知生之苦；知老之憊，未知老之佚；知死之惡，未知死之息也。莊子此論與佛氏輪廻之說異，至理自當如是。若佛氏輪廻，真是黏皮帶骨之論，未足信也。莊、佛不同處在此。「髐」，白骨有枯形也。「撽」，旁擊也。「捶」，馬杖也。從、縱同。

顏回〔註19〕東之齊，孔子有憂色，子貢下席而問曰：「小子敢問：回

〔註17〕《論語·泰伯第八》：「曾子有疾，召門弟子曰：『啟予足！啟予手！《詩》云：「戰戰兢兢，如臨深淵，如履薄冰。」而今而後，吾知免夫！小子！』」

〔註18〕《列子·天瑞第一》：「子貢倦於學，告仲尼曰：『願有所息。』仲尼曰：『生無所息。』子貢曰：『然則賜息無所乎？』仲尼曰：『有焉耳。望其壙，皋如也，宰如也，墳如也，鬲如也，則知所息矣。』」

〔註19〕「回」，通行本作「淵」。

東之齊，夫子有憂色，何邪？」孔子曰：「善哉女問！昔者管子有言，丘甚善之，曰：『褚小者不可以懷大，綆短者不可以汲深。』夫若是者，以為命有所成而形有所適也，夫不可損益。吾恐回與齊侯言黃帝、堯、舜〔註20〕之道，而重以燧人、神農之言。彼將內求於己而不得，不得則惑，人惑則死。且女獨不聞邪？昔者海鳥止於魯郊，魯侯御而觴之於廟，奏《九韶》以為樂，具大牢以為膳。鳥乃眩視憂悲，不敢食一臠，不敢飲一杯，三日而死。此以己養養鳥也，非以鳥養養鳥也。夫以鳥養養鳥者，宜棲之深林，遊之壇陸，浮之江湖，食之鰌鰍，隨行列而止，委蛇而處。彼唯人言之惡聞，奚以夫譊譊為乎！《咸池》、《九韶》之樂，張之洞庭之野，鳥聞之而飛，獸聞之而走，魚聞之而下入，人卒聞之，相與還而觀之。魚處水而生，人處水而死，彼必相與異，其好惡故異也。故先聖不一其能，不同其事。名止於實，義設於適，是之謂條達而福持。」女音汝，下同。綆，格猛反。御音迓，五駕反，迎也。臠，里轉反。壇本作澶，音但，水沙也。食音嗣。鰌鰍音秋。條行音抗。委音煨。蛇音移。譊音鐃。還音旋。處，上聲。好惡，去聲。

聖人因時變化，不一其能；與物委蛇，不同其事。名止於實，不貴非實之名。義設於適，不為非義之義。故萬事條達，而諸福總持。道上古聖智之事於庸主之前，反求而不解其謂，必且以為譊罔，罪不細矣，此則吾之不量，未可盡訾其不聰也。

列子行食於道從，見百歲髑髏，攓蓬而指之曰：「唯予與汝知而未嘗死，未嘗生也。若果養乎？予果歡乎？」種有幾，得水則為𦇧，得水土之際則為𪓰蠙之衣，生於陵屯則為陵舄，陵舄得鬱棲則為烏足。烏足之根為蠐螬，其葉為蝴蝶。蝴蝶胥也化而為蟲，生於竈下，其狀若脫，其名為鴝掇。鴝掇千日為鳥，其名為乾餘骨。乾餘骨之沫為斯彌。斯彌為食醯。頤輅生乎食醯，黃軦生乎九猷，瞀芮生乎腐蠸，羊奚比乎不筍，久竹生青寧，青寧生程，程生馬，馬生人，人又反入於機。萬物皆出於機，皆入於機。髑髏音獨樓。攓音塞。養，上聲。種音冢。𦇧，古絕字，今讀為繼。𪓰音蛙。蠙，駢頻二音。屯音豚。舄音昔。鴝，其俱反。掇，丁活反。乾音幹。沫音末。醯，許兮反。頤音移。輅音路。軦音況。瞀音茂。芮音睿。蠸音權。比音婢。筍、笋同。

髑髏雖死，彼自知其不死，故列子曰：「惟予與爾知爾未嘗死，未嘗生也。」「養」，心憂不定貌，《詩》云「憂心養養」。言汝果死而憂乎？予果生而樂乎？一氣之在天地，無所不之，化為萬類，不可勝計。或以無情相生，或以有情相生，或以無情生有情，或以有情生無情，或一形而數變，或數形而一變，或死而更生，或生而反死，而形生之主未嘗暫滅。是以聖人知生非我生，死非我死，是造物者握爐鞴之機。機出不得不生，機入不得不死也。雖當其死，而其靈炯不昧者存，然則死者風火假合之形耳，果可謂之死哉！故雉之為蜄，雀之為蛤，壤蟲假翼，川蛙翻飛，水蠆為蛤，芀芩為蛆，田鼠為駕，腐草為螢，鼉之為虎，蛇之為龍，又若牛哀成虎，楚嫗為黿，秦女為石，枝離為柳，死而更生，男女易形，其為變化亦何限乎！此一段分明即釋氏六道輪廻之說。但輪廻從心性因緣上來，此從形體因緣上來。嘗觀三惡道中苦趣，學人急急要解脫。若莊子言似皆出於自然，不必廻避。其說孰是？蓋輪廻之說，佛為眾生說，是出世法中之世間法也。若發最上乘心者，不必壞輪廻，不必不壞輪廻，身處污泥中，也是蓮花。學人只管心地乾淨，不必問他去處。去處亦自主張不得，所以孔子說「未知生，焉知死也」。反鬱為鬱，今為繼，言萬物雖有朕兆，得水土氣乃相繼而生也。得水土之際，言物根在水土際。佈在水中，就水上視不見，抄之可得。如張縣在水中謂之鼃蠙之衣，屯阜也。物因水成而陸產，生於陵屯則為陵舄，車前草也。陵舄得鬱棲則為烏足，鬱棲，蟲名；烏足，草名，俗呼墨草，烏髮方用之。烏足之根為蠐螬，蠍也；其葉為蝴蝶。蛺蝶也，亦名胥也。一草而根葉異化也。蝴蝶化而為蟲，生於竈下，得熟氣而化其狀，初出形潔若脫，其名為鴝掇。鴝掇千日化為鳥，曰乾餘骨。乾餘骨之日中汁〔註21〕為蟲，曰斯彌。斯彌化為食醯，若酒上蠛蠓也。頤輅、黃軦、九猷，皆蟲名。蠸亦蟲名，一名守瓜，一名怒鼠。羊奚，草名，根似蕪菁。青寧，蟲名。羊奚與久竹比合而生也。青寧形似刺蝟，俗云敗竹，園多刺蝟是也。程，豹之白者。秦孝公時，有馬生人。蓋五運六氣觸物感變，難以致詰也。

達生第十九　外篇

達生之情者，不務生之所無以為；達命之情者，不務知之所無奈何。養形必先之物，物有餘而形不養者有之矣；有生必先無離形，形不離而生亡者有之矣。生之來不能卻，其去不能止。悲夫！世之人以為養形足

〔註21〕「汁」，光裕堂刻本作「卄」。

以存生，而養形果不足以存生，則世奚足為哉！雖不足為而不可不為者，其為不免矣。夫欲免為形者，莫如棄世。棄世則無累，無累則正平，正平則與彼更生，更生則幾矣。事奚足棄而生奚足遺？棄事則形不勞，遺生則精不虧。夫形全精復，與天為一。天地者，萬物之父母也，合則成體，散則成始，形精不虧，是謂能移；精而又精，反以相天。離，去聲。夫音扶。幾，平聲。相，去聲。

　　養生者必務養形，養形者必務為世，故多累。多累而何生之能養？可謂不達矣。達生之情者，衣取蔽形，食取充虛。世間剩餘之物，生之所無以為者也，不務也。如其達命之情，則又知生之必死，死之必生，死於此又生於彼，循環不窮。此理之常，而苟竊竊焉必欲留而生之，此知之所無奈何者也，不務也。今夫養形必先之物，然物有餘而形不養者有之矣。有生必先無離形，然形不離而生已亡者有之矣。然則聚物以養形，豈非生之所無以為者乎？豈知生之來非我所能卻，其去非我所能留，知之所無奈何，有命存焉，而世人慾以養形存之，不亦謬乎！養形既不足以存生，又何必僕僕焉為世人之累而務生之所無以為也。不足為而以為不可不為者，正不免為形役耳。如欲免為形役，莫如棄事而遺生。棄事而遺生，則無塵勞之累。無塵勞之累，則其心坦然平，澄然正，與造物遊，而變化日新。故累日去而新和日生，幾於道矣。夫事何以當棄生？何以當遺也？棄事則四體寧謐而形不勞，遺生則真純內完而精不虧。若是則形全精復，與天為一矣。蓋天地者，萬物之父母也，絪縕妙合則成有生之體，分散變化又成他生之始。真人形全精復，與彼更生，則聚散由我，不由造化，去來翛然，出有入無，是謂能移矣。豈特能移而已乎，精而又精，皇天且將賴之以為助，挽陰陶陽，滌日月之光而干宇宙之機可也，不但能移其一身而已也。由此言之，養形不如達生，達生則生自我存而命亦自我立矣。

　　子列子問關尹曰：「至人潛行不窒，蹈火不熱，行乎萬物之上而不慄，請問何以至於此？」關尹曰：「是純氣之守也，非知巧果敢之列。居，予語汝。凡有貌象聲色者，皆物也，物與物何以相遠？夫奚足以至乎？句。先是色而已。則物之造乎不形而止乎無所化。夫得是而窮之者，物焉得而止焉！彼將處乎不淫之度，而藏乎無端之紀，遊乎萬物之所終始，一其性，養其氣，合其德，以通乎物之所造。夫若是者，其天守全，其神無郤，物奚自入焉！夫醉者之墜車，雖疾不死，骨節與人同而犯害與人異，其神全也。乘亦不知也，墜亦不知也，死生驚懼不入乎其胸中，

是故遟物而不慴。彼得全於酒而猶若是，而況得全於天乎！聖人藏於天，故莫之能傷也。知音智。居音姬。語，去聲。遠，去聲。物焉音煙。卻、隙同。遟音悟。慴音輒。

　　不雜不漓曰純。天地之運、萬物之變，有情無情，不離乎氣。至人全守純氣，磅礡鬱烈，故隱顯惟意而無所不可，非智巧果敢之例也。凡有貌象聲色者，皆物也，均是物類，即相懸不過尋丈間耳，誰稱至乎？若夫不色不形者，造形色者也；無變無化者，化萬物者也。惟先是色者，為能始物於不形而終物於無所化。此元氣也，得是而窮之者，物安得而制焉？故當獨往獨來，乘正御變，宅心於不淫之度，藏身乎無端之所，遊於萬物終始出入之門，一其性，養其氣，合其德，以通於太上始物之境，其天守完全而神無間隙矣，物奚自而入焉？彼得全於酒者，猶忤物而不慴，況得全於天者乎！孟子言養氣在乎集義，從心性上用工夫；莊、列言養氣，在於窮元氣之初，從天命上用工夫。此世出世間之別。「先是色而已」上下似有脫誤。李元卓曰〔註22〕：「天下一車爾。託而乘其上者，內開知見之營營，外逐幻化之擾擾。一將傾覆於諸妄之地，非直骨節之傷、驚懼之入也；一開其受，萬態俱入，猶醒者之覩車覆，得無傷乎？雖然，探形之始，天地與我並生；原數之先，萬物與我為一。奚物而謂車，奚物而謂人，奚物而謂墜，奚物而謂傷。且心與物對，則開人而天；心與物冥，則離人而天。機械去而所循者天理也，適莫融而所體者天均也。行而無跡，是謂天遊；動而無畛，是謂天機。無憂者天樂，無美者天和，相天而無助也，事天而無役也，夫是之謂全於天。」

　　復讎者不折鏌干，雖有忮心者，不怨飄瓦，是以天下平均。故無攻戰之亂，無殺戮之刑者，由此道也。不開人之天，而開天之天。開天者德生，開人者賊生。不厭其天，不忽於人，民幾乎以其真。」鏌音莫。忮音至。幾音機。

　　干將、鏌鋣，與讎為用，然報讎者報其人，而未嘗報其器，不之折也。飄落之瓦，至於中人，雖有忮心者，亦莫之怨也。皆以其無心故爾。執此道以御世，而天下平均矣。開〔註23〕天之天者，以性遇物，其究至於德生。開人之天者，以情遇物，其究至於賊生。《老子》曰「以智治國，國之賊。不以智治國，國之德」是也。故不厭其天而固守其初，不忽於人而無動於欲，雖在凡民，亦

〔註22〕見李元卓《莊列十論》。
〔註23〕「開」，光裕堂刻本誤作「聞」。

幾乎至人之道矣。

仲尼適楚，出於林中，見痀僂者承蜩，猶掇之也。仲尼曰：「子巧乎！有道邪？」曰：「我有道也。五六月累丸二而不墜，則失者錙銖；累三而不墜，則失者十一；累五而不墜，猶掇之也。吾處身也，若橛株拘；吾執臂也，若槁木之枝。雖天地之大，萬物之多，而惟蜩翼之知。吾不反不側，不以萬物易蜩之翼，何為而不得！」孔子顧謂弟子曰：「用志不分，乃凝於神，其痀僂丈人之謂乎！」痀音駒。僂音縷。蜩音條。掇，丁活反。累音誄。錙音之。銖音珠。處，上聲。橛音掘，木段也。株音朱。橛株拘，言若撅株之拘絆也。

以五六月之巧累丸，至於二三五而不墜，處身執臂若株若槁而不動心，惟蜩翼之知，雖天地之大，萬物之多，而不與易，用志不分如此，與神何異。古語云〔註24〕：「巧者不過習者之門」，在專心致志而已矣。

顏淵問仲尼曰：「吾嘗濟乎觴深之淵，津人操舟若神。吾問焉，曰：『操舟可學邪？』曰：『可。善遊者數能。若乃夫沒人，則未嘗見舟而便操之也。吾問焉而不吾告，敢問何謂也？』」仲尼曰：「善遊者數能，忘水也。若乃夫沒人之未嘗見舟而便操之也。彼視淵若陵，視舟之覆猶其車卻也。覆卻萬方陳乎前而不得入其舍，惡往而不暇！以瓦注者巧，以鉤注者憚，以黃金注者殙。其巧一也，而有所矜，則重外也。凡外重者內拙。」操，七曹反，下章同。數音朔。覆音福，下同。惡音烏。殙音昏。

「數」，習也。善遊者心與水忘，加以數習之功，而舟可操也。若夫善沒者未嘗見舟而即能操之，無待數習而自能，蓋沒人視淵若陵，視舟之覆於淵猶車之卻於阪，覆卻雖多，而不以經懷，自知無死地。其忘水又有大焉者，故無所遇而不閑暇，何難於操舟。大抵所要愈重，則所矜愈深，而心愈惜。欲養生全內者，惟窮理達命，雖萬死而有不死者存，無所矜重而一出於閑暇可矣。以物賭射曰注，意所主也。

田開之見周威公，威公曰：「吾聞祝腎學生，吾子與祝腎遊，亦何聞焉？」田開之曰：「開之操拔篲以侍門庭，亦何聞於夫子！」威公曰：「田子無讓，寡人願聞之。」開之曰：「聞之夫子曰：『善養生者，若牧

〔註24〕揚雄《揚子雲集》卷四《答桓譚》：「諺云：『伏習眾神，巧者不過習者之門。』」清文淵閣四庫全書本

羊然，視其後者而鞭之。』」威公曰：「何謂也？」田開之曰：「魯有單豹者，巖居而水飲，不與民共利，行年七十而猶有嬰兒之色，不幸遇餓虎，餓虎殺而食之。有張毅者，高門、縣薄無不走也，行年四十而有內熱之病以死。豹養其內而虎食其外，毅養其外而病攻其內，此二子者，皆不鞭其後者也。仲尼曰：『無入而藏，無出而陽，柴立其中央。三者若得，其名必極。』夫畏途〔註25〕十殺一人，則父子兄弟相戒也，必盛卒徒而後敢出焉，不亦知乎！人之所取畏者，衽席之上，飲食之間，而不知為之戒者，過也。」臋，市軫反。拔，蒲未反。簞音歲。單音善。縣音玄。畏途，險道也。知音智。

「鞭其後」，策其所不及也。守一方之事而不及於會通之適，皆不鞭其後者也。藏既內矣，而又入之，此過入也；陽既外矣，而又出之，此過出也。若槁木之無心，而惟中是立，則名極而實當也。夫畏途十殺一爾，便大畏之，至於飲食男女之害，動之死地而莫不冒之，斯過之甚也。人莫躓於山而躓於垤，得非以山為戒而垤為不足畏乎！火烈，人望而畏之則避者眾；水弱，人狎而近之則溺若眾，所謂不鞭其後者也。是故衽席之上，飲食之間，日夜兢兢而後可，此聖人所以有座右之銘也。「拔」，當作帗，全羽也，音拂。「簞」，帚也，薄簾也。

祝宗人玄端以臨牢筴，說彘曰：「汝奚惡死？吾將三月犧汝，十日戒，三日齊，藉白茅，加汝肩尻〔註26〕乎彫俎之上，則汝為之乎？」為彘謀，曰不如食以穅糟而錯之牢筴之中；自為謀，則苟生有軒冕之尊，死得於腞楯之上、聚僂之中則為之。為彘謀則去之，自為謀則取之，所異彘者何也？筴音策，豕欄也。說音稅。惡，去聲。犧音患。齊音齋。藉音謝。尻，苦羔反。俎音阻。為彘音位，下「自為」、「為彘」同。食音嗣。錯音措。腞音篆。楯，舞上聲。僂音呂。

昔人有欲觀加九錫者，願減年而就死，人心之下齊如此，不大可笑耶！「腞楯」，雕俎也。「聚僂」，謂殯於菆塗、蔓翳也。

桓公田於澤，管仲御，見鬼焉。公撫管仲之手曰：「仲父何見？」對曰：「臣無所見。」公反，誒詒為病，數日不出。齊士有皇子告敖者曰：

〔註25〕「途」，通行本下有「者」字。
〔註26〕「尻」，光裕堂刻本誤作「尻」。

「公則自傷，鬼惡能傷公！夫忿滀之氣，散而不反，則為不足；上而不下，則使人善怒；下而不上，則使人善忘；不上不下，中身當心，則為病。」桓公曰：「然則有鬼乎？」曰：「有。沈有履，竈有髻。戶內之煩壤，雷霆處之；東北方之下者，倍阿鮭蠪躍之；西北方之下者，則泆陽處之。水有罔象，丘有峷〔註27〕，山有夔，野有傍徨，澤有委蛇。」公曰：「請問委蛇之狀何如？」皇子曰：「委蛇，其大如轂，其長如轅，紫衣而朱冠。其為物也，惡聞雷車之聲，則捧其首而立，見之者殆乎霸。」桓公輾然而笑曰：「此寡人之所見者也。」於是正衣冠與之坐，不終日而不知病之去也。誒詒音哀臺。惡音烏。滀音觸。上，上聲。忘，去聲。沈俗作沉，水污也。履，神名。髻音結，竈神，著赤衣，狀如美女。倍音裴。鮭音蛙。蠪音龍。倍阿，神名。鮭蠪，狀如小兒，長一尺四寸，黑衣赤幘大冠，帶劍持戟。泆音逸。泆陽，豹頭馬尾。罔象，狀如小兒，赤黑色，赤爪大耳長臂。峷音莘，狀如狗，有角，文身五采。夔音葵，狀如鼓，而一足。方皇音傍徨，狀如蛇，兩頭，五采文。委音煨。蛇音移。惡，烏路反。輾，嗔上聲，大笑貌。

見鬼則以為祟，言霸則以為祥，喜勝而憂忘，憂忘而病去。以妄止妄，尚能收效，而況以真滅妄者乎！褚玄英曰〔註28〕：「桓公因疑而致疾，則藥不能瘳。告敖以妄而止妄，遂不藥而效。則知鬼之有無，由心之起滅。而心有好惡，又人之忘情也。忘情去則好惡得其真，本心明則起滅不由彼。今人之逐妄喪真，皆見鬼而成疾者也。告敖之言曰『公則自傷，鬼惡能傷公』，斯治病之良劑歟！蓋戲瓦出而心痛除，弓影去而疑病癒，信能澄心滌覽，虛白內融，一塵莫留，萬境莫撓，則鬼何由而見，病何由而入哉！」「誒詒」，氣逆之病。「皇氏」，告敖名。「忿滀」，滿聚也。

〔註27〕「莘」，光裕堂刻本誤作「峷」。
〔註28〕褚伯秀《南華真經義海纂微》卷五十九《達生第二》：
　　桓公因疑而致疾，則非藥所可瘳；告敖以妄而止妄，遂不藥而成效。則知鬼之有無，由心之起滅，而心有好惡，又人之妄情也明矣。妄情去則好惡得其真，本心明則起滅不由彼。今之人逐妄喪真，皆見鬼而成疾者也。然則孰知治之善哉？告敖之言曰：「公則自傷，鬼惡能傷公？」斯為治病之良劑歟？蓋戲瓦出而心痛除，弓影去而疑病癒之類也。信能澄心滌慮，虛白內融，一塵不留，萬境莫撓，則鬼何由而見，病何由而入哉？據所載鬼名，似涉怪誕，然《孔子家語》亦有夔、罔象之說，《左傳》「新鬼大，故鬼小」，《史記》滈池君獻璧之事，則鬼不為無有也。但陰陽各得其所，兩不相傷足矣。經云：「天下有道，其鬼不神。」

　　紀渻子為王養鬬雞。十日而問：「雞已乎？」曰：「未也。方虛憍而恃氣。」十日又問，曰：「未也，猶應向景。」十日又問，曰：「未也，猶疾視而盛氣。」十日又問，曰：「幾矣。雞雖有鳴者，已無變矣，望之似木雞矣，其德全矣，異雞無敢應者，反走矣。」渻音醒，所景反。為，去聲。憍音驕。景音影。幾，平聲。

　　虛憍恃氣，軒昂誇大，無實而自矜也。聞響而動，見影而起，心猶為物所移也。疾視而盛氣，神王氣堅而若不忘欲奮之意。然形則不動矣，至於雞鳴不變，彼命敵而我不應，灰心槁形，忘勝忘負，此非古之不爭而善勝者乎！「雞已乎」，《列子》作「雞可鬬已乎」〔註29〕。憍，高也，仰頭也。昔南唐求緩師，遣徐鉉來宋。以鉉善辯，求一當之者不可得。太祖曰：「吾得之矣。」臨期，擇一木訥武人充館伴使。凡鉉有言，皆不答，第唯唯耳，鉉為之輟談。夫此乃假木雞也，而猶爾，況真木雞乎！

　　孔子觀於呂梁，縣水三十仞，流沫四十里，黿鼉魚鱉之所不能遊也。見一丈夫遊之，以為有苦而欲死也，使弟子並流而拯之。數百步而出，被髮行歌而遊於塘下。孔子從而問焉，曰：「吾以子為鬼，察子則人也。請問蹈水有道乎？」曰：「亡，吾無道。吾始乎故，長子〔註30〕性，成乎命。與齊俱入，與汨偕出，從水之道而不為私焉。此吾所以蹈之也。」孔子曰：「何謂始乎故，長乎性，成乎命？」曰：「吾生於陵而安於陵，故也；長於水而安於水，性也；不知吾所以然而然，命也。」縣音玄。並音傍，蒲浪反。長，丁丈反。汨，胡忽反。

　　磨翁而旋入者，齊也；回伏而湧出者，汨也。吾生於呂梁之陵而安為呂〔註31〕梁之人，不復他遷於物，此吾之故也。長於水際而日與水遊，不思不勉，內性安之，故曰性也。雖然，吾能從水，不知其所以能從水，莫之為而為，天實為之，故曰命也。

　　梓慶削木為鐻，鐻成，見者驚猶鬼神。魯侯見而問焉，曰：「子何術以為焉？」對曰：「臣，工人，何術之有！雖然，有一焉。臣將為鐻，未嘗敢以耗氣也，必齊以靜心。齊三日，〔註32〕不敢懷慶賞爵祿；齊五日，

〔註29〕見《列子・黃帝第二》。
〔註30〕「子」，下文作「乎」，是。通行本亦作「乎」。
〔註31〕「呂」，光裕堂刻本誤作「臣」。
〔註32〕通行本此處有「而」。

不敢懷非譽巧拙；齊七日，輒然忘吾有四肢形體也。當是時也，無公朝，其巧專而外滑消；然後入山林，觀天性，形軀至矣，然後成見鐻，然後加手焉；不然則已。則以天合天，器之所以疑神者，其是與！」鐻音據。齊、齋同。譽，平聲。朝音潮。滑音骨。見音現。與，平聲。

郭子玄曰〔註33〕：「公朝若無，跂慕之心絕矣。」必取其材中者，不離其自然也。盡因物之妙，故疑鬼神所作耳。「鐻」，樂器，似夾鍾。

東野稷以御見莊公，進退中繩，左右旋中規。莊公以為文弗過也，使之鉤百而反。顏闔遇之，入見曰：「稷之馬將敗。」公密而不應。少焉，果敗而反。公曰：「子何以知之？」曰：「其馬力竭矣，而猶求焉，故曰敗。」見音現。中音眾。

御中規繩，如織組文繡，使之迴旋如鉤，百往百返，皆復故跡也。馬力已竭，而猶求焉，故知必敗，明神之不可勞也。

工倕旋而蓋規矩，指與物化而不以心稽，故其靈臺一而不桎。忘足，屨〔註34〕之適也；忘要，帶之適也；知忘是非，心之適也。不內變，不外從，事會之適也；始乎適而未嘗不適者，忘適之適也。倕音垂，堯工人也。稽音雞。要、腰同。知音智。

工倕任指之旋，而蓋乎規矩，蓋則畫與之合而不露也。指物相得，若化之自然，不待心之稽考，故其靈臺一而不拘礙。吳道子畫佛像，圓光一筆而就，亦如此。「適」，安也。「會」，合也。是非兩忘，此中心之安也。內境純一而無所變，雖與事接，而不知其所從，此心與理會而無不安適也。始乎適而未嘗不適者，初尚有適之情，久則並與適忘也，此之謂真適。

有孫休者，踵門而詫子扁慶子曰：「休居鄉不見謂不修，臨難不見謂不勇，然而田原不遇歲，事君不遇世，賓於鄉里，逐於州部，則胡罪乎天哉？休惡遇此命也？」扁子曰：「子獨不聞夫至人之自行邪？忘其肝膽，遺其耳目，芒然彷徨乎塵垢之外，逍遙乎無事之業，是謂為而不恃，長而不宰。今汝飾知以驚愚，修身以明污，昭昭乎若揭日月而行也。汝得全而形軀，具而九竅，無中道夭於聾盲跛蹇而比於人數，亦幸矣，又何暇乎天之怨哉！子往矣！」孫子出，扁子入。坐有間，仰天而歎。弟

〔註33〕郭《注》：「視公朝若無，則跂慕之心絕矣。」
〔註34〕「屨」，光裕堂刻本誤作「僂」。

子問曰：「先生何為歎乎？」扁子曰：「向者休來，吾告以至人之德，吾恐其驚而遂至於惑也。」弟子曰：「不然。孫子之所言是邪？先生之所言非邪？非固不能惑是。孫子所言非邪？先生所言是邪？彼固惑而來矣，又奚罪焉？」扁子曰：「不然。昔者有鳥止於魯郊，魯君說之，為具太牢以饗之，奏《九韶》以樂之，鳥乃始憂悲眩視，不敢飲食。此之謂以己養養鳥也。若夫以鳥養養鳥者，宜棲之深林，浮之江湖，食之以委蛇，則平陸而已矣。今休，款啟寡聞之民也，吾告以至人之德，譬若載鼷以車馬，樂鴳以鍾鼓也，彼又惡能無驚乎哉！」詫，敕駕反。扁，符殄反。難，乃旦反。擯音擯。惡音烏，下同。長，上聲。知音智。跂，彼我反。說音悅。為音位。樂音洛，下同。委音煨。蛇音移，舊如字，謂委蛇，泥鰍也。款啟如字。鼷音兮。鴳音晏。

忘其肝膽，則五藏皆虛；遺其耳目，則六塵不入。故彷徨塵外，逍遙無為，率意自為，非恃而為之也；任其自長，非宰而長之也。海鳥之喻，譏淺見不可語大道也。「款」，空也。「啟」，開也。如空之開，所見小也。

卷 七

山木第二十　外篇

　　莊子行於山中，見大木，枝葉盛茂，伐木者止其旁而不取也。問其故，曰：「無所可用。」莊子曰：「此木以不材得終其天年夫。」句。子出〔註1〕山，舍於故人之家。故人喜，命豎子殺鴈而烹之。豎子請曰：「其一能鳴，其一不能鳴，〔註2〕奚殺？」主人曰：「殺不能鳴者。」明日，弟子問〔註3〕莊子曰：「昨日山中之木，以不材得終其天年；今主人之鴈以不材死。先生將何處？」莊子笑曰：「周將處夫材與不材之間。材與不材之間，似之而非也，故未免乎累。若夫乘道德而浮遊則不然。無譽無訾，一龍一蛇，與時俱化，而無肯專為；一上一下，以和為量，浮遊乎萬物之祖，物物而不物於物，則胡可得而累邪！此神農、黃帝之法則也。若夫萬物之情，人倫之傳則不然。合則離，成則毀，廉則挫，尊則議，有為則虧，賢則謀，不肖則欺，胡可得而必乎哉！悲夫！弟子志之，其唯道德之鄉乎！」夫音扶。處，上聲。譽，平聲。訾音紫，毀也。

　　君子曷嘗無材，而患乎有其材，故材不足以周身，祇為殺身之媒耳。此又不若無材之無累也，故至人往往有槩於臃腫之材。若夫愚不肖以不能鳴見殺，此其分爾，豈以不材為可免邪？山中之木、主人之鴈，其間不能以寸矣，故曰「吾將處夫材與不材之間」。張羅者於有鳥無鳥之間乃始得鳥，養生者於材不

〔註1〕通行本此處有「於」字。
〔註2〕通行本此處有「請」字。
〔註3〕通行本此處有「於」字。

材之間乃始全生。圓機妙應，固難底滯，然此亦姑應之之辭，非決然謂可，故繼之曰「雖然，材與不材之間，似之而非也」。道之為體，不涉兩端，亦非中央，材不材之間，故未免乎累也。若夫乘道德而浮遊者不然，無譽無毀，不可得而貴賤，一龍一蛇，不可得而聖凡，消息盈虛，與時俱化，或升或潛，和而不乖，豈材不材之可名？浮遊乎萬物之祖矣。萬物之祖者，生天生地之本，而所稱眾父父者也。若是則物物而不物於物，胡可得而累邪？有為人大父之德，天下皆親之愛之，願為之子孫，安有子孫而忍戕其大父者哉！若夫萬物之情，人倫之傳，有合必離，有成必毀，廉則見挫，尊則見議，此皆畫地而趨跡，章章不可掩者。與夫人之徒爭尺寸，而求人不與之爭，何可必得？故欲免於累者，唯道德之鄉乎！蓋聖賢之生，必不與草木同腐，患其能龍而不能蛇，能上而不能下爾。道崇於天而德卑於地，如江海之為百穀下，彼又何區區與人較材品而生不肖人之心者。「子出山」，「子」字上當有「莊」字。「傳」者，事可傳行者也。

　　市南宜僚見魯侯，魯侯有憂色。市南子曰：「君有憂色，何也？」魯侯曰：「吾學先王之道，修先君之業，吾敬鬼尊賢，親而行之，無須臾離居。句。然不免於患，吾是以憂。」市南子曰：「君〔註4〕除患之術淺矣。夫豐狐文豹，棲於山林，伏於巖穴，靜也；夜行晝居，戒也；雖饑渴隱約，猶且胥疏於江湖之上而求食焉，定也。然且不免於網羅機辟之患，是何罪之有哉？其皮為之災也。今魯國獨非君之皮邪？吾願君刳形去皮，灑心去欲，而遊於無人之野。南越有邑焉，名為建德之國。其民愚而樸，少私而寡欲；知作而不知藏，與而不求其報；不知義之所適，不知禮之所將；猖狂妄行，乃蹈乎大方；其生可樂，其死可葬。吾願君去國捐俗，與道相輔而行。」君曰：「彼其道遠而險，又有江山，我無舟車，奈何？」市南子曰：「君無形倨，無留居，以為君車。」君曰：「彼其道幽遠而無人，吾誰與為鄰？吾無糧，我無食，安得而至焉？」市南子曰：「少君之費，寡君之欲，雖無糧而乃足。君其涉於江而浮於海，望之而不見其崖，愈往而不知其所窮。送君者皆自崖而反，君自此遠矣！故有人者累，見有於人者憂。故堯非有人，非見有於人也。吾願去君之累，除君之憂，而獨與道遊於大莫之國。離，去聲。胥疏如字。辟音闢。去皮、去欲、去累，上聲。灑音洗。樂音洛。

〔註4〕通行本此處有「之」字。

　　此當與黃帝華胥之夢〔註5〕、大禹終北之遊〔註6〕並觀。世未嘗無此國也，雖然，隨其心淨則土淨，吾心有華胥，天下皆華胥矣，而況其一身乎！我建德而德建矣。以魯國為皮者，吾有魯國而不忍捨，吾見有於魯國而不我捨，黏皮帶骨，膠而不可開。故以域進，以域退，以域喜，以域憂，以域生，以域死，何能無患！剖形去皮，灑心去欲，形神俱妙，我尚無有，而何有魯國！是去人而獨與神俱者也。建德之國，立德者也，其民愚樸寡欲，無文守質，知作而不知藏，見在而足，與而不求其報，視棄其餘猶棄土也，安知孰為禮、孰為義哉？恣其所之而與道俱矣。之國也，少私寡欲之國也，君能剖形去皮，灑心去欲，則可至矣。無形倨，除憍去慢，與俗和光也。無留居，無懷故土，勇往精進也。此皆所謂剖形去皮者也。少費寡欲，知足常足，所謂「灑心去欲」者也。故涉

〔註5〕《列子·黃帝第二》：

　　黃帝即位十有五年，喜天下戴己，養正命，娛耳目，供鼻口，焦然肌色皯黣，昏然五情爽惑。又十有五年，憂天下之不治，竭聰明，進智力，營百姓，焦然肌色皯黣，昏然五情爽惑。黃帝乃喟然贊曰：「朕之過淫矣。養一己其患如此，治萬物其患如此。」於是放萬機，捨宮寢，去直待，徹鍾懸。減廚膳，退而閒居大庭之館，齋心服形，三月不親政事。晝寢而夢，遊於華胥氏之國。華胥氏之國在弇州之西，台州之北，不知斯齊國幾千萬里；蓋非舟車足力之所及，神遊而已。其國無師長，自然而已。其民無嗜欲，自然而已。不知樂生，不知惡死，故無夭殤；不知親己，不知疏物，故無愛憎；不知背逆，不知向順，故無利害：都無所愛惜，都無所畏忌。入水不溺，入火不熱。斫撻無傷痛，指摘無痟癢。乘空如履實，寢虛若處床。雲霧不硋其視，雷霆不亂其聽，美惡不滑其心，山谷不躓其步，神行而已。黃帝既寤，怡然自得，召天老、力牧、太山稽，告之，曰：「朕閒居三月，齋心服形，思有以養身治物之道，弗獲其術。疲而睡，所夢若此。今知至道不可以情求矣。朕知之矣！朕得之矣！而不能以告若矣。」又二十有八年，天下大治，幾若華胥氏之國，而帝登假。百姓號之，二百餘年不輟。

〔註6〕《列子·湯問第五》：

　　禹之治水土也，迷而失途，謬之一國。濱北海之北，不知距齊州幾千萬里。其國名曰終北，不知際畔之所齊限，無風雨霜露，不生鳥獸、蟲魚、草木之類。四方悉平，周以喬陟。當國之中有山，山名壺領，狀若甔甄。頂有口，狀若員環，名曰滋穴。有水湧出，名曰神瀵，臭過蘭椒，味過醪醴。一源分為四埒，注於山下。經營一國，亡不悉遍。土氣和，亡箚厲。人性婉而從物，不競不爭。柔心而弱骨，不驕不忌；長幼儕居。不君不臣；男女雜遊，不媒不聘；緣水而居，不耕不稼。土氣溫適，不織不衣；百年而死，不夭不病。其民孳阜亡數，有喜樂，亡衰老哀苦。其俗好聲，相攜而迭謠，終日不輟音。饑惓則飲神瀵，力志和平。過則醉，經旬乃醒。沐浴神瀵，膚色脂澤，香氣經旬乃歇。周穆王北遊過其國，三年忘歸。既反周室，慕其國，憮然自失。不進酒肉，不召嬪御者，數月乃復。

江浮海而遊於無窮，恣其所之而蹈於大方。彼其素所隨我，自聲色、車服以至於妻子、親識、官司、民卒之眾，皆吾入道之資，而不能為吾憂，為吾累，超然獨往，君自此違矣。凡人之不免於患者，我不忘人，故內累生；人不忘我，故外憂至。堯有天下而不與，故不有人，亦不見有於人，兩無憂纍之患。使堯沁沁焉以天下為事，堯德衰矣。君能去累除憂，而獨與道遊於大莫之國，安往而不可？雖在魯國，與建德何以異哉！送君者皆自崖而反，或謂學道之人既悟，則向之所資者皆棄，此筏喻也。釋氏有此論，於此未當耳。「胥疏」，蓋需徐分散之義。

方舟而濟於河，虛舡來觸舟，雖有惼心之人不怒。有一人在其上，則呼張歙之。一呼而不聞，再呼而不聞，於是三呼邪，則必以惡聲隨之。向也不怒而今也怒，向也虛而今也實。人能虛己以遊世，其孰能害之！」惼音扁。呼翕，去聲。歙音翕。

不怒虛舟而怒實舟，人情大抵然也。慎無以實心迎物，而觸人之惼心哉！「方」，並也。「張歙」，開合也。

北宮奢為衛靈公賦歙以為鐘，為壇乎郭門之外，三月而成上下之縣。王子慶忌見而問焉，曰：「子何術之設？」奢曰：「一之間，無敢設也。奢聞之：『既彫既琢，復歸於樸。』侗乎其無識，儻乎其怠疑，萃乎芒乎，其送往而迎來；來者勿禁，往者勿止；從其強梁，隨其曲傳，因其自窮。故朝夕賦歙而毫毛不挫，而況有大塗者乎！」為衛音位。歙，力艷反。為壇者，以祭禱故也。縣音玄。侗音通。傳音附。

「鐘」，樂器，而賦歙於民以為之，宜難成也。乃三月而成上下之懸，設架懸鍾，上下各六，所謂編鍾是也。怪其成之速，故問何術之設而致是。唯守純一，則無術之設矣。既彫既琢，復歸於樸，始於為，終於無為，故侗乎其無知，儻乎其若怠若疑，萃乎芒乎，其送往而迎來、彊梁而往者吾弗追，曲附而來者吾弗禁，使各盡其情而已。吾能止此，而上下二懸猶足以不擾而辦，況懷大道於身者乎！夫賦歙以成事，此暴君鷙吏之所鞭撻求而不得者。有道存乎其間，事成而民不知也。為者敗之，執者失之，從事於道者，道亦樂得之，不虛語矣。

孔子圍於陳、蔡之間，七日不火食。太公任往〔註7〕弔之，曰：「子

〔註7〕「往」，光裕堂刻本誤作「隹」。

幾死乎？」曰：「然。」「子惡死乎？」曰：「然。」任曰：「予嘗言不死
之道。東海有鳥焉，其名曰意怠。其為鳥也，翂翂翐翐，而似無能；引
援而飛，迫脅而棲；進不敢為前，退不敢為後；食不敢先嘗，必取其緒。
故其行列不斥而外，句。人卒不得害，是以免於患。直木先伐，甘井先
竭。子其意者餙知以驚愚，修身以明污，昭昭乎如揭日月而行，故不免
也。昔吾聞之大成之人曰：『自伐者無功，功成者墮，名成者虧。』孰能
去功與名，而還與眾人？道流而不明居。句。得行而不名處。純純常常，
乃比於狂；削跡捐勢，不為功名。是故無責於人，人亦無責焉。至人不
聞，子何喜哉？」孔子曰：「善哉！」辭其交遊，去其弟子，逃於大澤，
衣裘褐，食杼栗，入獸不亂群，入鳥不亂行。鳥獸不惡，而況人乎！幾
音機。惡，烏路反，下同。翂音紛。翐音秩。行音抗，下「亂行」同。知音智。墮音
灰。去，上聲。處，上聲。衣，去聲。杼音序。

　　所謂道德者，隨在流行而無居處，無文無奇，若癡若狂，削跡捐勢，不為
攻名，故曰「至人無名」，又何用餙智以驚愚，修身以明污，昭昭乎若揭日月
而行哉！「翂翐」，舒遲貌。「迫脅而棲」，不敢獨棲疏宿也。「不斥而外」，不
間斥、不疏外也。「去功與名，而還與眾人，功自眾成，故還之也。「得」與「德」
同。

　　孔子問子桑雽曰：「吾再逐於魯，伐樹於宋，削跡於衛，窮於商、周，
圍於陳、蔡之間。吾犯此數患，親交益疏，徒友益散，何與？」子桑雽
曰：「子獨不聞假人之亡與？林回棄千金之璧，負赤子而趨。或曰：『為
其布與？赤子之布寡矣。為其累與？赤子之累多矣。棄千金之璧，負赤
子而趨，何也？』林回曰：『彼以利合，此以天屬也。』夫以利合者，迫
窮禍患害相棄也；以天屬者，迫窮禍患害相收也。夫相收之與相棄亦遠
矣。且君子之交淡若水，小人之交甘若醴；君子淡以親，小人甘以絕。
彼無故以合者，則無故以離。」孔子曰：「敬聞命矣！」徐行翔佯而歸，
絕學捐書，弟子無挹於前，其愛益加進。異日，桑雽又曰：「舜之將死，
真泠禹曰：『汝戒之哉！形莫若緣，情莫若率；緣則不離，率則不勞；不
離不勞，則不求文以待形；不求文以待形，固不待物。』」雽音戶。與音
余，下倣此。為，去聲。挹音邑。泠音零。

　　以勢交者，勢窮則離。以利合者，利盡則散。惟父子兄弟天屬之親，其相
憐愛尤見於窮禍患害之時，蓋真性之所繫，真情之所急，莫知其所以然而然者。

故林回不以千金之璧為利，而以赤子為愛，始無所因而合，今亦無所因而離也。君子以道交，故淡若水；小人以利交，故甘若醴，然利終不可常。而道交之與天屬一也，其親其絕各象其應豈可同年而語哉！此數語者，探天性，盡人情，為千古之名言。故絕學捐書，使弟子無挹於前，鋤矜去色，無可親之形，而弟子益親。故孟子曰：「以德服人者，中心悅而誠服也」，如七十子之服孔子也。舜之將死，以其真誥告禹曰：「形莫若緣，情莫若率。」緣形者因形而起，而未嘗留形；率情者因情而起，而未嘗勞心。不留不勞，則形者自形，不假於外以待形，反質無物而自足矣。上「待」如待客之待，言資之也；下「待」則訓資字。故聖人之於物，直以天性相對，而未嘗有絲毫情智與於其間也。「假」，國名。「林回」，假人。假人滅亡，林回棄寶負子而走。「布」，貨利也。「無挹」，無可親挹，如老子新出於沐也。「泠」，曉也。

　　莊子衣大布而補之，正緳係履而過魏王。魏王曰：「何先生之憊邪？」莊子曰：「貧也，非憊也。士有道德不能行，憊也；衣弊履穿，貧也，非憊也。此所謂非遭時也。王獨不見夫騰猿乎？其得柟梓豫章也，攬蔓其枝，而王長其間，雖羿、蓬蒙不能眄睨也。及其時柘棘枳枸之間也，危行側視，振動悼慄〔註8〕。此筋骨非有加急而不柔也，處勢不便，未足以逞其能也。今處昏上亂相之間，而欲無憊，奚可得邪？此比干之見剖心，徵也夫！」衣，去聲。大布，粗布。緳音拽，賢節反，帶也。係履，履穿故繫也。過，平聲。柟音南。王，去聲。長音帳，得氣也。眄，莫練反。睨音詣。柘，章夜反。枸音矩。慄，婢小反，急也。處，上聲。相，去聲。

　　遭時得地，則一物亦見其長。違時失地，雖君子不免於憊。比干之剖，厥有由矣。比干之征，郭〔註9〕以為勢不便而強之，故受戮，殆非語意。莊子為時主言，引比干之憊以感動之，未暇為比干評也。

　　孔子窮於陳、蔡之間，七日不火食，左據槁木，右擊槁枝，而歌猋氏之風，有其具而無其數，有其聲而無宮角。木聲與人聲，犁然有當於人之心。顏回端拱還目而窺之。仲尼恐其廣己而造大也，愛己而造哀也，曰：「回，無受天損易，無受人益難。無始而非卒也，人與天一也。夫今之歌者，其誰乎？」回曰：「敢問無受天損易。」仲尼曰：「饑渴寒暑，

〔註8〕「慄」，通行本作「栗」。
〔註9〕郭《注》：「勢不便而強為之，則受戮矣。」

窮桎不行，天地之行也，運物之泄也，言與之偕逝之謂也。為人臣者，不敢去之。執臣之道猶若是，而況〔註10〕所以待天乎！」「何謂無受人益難？」仲尼曰：「始用四達，爵祿並至而不窮，物之所利，乃非己也，吾命有在外者也。君子不為盜，賢人不為竊，吾若取之，何哉？故曰：鳥莫知於鶂鶂，目之所不宜處，不給視，雖落其實，棄之而走。其畏人也，而襲諸人間，社稷存焉爾。」「何謂無始而非卒？」仲尼曰：「化萬物而不知其禪之者，焉知其所終？焉知其所始？正以待之而已爾〔註11〕。」「何謂人與天一邪？」仲尼曰：「有人，天也；有天，亦天也。人之不能有天，性也。聖人晏然體逝而終矣！」猋音標。當，去聲。還音旋。易音異。泄音屑。莫知音智。鶂鶂音意而，燕也。處音褚。禪音善。焉音胭。

　　七日不食而歌猋氏之風，與古之無為帝王遊，得物而忘數，得聲而忘音，聖人之樂天知命而不憂如此。顏子嘗曰：「夫子之道大，天下莫能容。」曰道大，則廣夫子也，廣則恐其至於蕩；曰莫容。是愛夫子也。愛故恐其至於哀。故夫子與之論至言焉。凡人之遊於世也，有順有逆，有損有益，人皆謂處順易，處逆難，聖賢則以為逆境易耳，順固難也。毋論人之逆我，即天之損我，迫窮禍患害，吾順受之已矣，其事甚易。若當順境，雖受人益而所以副之者甚難，受則疑於失己，不受則疑於絕人。受而為人用，易以偽，偽則棄其天受而為己用，又非吾所以受與人所以望我之意。恩深而效淺則內慚，續用章而不韜則患及，非大成之人，其孰能善於是者？故曰難也。道通終始，無首無尾。始即是卒，卒即是始；人即是天，天即是人。知其無之而非道，不必分始是道、卒非道；知其無之而非天，不必分天是天、人非天。天人合一，物我兼喪。我既喪我，歌是誰歌？歌無所歌，則哀無所哀矣。下文又詳言之。何謂無受天損易？蓋饑渴寒暑、窮窒不通，此皆天地之流行，造物之推移，而非人之所能與也。所謂無受天損易者，言順而受之，與之偕逝，不敢以為損而求去之之謂也。人臣之道猶不敢求去其君，況於人而可以求去其天乎？信如此，則一以聽命為主而無容心焉，其事易耳。何謂無受人益難？蓋人之始用我也，相知方新，心心合契，若四門之旁達而無所疑礙，爵祿並至而尊寵無窮。此其意亦難為卻，難為酬矣。第此乃人爵，非天爵也。我所命於天者，有出於此外，吾安得喪吾寶而惟人之徇？有如受若直、怠若事而盜若祿，此賢人君子之所不為者，吾安得

〔註10〕通行本此處有「乎」字。
〔註11〕「爾」，通行本作「耳」。

漫焉取此而已哉？鷾鴯，小鳥也，身所不宜處者，目不及視而去之，雖墮其口實，亦棄而走，其畏人而避禍如此，故以知稱。雖畏人而不能不遊於人間，以彼之社稷在人間，不能絕粒休糧而高飛遠舉故耳。吾非斯人之徒與，而誰與？則人之社稷，人之不得不從事者也。既不能棄，又不能徇，而又欲密運大化，以成旋轉生成之功，若下文之所云也，豈不難哉！若但曰不受之而已則易矣，故論荷蕢曰：「果哉！末之難矣！」〔註12〕何謂無始而非卒？天地之道，造化萬物，而不知其所以禪之者，莫知其所終，莫知其所始，雖聖人烏得而窮之？但能守正而待之已耳。守正而待者，得志則正己而物正，不得志則得正而斃焉，與天地同其無終始而無容心也。何謂人與天一邪？人何從有？有人，天也。天何從有？有天，亦天也。天且不能自有，而人能有之乎？不知所以然而然，性也。聖人者，安心冥物，體變化之道，與之俱終而已矣。通始終為一途，合天人為一物，安知今日之歌者，人耶？天耶？若曰仲尼之窮也，仲尼之歌也，是未知仲尼之道與天人之故者也。

　　莊周遊乎雕陵之樊，覩一異鵲自南方來者，翼廣七尺，目大運寸，感周之顙而集於栗林。莊周曰：「此何鳥哉？翼殷不逝，目大不覩？」褰裳躩步，執彈而留之。覩一蟬，方得美蔭而忘其身；螳螂執翳而搏之，見得而忘其形；異鵲從而利之，見利而忘其真。莊周怵然曰：「噫！物固相累，二類相召也！」捐彈而反走，虞人逐而誶之。莊周反入，三月不庭。藺且從而問之：「夫子何為頃間甚不庭乎？」莊周曰：「吾忘形忘身〔註13〕，觀於濁水而迷於清淵。且吾聞諸夫子曰：『入其俗，從其俗。』今吾遊於雕陵而忘吾身，異鵲感吾顙，遊於栗林而忘真，栗林虞人以吾為戮，吾所以不庭也。」躩，九縛反。彈音但。留，力救反。螳螂音堂郎。翳音意。搏音博。怵音出。誶，昨律反，誚責也。且音疽。

　　「雕陵」，陵名。「樊」，藩籬也。「目大運寸」，目之大運之可徑一寸也。「殷」，亦大也。翼大宜逝而不逝，目大宜覩而不覩。至於感人之顙而不顧，不可怪乎！「躩」，疾行也。「留」，宿留，伺其便也。蟬得栗林之美蔭，而不知螳螂之在其後，美蔭則蟬之累矣。螳螂執木葉以自掩，而蟬忘其形之見乎異鵲，則蟬又螳螂之累矣。異鵲又利螳螂，而忘其能覩能逝之真性，以來莊子之彈，則螳螂又異鵲之累矣。物以相利者相累，利與累二類相為感召如此，安知

〔註12〕見《論語・憲問第十四》。
〔註13〕「吾忘形忘身」，通行本作「吾守形而忘身」。

莊子之後，又不有累莊子者乎？故捐彈反走，而虞人已在其後矣，乃自悔曰：「吾守物之形而忘身之真，覩人間之濁水而迷本性之清淵，自謂浮遊於大道之中，而不知忽與彼三物者無以異。吾有媿於師之言矣。若入國問禁，入境問俗，至人雖遊於方之外，而方內之禮法不可不循。率意獨往，必有途窮之哭。雖本無利鵲之心而已有其事，雖本無盜栗之意而已有其跡，可謂貪於遊，逐於形，而忘吾身之真。清淵之瀾，汩於泥滓之濁矣。至人之德，豈如是哉！見誶之辱大矣，閉閤內省，不亦宜乎！」藺且，莊子弟子。夫子，或謂老子，或謂長桑公，莊子之師。

　　陽子之宋，宿於逆旅逆。旅人有妾二人，其一人美，其一人惡，惡者貴而美者賤。陽子問其故，逆旅小子對曰：「其美者自美，吾不知其美也；其惡者自惡，吾不知其惡也。」陽子曰：「弟子記之！行賢而去自賢之行，安往而不愛哉！」行，下孟反。去，上聲。

　　自伐者無功，自矜者不長，自美則憍恣之心勝而物惡之，其失歡於人宜矣。夫美惡，形也，可以移乍見之目，久則尋常事耳。賢否，行也，彌久彌新，而人之愛之彌深。故逆旅人之惡妾無以異於美人，支離大癭無以異於全人，舜以好問好察而益聖，顏以若無若虛而益賢。彼自賢之行，真餘食贅行爾。

田子方第二十一　外篇

　　田子方侍坐於魏文侯，數稱谿工。文侯曰：「谿工，子之師邪？」子方曰：「非也，無擇之里人也。稱道數當，故無擇稱之。」文侯曰：「然則子無師邪？」子方曰：「有。」曰：「子之師誰邪？」子方曰：「東郭順子。」文侯曰：「然則夫子何故未嘗稱之？」子方曰：「其為人也真。句。人貌而天虛。句。緣而葆真，清而容物。物無道，正容以悟之，使人之意也消。無擇何足以稱之！」子方出，文侯儻然，終日不言，召前立臣而語之曰：「遠矣，全德之君子！始吾以聖知之言、仁義之行為至矣。吾聞子方師，吾形解而不欲動，口鉗而不欲言。吾所學者，真土梗耳。夫**魏真為我累耳！**」數音朔，下同。葆音保。語，去聲。知音智。行，下孟反。解音蟹。鉗音鈐。梗，更猛反。土梗，土人也，遭雨則壞。

　　名所以彰德，外學也，內學則以為累。故凡世之所稱者，皆未能無跡，非全德也。若東郭順子，其徒猶未嘗稱之，世人又安能窺之哉！「人貌而天虛」，貌與人同，而心有天遊也。「緣而葆真」，因物順應，而心本不動也。「清而容

物」，清者患於太潔，而能容則得清之厚也。一正容而物之無道者意消，此豈以聲色化民者哉！天不言，而時行物生矣。梗非真物，魏為我累，知至貴不在於人爵也。

溫伯雪子適齊，舍於魯。魯人有請見之者，溫伯雪子曰：「不可。吾聞中國之君子，明乎禮義而陋於知人心，吾不欲見也。」至於齊，反舍於魯，是人也又請見。溫伯雪子曰：「往也蘄見我，今也又蘄見我，是必有以振我也。」出而見客，入而歎。明日見客，又入而歎。其僕曰：「每見是〔註14〕之客也，必入而歎，何邪？」曰：「吾固告子矣：『中國之民，明乎禮義而陋乎知人心。』昔之見我者，進退一成規，一成矩；從容一若龍，一若虎；其諫我也似子，其道我也似父，是以歎也。」仲尼見之而不言。子路曰：「吾子欲見溫伯雪子久矣，見之而不言，何邪？」仲尼曰：「若夫人者，目擊而道存矣，亦不可以容聲矣。」從音聰。夫人音符。

郭子玄曰〔註15〕：進退成規矩，從容若龍虎，「盤闔其步，委蛇其跡」也。諫我似子，道我似父，禮義之弊，有斯飾也。「見之而不言」也，知其心矣，目裁往而意已達，無所容其德音也。

顏淵問於仲尼曰：「夫子步亦步，夫子趨亦趨，夫子馳亦馳，夫子奔逸絕塵，回瞠若乎後矣。」夫子曰：「回何謂邪？」曰：「夫子步，亦步也；夫子言，亦言也；夫子趨，亦趨也；夫子辯，亦辯也；夫子馳，亦馳也；夫子言道，回亦言道也。及奔逸絕塵而回瞠若乎後者，夫子不言而信，不比而周，無器而民滔乎前，而不知所以然而已矣。」仲尼曰：「惡！可不察與！夫哀莫大於心死，而人死亦次之。日出東方而入於西極，萬物莫不比方，有目有趾者，待是而後成攻。是出則存，是入則亡。萬物亦然，有待也而死，有待也而生。吾一受其成形，不化以待盡；效〔註16〕物而動，日夜無卻〔註17〕，而不知其所終；薰然其成形，知命不能規乎其前，丘以是日徂。吾終身與汝交一臂而失之，可不哀與？汝殆著乎吾所以著也。彼已盡矣，而汝求之以為有，是求馬於唐肆也。吾服汝也甚忘，汝服吾也亦甚忘。雖然，汝奚患焉！雖忘乎故吾，吾有不忘

〔註14〕「是」，通行本無。王先謙《集解》：「蘇輿云：『之客，猶是客。』」
〔註15〕郭《注》：「槃闔其步，逶蛇其跡。」
〔註16〕「效」，光裕堂刻本作「効」。
〔註17〕「卻」，通行本作「隙」。

者存。」瞠，敕庚反，音鐺，直視貌。滔，其〔註18〕刀反，聚也。惡音烏。與音餘，
下「衰與」同。郤、隙同。

　　步趨馳皆跡也，有跡者可追。至於不言而信，不比而周，無器而民聚，則
妙理絕跡，應變無方，而不知所以然。故譬之於奔逸絕塵而回瞠乎若後矣。此
所謂「神不可致思，化不可助長」〔註19〕，雖欲從之而末由者也。心是活物，
為本為樞，而至神至化，若沉淪幽滯，有一息不運動，便是強魂死魂，可哀甚
於形死。今夫太陽在天，出於東而沒於西，晶明瑩烈，變化推移，故萬物賴之
以比方，長短小大可得而數，有目者待之而見，有趾者待之而行，是出則作，
是入則息。惟人亦然，待心而死，待心而生。待心而死為正死，待心而生為正
生。彼日夜相代於前，而不知其所萌者，吾之所待以為心者也。一受此以成生，
而不化以待畢，以此不化者化化不已。體本無動，物來故動。通乎晝夜，無際
可尋，而不知其終窮之處。薰然太和，而形各付形，此所謂「逝者如斯夫，不
舍晝夜」者，雖聖人不能預度其將來。吾以此日往，無意無必，無固無我，仕
止久速一任夫時，變動不居，周流六虛，上下無常，剛柔相易，不可為典要，
惟變所適，此吾汝終身交臂守之而不能捨者也，豈非精明瑩徹，真淨靈妙，卓
然而獨存，無所隱覆，無所擁閼，無所乖戾，無所倚著，超越萬有，而與太陽
同運。倘使之死，可不哀邪？汝求吾奔逸絕塵之處，是殆知吾之所著，而不知
吾之所不著也。心心相續，前心非後心；化化相乘，前化非後化。而子但以跡
求之，是彼化已盡而汝求之以為有，何異求馬於唐肆！唐肆豈停馬之處也？吾
與汝師友相服膺者，惟此忘耳，子豈以忘為患乎？故吾有跡，惡可不忘？雖忘
故吾，而有不可志之吾存焉。妙用時遷，而本體常在，譬太陽之代謝，而光景
常新也。此所謂奔逸絕塵而不知所以然者，可不察歟？

　　此家學問與尋常主靜之論似相反，實相發。莊子之意，說心是活物，死殺
不得，心死則神化不流，猶《易大傳》所謂「易不可見，則乾坤或幾乎息矣」
之意，亦猶《大學》所謂「有所忿懥，則不得其正」之意。故心心相續，略無
滯跡。然後上下與天地同流，此動非散漫不收之動，乃體天行健之動也。不言
靜，而靜在其中矣。若不知此意，而第言主靜者枯寂朽壞，非聖人所謂靜也。
步趨奔逸絕塵等，皆以馬喻。馬，善行者，蹄不著地，一塵不起，故曰絕塵。

〔註18〕「其」，光裕堂刻本作「吐」。
〔註19〕張載《橫渠易說》卷三《繫辭上》：「神不可致思，存焉可也；化不可助長，順
　　　　焉可也。」

「唐肆」，無壁屋。《詩》云「中唐有甓」，今之過路亭也。

孔子見老聃，老聃新沐，方將被髮而乾，熱然似非人。孔子便而待之。少焉見，曰：「丘也眩與，其信然與？向者先生形體掘若槁木，似遺物離人而立於獨也。」老聃曰：「吾遊〔註20〕心於物之初。」孔子曰：「何謂邪？」曰：「心困焉而不知，口辟焉而不能言，嘗為汝議乎其將：至陰肅肅，至陽赫赫。肅肅出乎天，赫赫發乎地，兩者交通成和而物生焉，或為之紀而莫見其形。消息滿虛，一晦一明；日改月化，日有所為而莫見其功。生有所乎萌，死有所乎歸，始終相反乎無端，而莫知其所窮。非是也，且孰為之宗！」孔子曰：「請問遊是。」老聃曰：「夫得是，至美至樂也。得至美而遊乎至樂，謂之至人。」孔子曰：「願聞其方。」曰：「草食之獸不疾易藪，水生之蟲不疾易水，行小變而不失其大常也，喜怒哀樂不入於胸次。夫天下〔註21〕者，萬物之所一也。得其所一而同焉，則四肢百體將為塵垢，而死生終始將為晝夜，而莫之能滑，而況得喪禍福之所介乎！棄隸者若棄泥，知身貴於隸也，貴在於我而不失於變。且萬化而未始有極也，夫孰足以患心！已為道者解乎此。」孔子曰：「夫子德配天地，而猶假至言以修心；古之君子，孰能脫焉！」老聃曰：「不然。夫水之於汋也，無為而才自然矣。至人之於德也，不修而物不能離焉，若天之自高，地之自厚，日月之自明，夫何修焉！」孔子出，以告顏回曰：「丘之於道也，其猶醯雞與！微夫子之發吾覆也，吾不知天地之大全也。」乾音干。熱音執，又質涉反。見音現。眩，玄遍反。與音余。闢音壁。為汝，去聲。樂音洛。滑音骨。汋音灼。

孔子見老聃之時，見老子寵沐晞髮，熱然不動，似非人者，不敢往觸，從便徙所而待之。頃之入見，問老子曰：「丘豈眩與？其信然與？向見先生形如槁木，似遺棄萬物而冥於獨化者，此何形也？」老子曰：「吾遊心於物之初耳。物之初者，未有氣前，不可知、不可言者也。請彷彿而言之。夫至陰肅肅，得天而出；至陽赫赫，得地乃發。兩者交通而物始生，此誰見其形乎？在歲功則陰消陽息，夏滿冬虛，夜晦晝明，日遷月徙，而未嘗守故，此誰見其功乎？在人則生有萌而死有歸，萌於無物，歸於未生，反覆往來，邈無端緒，又誰知其窮乎？非此虛通生化之道，誰為萬物之宗哉？所謂物之初者如此，能遊是者，

〔註20〕「遊」，光裕堂刻本誤作「道」。
〔註21〕通行本此處有「也」。

至美至樂，謂之至人矣。復言遊之之方。夫草食之獸不患易藪，水生之蟲不患易水，但有草有水之處即其大常，而其間從東從西，特小變耳，故喜怒哀樂未嘗入於彼之胸次也。今光天之下，萬物之所一也，物雖生死萬變，舉不出於天地之中，亦猶獸之藪、蟲之水，而其間往來遷化，特其小變耳。知其為一而處之以一，是故物我皆真，百體同於塵垢，死生虛幻，終始均乎晝夜。死生尚不能亂，而況小小之得喪禍福乎！夫人情棄僕隸如棄泥塗，謂身貴而僕隸賤也。若知吾身之貴於得喪禍福而不失於變，則雖萬死萬生，孰足以為心患哉！嘗修道者必能解此語矣。」孔子曰：「以夫子之德，而猶假至言以修心。古之君子，誰能免於修乎？修之功大矣。」老子曰：「不然。水之才本能潤物，雖汙而利用，無為而才自然也。至人之心，本與德俱，而物自歸之，若天之自高，地之自厚，日月之自明也，何待於修之有？」「醯雞」者，甕中之蠛蠓。「覆」，甕蓋也。以前章照之，則所謂「莫知其形」、「莫知其功」、「莫見其窮」者，「日夜無郤」者也、「天下之大常而萬物之所一」者、「不化以待盡」者也。此二章皆莊學之大宗旨，即《逍遙遊》所謂「無窮」二字，而此章尤為明切。「天之自高，地之自厚，日月之自明」，即釋氏之所謂「無修無得」也。夫子曰：「予欲無言」，亦是之謂。夫學以合自然為難，合自然之謂修矣。臨川吳氏曰：「老子云：『天下萬物生於有，有生於無。』有指陰陽之氣言，無指無形之理言。」〔註22〕此老子旨也。理在氣中，原不相離，而老子以為先有理，後有氣，非也。故橫渠詆其「有生於無」之非〔註23〕，晦庵詆其有無為二之非〔註24〕。

　莊子見魯哀公。哀公曰：「魯多儒士，少為先生方者。」莊子曰：「魯少儒。」哀公曰：「舉魯國而儒服，何謂少乎？」莊子曰：「周聞之，儒者冠圜冠者，知天時；履句屨者，知地形；緩佩玦者，事至而斷。君子有其道者，未必為其服也；為其服者，未必知其道也。公固以為不然，何不號於國中曰：『無此道而為此服者，其罪死！』」於是哀公號之五日，而魯國無敢儒服者。獨有一丈夫儒服而立乎公門。公即召而問以國事，千轉萬變而不窮。莊子曰：「以魯國而儒者一人耳，可謂多乎？」冠圜，

〔註22〕吳澄《道德真經注》卷三：「萬物以氣聚而有形，形生於氣，氣生於道，氣形有而道則無，無與有異，故曰反。」

〔註23〕張載《張子正蒙·大易篇第十四》：「大易不言有無，言有無，諸子之陋也。」

〔註24〕黎靖德編《朱子語類》卷九十八《張子之書一》：「問橫渠『言有無，諸子之陋也』。曰：『無者無物，卻有此理；有此理，則有矣。老氏乃云『物生於有，有生於無』，和理也無，便錯了！』」

古亂反〔註25〕。圜音圓。句音矩。珙音厥。斷，丁亂反。

自有儒而假儒之似者，紛紛第以冠劍衣履薦處，而探其中，索然無有，故儒為世人所詬。《禮記·儒行篇》正為之解嘲也。自魯哀公至莊子又百餘年，儒之可憎當益，其故託見哀公以立言。蓋莊子只於儒中敬得孔子一人，自餘皆不在眼，故曰魯儒只一人爾。

百里奚爵祿不入於心，故飯牛而牛肥，使秦穆公忘其賤，與之政也。有虞氏死生不入於心，故足以動人。飯音反。

不動心，故能動人。

宋元君將畫圖，眾史皆至，受揖而立；舐筆和墨，在外者半。有一史後至者，儃儃然不趨，受揖不立，固之舍。公使人視之，則解衣般礡臝。君曰：「可矣，是真畫者也。」舐音視。儃音但。般音盤。礡音博。臝、裸同。

文不外見，而藝有所專，亦不動心之故。「儃」者，袒裼不檢之義。「般礡」，箕坐。「臝」，解衣見形也。

文王觀於臧，見一丈夫釣，而其釣莫釣；非持其釣，有釣者也，常釣也。文王欲舉而授之政，而恐大臣父兄之弗安也；欲終而釋之，而不忍百姓之無天也。於是旦而屬之夫夫曰：「昔者寡人夢見良人，黑色而頯，乘駁馬而偏朱蹄，號曰：『寓而政於臧丈人，庶幾乎民有瘳乎！』」諸大夫蹵然曰：「先君王也。」文王曰：「然則卜之？」諸大夫曰：「先君之命王，其無它，又何卜焉！」遂迎臧丈人而授之政。典法無更，偏令無出。三年，文王觀於國，則列士壞植散群，長官者不成德，斔斛不敢入於四竟。列士壞植散群，則尚同也；長官者不成德，則同務也；斔斛不敢入於四竟，則諸侯無二心也。文王於是焉以為大師，北面而問曰：「政可以及天下乎？」臧丈人昧然而不應，泛然而辭，朝令而夜遁，終身無聞。顏淵問於仲尼曰：「文王其猶未邪？又何以夢為乎？」仲尼曰：「默，女無言！文王盡之也，而又何論刺焉？彼直以循斯須也。」屬音燭。夫夫，舊注讀為大人。頯當作頄，與顝同，而占反。駁音博，偏也。壞音怪，下同。長，丁丈反。斔、庾同，音與，六斛四斗。竟音境。大音太。刺，七賜反。

「其釣莫釣」，釣無所得，非守其釣。「有釣者也」，志不在魚，志自有適也。「常釣也」，日優游於此也。「典法無更」，不欲事更張。「偏令無出」，未嘗下一令也。「列士壞植散群」，言不修學殖，不立群黨，同德而已。「長官者不成德」，不見其功，同事而已。四國庾斜大小不同，而不敢入於境，諸侯同律度量衡，無二心矣。臧丈人之治國，直以不治治之爾。文王曰：「政可以及天下乎？」此其心猶不忘天下，故逃去而無聞，非謂文王有利天下之心也，嫌其猶欲以治治之也。循斯須者，於群情當悟未悟之頃，因而發之，以合其大情也。夫丈人可迎，文王直迎之耳，何必假夢？蓋知道者必達於理，達於理者必明於權之天也。自信可也，權人也豈可廢哉！大抵此段寓言，蓋取迎太公一事加以商宗訪傅說一事而成之，非實錄。佛氏縱廣大弘勝之談，而自謂不誑語。莊子逞滑稽無涯之辨，而自謂非吾罪。皆詣真略假，亦所以循斯須也。古今聖賢豪傑循斯須者，豈直一事而已哉！

列禦寇為伯昏無人射，引之盈貫，措杯水其肘上，發之，適矢復沓，方矢復寓。當是時，猶象人也。伯昏無人曰：「是射之射，非不射之射也。嘗與汝登高山，履危石，臨百仞之淵，若能射乎？」於是無人遂登高山，履危石，臨百仞之淵，背逡巡，足二分垂在外，揖禦寇而進之。禦寇伏地，汗流至踵。伯昏無人曰：「夫至人者，上闚青天，下潛黃泉，揮斥八極，神氣不變。今汝怵然有恂目之志，爾於中也殆矣夫！」為音位。復〔註26〕，扶又反，下同。逡，七旬反。怵音出。恂音荀。恂目，目恐懼而動也。中，如字。

「盈貫，謂溢鏑。左手如拒石，右手如附枝，右手放發，而左手不知，故可措杯水於其上也。」〔註27〕「適矢復沓，方矢復寓」，郭子玄謂前矢去未至的，已復寄杯水於肘上。〔註28〕盧齋謂前矢適去而又沓一矢於弦，沓矢方去而復寓一矢於弦，言敏捷之妙，一箭接一箭也。〔註29〕此說好。「象人」，謂不動之至。

〔註26〕「復」，光裕堂刻本誤作「以」。
〔註27〕此乃郭《注》。
〔註28〕郭《注》：「箭方去未至的也，復寄杯於肘上，言其敏捷之妙也。」
〔註29〕林希逸《莊子口義》卷二十二《田子方》（明正統道藏本）：「引之盈貫，開弓而至滿也。前手直而肘平，可以致一杯水於其上，言定也。發，射也。適，去也。沓，重也，又也。矢方去而矢又在弦上，沓於弦上者，纔去而方來之矢又寓於弦上矣。此言一箭接一箭，如此其神速也。象人，木偶人也。」

肩吾問於孫叔敖曰：「子三為令尹而不榮華，三去之而無憂色。吾始也疑子，今視子之鼻間栩栩然，子之用心獨奈何？」孫叔敖曰：「吾何以過人哉！吾以其來不可郤〔註30〕，其去不可止〔註31〕。吾以為得失之非我也，而無憂色而已矣。我何以過人哉！且不知其在彼乎，其在我乎？其在彼邪？亡乎我。在我邪？亡乎彼。方將躊躇，方將四顧，何暇至乎人貴人賤哉！」仲尼聞之曰：「古之真人，知者不得說，美人不得濫，盜人不得刦，伏〔註32〕戲、黃帝不得友。死生亦大矣，而無變乎已，況爵祿乎！若然者，其神經乎大山而無介，入乎淵泉而不濡，處卑細而不憊，充滿天地，既以與人，己愈有。」栩音許。躊，直笛反。躇音除。知音智。刦、劫同。戲、羲同。大音泰。

「鼻間栩栩」，息在內而有自養之意，以其得失之非我，知命而安之也。得失非我，則在乎彼矣。然不知果在於彼乎？果在於我乎？若果在於彼，於我何與？果在於我，於彼何與？其在彼與我終不可知也，故吾於人與我無不忘也。方將躊躇四顧，高視遐想於天地間，而何暇知人貴人賤哉！「介」，間也。「卑細」，小物，如鼠肝蟲臂也。「既以與人，己愈有」，用之無盡也。

楚王與凡君坐，少焉，楚王左右曰凡亡者三。凡君曰：「凡之亡也，不足以喪吾存。夫『凡之亡不足以喪吾存』，則楚之存不足以存存。由是觀之，則凡未始亡，而楚未始存也。」喪，息浪反。

刖者亡足而有尊足者存，凡君亡國而有不亡者存，至人雖死而有不死者存。天下有常存，得其常存而存之，則存矣。凡、楚曷以語存亡哉！「左右曰凡亡者三」一句讀，言少頃之間，而左右已三言凡亡也。凡，國名。

知北遊第二十二　外篇

知北遊於玄水之上，登隱弅之丘，而適遭無為謂焉。知謂無為謂曰：「予欲有問乎若：何思何慮則知道？何處何服則安道？何從何道則得道？」三問而無為謂不答也。非不答，不知答也。知不得問，反於白水之南，登狐闋之上，而睹狂屈焉。知以之言也問乎狂屈。狂屈曰：「唉！予知之，將語若。」中欲言而忘其所欲言。知不得問，反於帝宮，見黃

〔註30〕通行本此處有「也」字。
〔註31〕通行本此處有「也」字。
〔註32〕「伏」當作「伏」。

帝而問焉。黃帝曰：「無思無慮始知道，無處無服始安道，無從無道始得道。」知問黃帝曰：「我與若知之，彼與彼不知也，其孰是邪？」黃帝曰：「彼無為謂真是也，狂屈似之，我與汝終不近也。夫知者不言，言者不知，故聖人行不言之教。道不可致，德不可至。仁可為也，義可虧也，禮相偽也。故曰：『失道而后德，失德而後仁，失仁而後義，失義而後禮。禮者，道之華而亂之首也。』故曰：『為道者日損，損之又損之，以至於無為，無為而無不為也。』今已為物也，欲復歸根，不亦難乎！其易也，其惟大人乎！知，如字。紛音紛。閩音闕。睹音睹。屈，求勿反。唉，烏來反。語，去聲。易音異。

　　道非言之所能盡也，欲以言言道，則必取形似彷彿之物而名之。執柯伐柯，終非一柯，又況形似彷彿之心，必屬擬議；一屬擬議，非道也。子貢不離於言語，阿難不離於多聞，於道遠矣！故聖人行不言之教，學者貴默成之學。道不可致，不可致而後謂之道；德不可至，不可至而後謂之德。此皆無方無體，渾淪周遍之名。自仁以下，皆有跡矣。顧仁尚可為也，義則可虧，不必為矣；禮則相偽，其不可為也決矣。故道降而為德，德降而為仁，仁降而為禮。至於禮，發洩而無餘，務施報，尚往來，施而不應，則攘臂而從之，亂自此起矣。故為道者日損，先損禮，次損義，次損仁。損之又損，以至於無為，則與道德俱矣。今從事於仁義禮之間，既已物而非真矣，欲反而歸於真也，不亦難乎！非大人，其孰能易之？《莊子》此段是《老子》義疏。

　　生也，死之徒；死也，生之始，孰知其紀！人之生，氣之聚也；聚則為生，散則為死。若死生為徒，吾又何患！故萬物一也。是其所美者為神奇，其所惡者為臭腐，臭腐復化為神奇，神奇復化為臭腐。故曰：『通天下一氣耳。』聖人故貴一。」惡，烏路反。復，扶又反，下同。

　　彼物無窮而人皆以為終，彼物無測而人皆以為極。若以死生為一，何患之有？夫萬物本一耳，無神奇，無臭腐。而凡情妄執，橫加分別，意所美者即為神奇，意所惡者即為臭腐。若毛嬙、麗姬，人之所美，魚鳥之所惡。無舉天下而神奇之者，無舉天下而臭腐之者，故神奇臭腐卒無定在，前之所是，後或棄之；昔之所非，今或收之。且陰陽萬物，理本反覆，上極則反下，下極復反上，污泥生蓮花，蓮花落，復為污泥；嘉穀為矢溺，矢溺糞田，又復為嘉穀。反覆相生，何有窮極？惟聖人為能一之。故當生不謂之生，當死不謂之死，何欣患於其間哉！

　　知謂黃帝曰：「吾問無為謂，無為謂不應我，非不我應，不知應我也。吾問狂屈，狂屈中欲告我而不我告，非不我告，中欲告而忘之也。今予問乎若，若知之，奚故不近？」黃帝曰：「彼其真是也，以其不知也；此其似之也，以其忘之也；予與若終不近也，以其知之也。」狂屈聞之，以黃帝為知言。

　　中欲告而不我告，欲告而中止也。禪家云〔註33〕：「若親證時，隨處隨念，悉足現量之境。但持文義者，只是陰識依通。一遇逆順時境，便成礙滯。一遇差別間處，皆墮疑情。如塩官和尚勘《華嚴》，大師云『《華嚴經》有幾種法界？』對云：『略而言之，有十種法界。廣而言之，重重無盡。』師豎起拂子云：『是第幾種法界？』當時低頭擬對，師訶云：『思而知，慮而解，是鬼家活計。日下孤燈，果然失照，出去。』」

　　天地有大美而不言，四時有明法而不議，萬物有成理而不說。聖人者，原天地之美而達萬物之理。是故至人無為，大聖不作，觀於天地之謂也。今彼神明至精，與彼百化，物已死生方圓，莫知其根也，扁然而萬物自古以固存。六合為巨，未離其內；秋豪為小，待之成體。天下莫不沉浮，終身不故；陰陽四時運行，各得其序。惛然若亡而存，油然不形而神，萬物畜而不知。此之謂本根，可以觀於天矣。扁音翩。離音利。惛音昏。

　　「天何言哉？四時行焉，百物生焉。天何言哉？」〔註34〕天地四時萬物皆不言而顯著，聖人之無為無言，法天地也。萬物或死或生，或方或圓，紛然有百化，而神明至精，亦與之百化，莫知其根，翩然而存也。故六合雖大，不出神明之內；秋毫雖小，亦待神明而有。庶生升降於其內，而日新無窮；四時往來於其內，而推行有序。惛然若亡而存，油然不形而神，並生並畜而不知其所以然，神明至精，此天下之大本大根也，可以觀天矣。天者，自然之謂也。

〔註33〕釋延壽《宗鏡錄》卷二十八：

　　　若親證時，悉是現量之境，處處入法界，念念見遮那。若但隨文義所解，只是陰識依通。當逆順境時，還成滯礙。遇差別問處，皆墮疑情。如鹽官和尚勘講《華嚴》，大師：「《華嚴經》有幾種法界？」對云：「略而言之，有十種法界。廣而言之，重重無盡。」師豎起拂子云：「是第幾種法界？」當時低頭擬祇對次，師訶云：「思而知，慮而解，是鬼家活計。日下孤燈，果然失照。出去！」

〔註34〕見《論語·陽貨》。

　　齧缺問道乎被衣，被衣曰：「若正汝形，一汝視，天和將至；攝汝知，一汝度，神將來舍。德將為汝美，道將為汝居，汝瞳焉如新生之犢，而無求其故！」言未卒，齧缺睡寐。被衣大說，行歌而去之，曰：「形若槁骸，心若死灰，真其實知，不以故自持。媒媒晦晦，無心而不可與謀。彼何人哉！」被音披。瞳音充，未有知貌。說音悅。媒音妹。

　　「齧缺」，王倪弟子。「被衣」，王倪之師也。凡為道者，先須正形端色制其外，以養其中，使邪僻不干；其次則收斂目賊，勿取多境，使之返一內觀，自然和理來歸汝身矣；其次則收攝知慮，葆光斂採；又次則齊一常度，無令遷改，則神不外馳而自藏，精進堅瑩，汝之神明自來舍止矣。守一不散，故道德皆集，汝第瞳焉如新生之犢，無知直視。所謂愚若鄙者，不求故跡，與日俱逝，所謂乘日之車，以遊襄城之野者。至道不繁，易簡而已。玄談未終，而齧缺已悟，忽焉大寐，蓋凝神凝和之契也。於是被衣喜躍而贊之：「槁木形骸，灰土心思，直任真知，不以故自持，新吾皆吾，無復故吾。媒媒晦晦，忘心忘知。息照遣明，非凡心所議。彼何人哉！其天人與？」則被衣之所言，即齧缺之所得矣。兩「一」字最妙，古來只是抱一。前三句是從外起粗工夫，後三句是從內做精工夫，無不從眼視做工夫起者。孔子曰：「非禮弗視。」廣成子曰：「無視無聽。」佛曰：「色即是空。」

　　舜問乎丞曰：「道可得而有乎？」曰：「汝身非汝有也，汝何得有夫道！」舜曰：「吾身非吾有也，孰有之哉？」曰：「是天地之委形也；生非汝有，是天地之委和也；性命非汝有，是天地之委順也；孫子非汝有，是天地之委蛻也。故行不知所往，處不知所持，食不知所味。天地之彊陽氣也，又胡可得而有邪！」蛻音退，蛇蟬解。處，上聲。

　　若身是汝有者，則美惡生死當制之於己。今氣聚而生，汝不能禁也；氣散而死，汝不能止也。此乃天地陰陽偶結其有餘棄置之氣而成形，偶結其有餘棄置之和順而成生與性命，又偶結其有餘棄置之蛻脫而成子孫，故行往食味皆不可知其所以然，悉天地強有餘委剩之陽氣為之運動也，豈汝所得而有邪？知其不可得而有，則知道不可得而有矣，不有道乃所以有道也。

　　孔子問於老聃曰：「今日晏閒，敢問至道。」老聃曰：「汝齊戒，疏瀹而心，澡雪而精神，掊擊而知。夫道，窅然難言哉！將為汝言其崖略。夫昭昭生於冥冥，有倫生於無形，精神生於道，形本生於精，而萬物以形相生。故九竅者胎生，八竅者卵生。其來無跡，其往無崖，無門無房，

四達之皇皇也。邀於此者，四枝彊，思慮恂達，耳目聰明；其用心不勞，其應物無方。天不得不高，地不得不廣，日月不得不行，萬物不得不昌，此其道與！且夫博之不必知，辯之不必慧，聖人以斷之矣。若天益之而不加益，損之而不加損者，聖人之所保也。淵淵乎其若海，魏魏乎其終則復始也，運量萬物而不匱，則君子之道，彼其外與！萬物皆往資焉而不匱，此其道與！中國有人焉，非陰非陽，處於天地之間，直且為人，將反於宗。自本觀之，生者，暗醷物也。雖有壽夭，相云幾何？須臾之說也，奚足以為堯、桀之是非！果蓏有理，人倫雖難，所以相齒。聖人遭之而不違，過之而不守。調而應之，德也；偶而應之，道也。帝之所興，王之所起也。人生天地之間，若白駒之過隙，忽然而已。注然勃然，莫不出焉；油然漻然，莫不入焉。已化而生，又化而死。生物哀之，人類悲之。解其天弢，墮其天袠。紛乎宛乎，魂魄將往，乃身從之，乃大歸乎！不形之形，形之不形，是人之所同知也，非將至之所務也，此眾人之所同論也。彼至則不論，論則不至；明見無值，辯不若默；道不可聞，聞不若塞。此之謂大得。」晏、宴同。間音閒。齊，側皆反。瀹音藥。掊，普口反。知音智。窅音杳。為，去聲。卵，力管反。恂音荀。與音余。魏，魚威反。復，扶又反。量音亮。處，上聲。暗音蔭。醷音隘，於界反，聚氣貌。蓏，力果反。漻音流。弢音滔，弓衣也。墮音灰。袠，陳筆反。

　　心有窒礙則道不入，精神不清靜則道不入，妄識最妨道。道又不入，故必齋戒，疏通爾心，洗雪爾精神，掊破爾知慧，而後可與語道也。然道亦難言，止可言其邊崖大略而已。夫天下萬物，昭昭有倫，而皆生於無，無生道，道生精神，精神生形，而後以形相生，九竅者胎生，八竅者卵生。雖以形相生，而其來無跡，其見在無門無房，四達皇皇，竟亦虛無冥冥而已。人能遊於其中，則心無隔礙，諸塵不入，而精神自生。於是四肢強固，思慮恂達，耳目聰明，其用心不勞而應物無方，天全而性得，然後可以稱人焉。彼天之所以高，地之所以廣，日月之所以行，萬物之所以昌，皆此道為之主宰也，而況於人乎！且夫知者不博，博者不知，慧者不辯，辯者不慧。博知辯慧，聖人之所棄；而不生不滅、無加無損者，聖人之所保也。淵乎其若海，魏乎其終則有始，何加損之有！故運量萬物而不匱者，可謂搏陰弄陽，稱得道矣。然不免於有心君子而已，彼其外與！若夫無心於萬物，而萬物自資焉，無所匱之，出之不窮，此則非陰非陽，而後謂之道。中國有是人焉，以其處於天地之間，第且稱人，顧為

人者暫爾，無何將復反陰陽之宗矣。此然後可謂得道，蓋自謂也。故人之稱人者，從末而觀也。從本而觀，則生非久存之物，譬暗醲之氣，偶聚會而成聲也。雖有彭、殤壽夭，若堯、桀之不齊，何足是非分別於其間哉！天下之物，莫不有自然之條理，果蓏尚然，而況人類乎！雖世途險巇，而尊卑齒敘本有常倫，聖人與之遭，則因物付物，而不違其理；比其過去，又與化俱徂，而不留其跡，調和偶合而順應之，此之謂道德，此之謂帝王矣。人生世間，若馳駿駒於小隙，欻忽已盡，誰能久存？注然勃然，莫不出生；油然漻然，莫不入死。已化而生，又化而死，在造化視之，如卉木生春，木葉脫秋，乃大常之微事。而生人之徒，所見不遠，則謂之崩坏大變，而橫加號踊於其間，豈知人之生也！如弓之在弢，書之在袠，不勝束縛之困。死則解弢墮袠，變化紛縕，魂魄二物將各返於陰陽，而身乃從之，此人之大歸也，焉有人而可以久客無歸者乎？始則由無形而至於有形，終則由有形而至於無形，乃人間之近事，非詣理至人之達務也。雖蚩蚩凡庸，皆能論之矣。第庸人所見不透，則相與聚而論之。至則不論，論則不至。若善見者不必指而後見善，辯者不必言而後詳。道不可聞，聞不若塞。夫惟有不聞之聞者，此之謂大得。

　　東郭子問於莊子曰：「所謂道，惡乎在？」莊子曰：「無所不在。」東郭子曰：「期而後可。」莊子曰：「在螻蟻。」曰：「何其下邪？」曰：「在稊稗。」曰：「何其愈下邪？」曰：「在瓦甓。」曰：「何其愈甚邪？」曰：「在屎溺。」東郭子不應，莊子曰：「夫子之問也，固不及質。正獲之問於監市履狶也，每下愈況。汝唯莫必，無乎逃物，至道若是。大言亦然，周、徧、咸三者，異名同實，其指一也。嘗相與遊乎無何有之宮，同合而論，無所終窮乎！嘗相與無為乎！澹而靜！漠而清乎！調而間乎！寥已吾志，無往焉而不知其所至，去而來不知其所止，吾已往來焉而不知其所終，彷徨乎馮閎，大知入焉而不知其所窮。物物者與物無際，而物有際者，所謂物際者也；不際之際，際之不際者也。謂盈虛衰殺，彼為盈虛非盈虛，彼為衰殺非衰殺，彼為本末非本末，彼為積散非積散也。」惡音烏。甓音闢。屎，尸旨反。矢同。弱，乃弔反。監音緘。狶音希。間音閒。彷音旁。馮音平。閎音宏。大知，去聲。殺音曬。

　　「期而後可」，欲指名其所在也。道無不在，不簡穢賤。東郭子未達，謂：「道至清高，而卑之至於瓦甓，已非矣。曰在屎溺，不太褻乎？」莊子曰：「道有本質，有末標，夫子固問道，不問本也。既竟其所在，則宜及於至穢至賤之

處，舉末彌可知本。譬之問豨者，履其股腳而肥愈明也，言愈下則道愈況矣。正，市。正獲，其名。監市，市魁。豨，豬也。買豬之法，踐其股腳之間，而肥瘦莫迎。蓋股腳近下，難肥之處，此肥則無不肥矣。以喻屎溺卑下，皆道所在。道何所不在乎？汝曰期而後可，則有所必矣。故吾亦以瓦甓矢溺論。汝惟莫必，則天下之物無非道，而詎有逃物之道？雖大言亦然。今夫周、徧、咸三者，異名而同指，皆大義也，不可謂周是大，徧非大；不可謂徧是大，咸非大也。試相與遊於無何有之宮，並口而論道，何所終窮乎？試相與並力而為，又何為乎？豈待澹之而後靜乎？漠之而後清乎？調和之而後閑暇乎？使人心寥然無著，不可思議，無往而不知其所至；往而復來，不知其所止；往來既已，而不知其所終。彷徨放任，馮閎虛曠，雖玄聖大知遊於其中，而不知其所窮。大道芴荒，與物無際，若物則有際矣。道無非物，有不際之際；物無非道，有際之不際。物之數有盈虛，有衰殺，有本末，有積散，而盈虛非盈虛，衰殺非衰殺，本末非本末，積散非積散，不可得而窺其際也。凡滯鄙情則有分別，聖人達觀，何分別之有！」

呵荷甘與神農同學於老龍吉。神農隱几闔戶晝瞑，呵荷甘日中奓戶而入曰：「老龍死矣。」神農隱几擁杖而起，曝然放杖而笑，曰：「天知予僻陋慢訑，故棄予而死。句。已矣夫子，無所發予之狂言而死矣夫。」弇堈弔，聞之，曰：「夫體道者，天下之君子所繫焉。今於道，秋毫之端萬分未得處一焉，而猶知藏其狂言而死，又況夫體道者乎！視之無形，聽之無聲，於人之論者，謂之冥冥，所以論道而非道也。」呵音阿。隱音印，下同。瞑音眠。奓，處野反。曝音剝。訑音但。弇音奄。堈音剛。處，上聲。

「隱」，憑也。「奓」，排也。「曝然」，放杖聲。天與夫子皆指老龍吉。至言非世人所解，故曰狂言，言老龍吉知我偏僻鄙陋，慢訑不專，故背棄吾徒而死，無復玄談，開發我心矣。弇堈弔之曰：「體道者，人之宗主也。彼老龍吉於道未始有得，而猶知藏其狂言而死，又況體道深玄者，肯露其言乎！夫道，視之無形，聽之無聲，人慾狀其彷彿，則謂之冥冥。冥冥所以狀道，而實非道也。道不可論，故藏其狂言而死者，庶幾近道，而論道者非得道者也。秋毫之端細矣，而猶未得其萬分一，喻其無所得也。」詞若貶之，實則贊其無得之得也。若於秋毫之端萬分一有所得，則失之遠矣。

於是泰清問乎無窮，曰：「子知道乎？」無窮曰：「吾不知。」又問乎無為，無為曰：「吾知道。」曰：「子之知道，亦有數乎？」曰：「有。」

曰：「其數若何？」無為曰：「吾知道之可以貴，可以賤，可以約，可以散，此吾所以知道之數也。」泰清以之言也問乎無始，曰：「若是，則無窮之弗知與無為之知，孰是而孰非乎？」無始曰：「不知深矣，知之淺矣，弗知內矣，知之外矣。」於是泰清中而歎曰：「弗知乃知乎，知乃不知乎！孰知不知之知？」無始曰：「道不可聞，聞而非也；道不可見，見而非也；道不可言，言而非也。知形形之不形乎！道不當名。」無始曰：「有問道而應之者，不知道也；雖問道者，亦未聞道。道無問，問無應。無問問之，是問窮也；無應應之，是無內也。以無內待問窮，若是者，外不觀乎宇宙，內不知乎太初，是以不過乎崑崙，不遊乎太虛。」

不知者合理，故深玄而處內。知之者乖道，故粗淺而疏外。「中而歎」者，不待其辭之畢而歎也。無四方上下，無往古來今，外觀乎宇宙者，知無窮矣。神何由降？明何由出？內知乎太初者，知無窮矣。三復此章，將一切言說一時掃盡，直至於無可思議，萬宇皆空。

光曜問乎無有曰：「夫子有乎，其無有乎？」光曜不得問，而孰視其狀貌，窅然空然，終日視之而不見，聽之而不聞，搏之而不得也。光曜曰：「至矣，其孰能至此乎！予能有無矣，而未能無無也；及為無有矣，何從至此哉！」窅音杳。搏音博。

成玄英曰：「光曜者，能視之智也。無有者，所觀之境也。智慧照察，故假名光。曜境體空寂，故假名無有。而智有明暗，境有淺深，故以智問境，有乎無乎？妙境希夷，視聽斷絕，審狀察貌，惟寂惟空。」〔註35〕故光曜歎其為至焉。謂「光明照曜者，其智尚淺，僅能得無喪有，未能雙遣有無也。若無有者，非直無有，乃亦無無。以無之一字，無所不無，言約理廣。窮理盡性，故歎其何從至於此也。」〔註36〕郭子玄曰〔註37〕：「此皆絕學之意也。於道絕之，則夫學者乃在根本中來矣。故學之善者，惟不學乎！」

〔註35〕成《疏》：「光曜者，是能視之智也。無有者，所觀之境也，智慧照察，故假名光曜；境體空寂，故假名無有也。而智有明暗，境無深淺，故以智問境，有乎無乎？夫妙境希夷，視聽斷絕，故審狀貌，唯寂唯空也。」

〔註36〕成《疏》：「光明照曜，其智尚淺，唯能得無喪有，未能雙遣有無，故歎無有至深，誰能如此窈妙！而言無有者，非直無有，亦乃無無，四句百非，悉皆無有。以無之一字，無所不無，言約理廣，故稱無也。而言何從至此者，但無有之境，窮理盡性，自非玄德上士，孰能體之！是以淺學小智，無從而至也。」

〔註37〕郭《注》：「此皆絕學之意也。於道絕之，則夫學者乃在根本中來矣。故學之善者，其唯不學乎！」

大馬之捶鉤者，年八十矣，而不失豪芒。大馬曰：「子巧與？有道與？」曰：「臣有守也。臣之年二十而好捶鉤，於物無視也，非鉤無察也。是用之者，假不用者也以長得其用，而況〔註38〕無不用者乎！物孰不資焉！」捶音贅，與錘同義，郭音朵，謂玷捶鉤之輕重。玷音點，蓋揣義。與音余。好，去聲。

「大馬」，官名。「捶」，鍛也。「鉤」，馬腰帶也。大馬之捶鉤者，大馬家有此工人也。不失豪芒，占捶鉤之輕重而無豪芒之差也。所以至老而長得捶鉤之用者，賴其專精凝慮，不用之於他物也。況乎體道聖人，並其不用者而無之，則其成大用而萬物莫不稟資焉，不亦宜乎！

冉求問於仲尼曰：「未有天地可知邪？」仲尼曰：「可。古猶今也。」冉求失問而退。明日復見，曰：「昔者吾問『未有天地可知乎？』夫子曰『可。古猶今也。』昔者吾昭然，今日吾昧然，敢問何謂也？」仲尼曰：「昔之昭然也，神者先受之；今之昧然也，且又為不神者求邪！無古無今，無始無終。未有子孫而有子孫，可乎？」冉求未對，仲尼曰：「已矣，未應矣！不以生生死，不以死死生。死生有待邪？皆有所一體。有先天地生者物邪？物物者非物，物出不得先物也，猶其有物也。猶其有物也，無已。聖人之愛人也終無已者，亦乃取於是者也。」復，扶又反。見音現。為音位。先，去聲。

此章是莊子學問大根源，即章首「無窮」二字。「古猶今也」，有今則有古，今無窮則古亦無窮，以近推遠，其理一也。冉求聞之，既昭然明矣，退而思之，則又謂今可知也，未有天地之先竟不可知也，今非所以例古也，故曰「昔者吾昭然，而今昧然」。仲尼曰：「昔汝之昭然也，心靈開朗，既受吾言矣。今復昧然，則三思起惑，更為不神者所蔽，而索之於我邪？世未始有古今，世未始有始終，天地常在，無未有之時，亦無有盡之時也。譬汝今未有子孫也，而謂汝有子孫亦可，世世無極，理所同也。」冉求尚未悟，方更思索，仲尼曰：「汝無庸思矣，無庸應矣。蓋不思而得者乃真得，思之更為不神者求也。凡生者自生，不以有生而生天下之死，故知天地無始時也。死者自死，不以有死而死天下之生，故知天地無盡時也。自死自生，初無所待，而人物終無盡。若各有一體，而不知其所以然者，如汝所問，謂天地有未有之時，則謂物有先天地生者

〔註38〕通行本此處有「乎」。

矣。世豈有先天地生之物邪？大凡物不能生物，以物不得先物故也。雖無數劫世以上，猶其有物也。時無窮息，猶其有物，而無窮息也，故知天地無未有之時也。物物相禪而無窮，生生相待而不息，故聖人之愛人亦無窮息，亦乃猶夫是也。」殷湯問於夏革曰：「古初有物乎？」夏革曰：「古初無物，今惡得物？後之人將謂今之無物，可乎？」殷湯曰：「然則物無先後乎？」夏革曰：「物之終始，初無極已。始或為終，終或為始，惡知其紀？然自物之外，自事之先，朕所不知也。」殷湯曰：「然則上下八方有極盡乎？」革曰：「不知也。」〔註39〕「無則無極，有則有盡，朕何以知之？然無極之外復無無極，無盡之中復無無盡；無極復無無極，無盡復無無盡。朕以是知其無極無盡也，而不知其有極有始也。」〔註40〕陸子靜少時問天地何所窮際，其父笑而不答。〔註41〕非不答，不能答也。正使從來聖賢窮古絕今之識，回此一答，只說得一箇無盡無極，終不能去人之疑。此《秋水篇》中所以說「言有所不能論，意有所不能致」；又說「六合之外，聖人存而不論」；《老子》說「迎之不見其首，隨之不見其後。執古之道，以御今之有，以〔註42〕知古始」，皆此意也。論者乃謂天地有混沌之初，吾所未解。即有混沌千萬，混沌之先千萬，混沌之後復何終始哉！其大亦然。即千萬天宇之外，復何天宇也。人皆謂形體有盡，心無盡，以今觀之，心亦有盡，惟天地無盡。天地之大也，至於心之所不能致，益之以詭辭怪說，亦不可窮，而後知道真有不可知之神也，心之所極幾何哉！乃子靜曰：「東海有聖人出焉，此心同也，此理同也。乃至西海、南海、北海千百世之上，千百世之下，有聖人出焉，此心同也，此理同也」，與「此聖人之愛人終無已」意正契合。

　　顏淵問乎仲尼曰：「回嘗聞諸夫子曰：『無有所將，無有所迎。』回敢問其遊。」仲尼曰：「古之人外化而內不化，今之人內化而外不化。與物化者，一不化者也，安化安不化？安與之相靡？必與之莫多。狶韋氏之囿，黃帝之圃，有虞氏之宮，湯、武之室。君子之人，若儒墨者師，

〔註39〕　《列子》此處原有「湯固問，革曰」。
〔註40〕　「殷湯問於夏革曰」至此見《列子・湯問第五》。
〔註41〕　《象山先生行狀》，附見陸九淵《象山先生全集卷》卷三十三（四部叢刊景明嘉靖本）：
　　　　　先生幼不戲弄，靜重如成人。三四歲時，常侍宣教公行，遇事物必致問。一日，忽問天地何所窮際，宣教公笑而不答，遂深思至忘寢食。
〔註42〕　「以」，《老子》作「能」。

故以是非相鼇也，而況今之人乎！聖人處物不傷物。不傷物者，物亦不能傷也。唯無所傷者，為能與人相將迎。山林與，皋壤與，使我欣欣然而樂與！樂未畢也，哀又繼之。哀樂之來，吾不能御，其去弗能止。悲夫，世人直謂物逆旅耳！夫知遇而不知所不遇，知能能而不能所不能。無知無能者，固人之所不免也。夫務免乎人之所不免者，豈不亦悲哉！至言去言，至為去為。齊知之所知，則淺矣。」鼇音蹟。處，上聲。與音餘。樂音洛，下同。去，上聲。

「將」，送也。人心如鏡，不送往，不迎來，則事心之術也。仲尼曰：「古之人外化而內不化，今之人內化而外不化。外化而內不化者，外物無常，隨機順應，而內心有主，凝定自如也。內化而外不化者，中無主宰，好變多機，而外與物膠，沉冥顛躓也。夫天下之物理無常，而非無常者所能持。聖人之心淵然渾然，與太虛同其靜定，而春生秋殺，待物自來，故與物化者，一不化者也。安有所化？安有所不化？又安見夫物而與之相靡順哉？必與之靡順，亦中節而止，無所求多。此古之人所謂外〔註43〕化而內不化也。且外物之遷化也，豈一日哉！在昔天下一家，未嘗有藩籬、爾我之分。自狶韋時始為囿，至黃帝時而圃，又至有虞而宮，湯、武而室，氣象之疏密、局量之小大者，此殊矣。雖為宮為室，尚未有人也。至於學術分岐，稱君子者出，而又人矣。造化瓌奇，陰陽善變，故自儒、墨之師尚且甲是乙否，呶呶爭鳴，而以是非相戾也，舊矣！又況今之人，其鼓頰撓脣者，又何窮限而能使道不為天下裂乎！惟任其論之紛紜而付之自定，任其事之遷變而付之自為，而然後謂之善遊。聖人為能善處物而不傷，故物亦不能傷。惟無所傷者，為能與人相將迎焉。本無將迎，而言能與人將迎者，深明其無將迎也。且外物之遷化，不獨外物，亦人情也。情無常存，遇境輒變。覩山林、皋壤則欣欣然樂，樂未畢也，而繼之以哀。哀樂之來不能御，去不能止，所謂當其所遇，曠然自得，不知老之將至。及其所之既倦，情隨物遷，感慨繫之矣。悲夫！故譬人之於世，猶物之於逆旅耳。夫可常哉！哀樂，吾情也，尚不能自主，可見外物當化而以一觀齊之者，非也。執心如石，處世若仇，已往而送，當機而留，未來而將三心交戰，而一真內淆，務窮人之所不知以為明，務強人之所不能以為工，又何為哉！夫智有明闇，能有工拙，各稟素分，不可強為知之。所遇可知，而所不遇者不可知；能之所能可能，而所不能者不可能。雖聖人有所不知不能，不知不能固人之所不免也，而務免乎

〔註43〕「外」，光裕堂刻本誤作「升」。

人之所不免惑，惑焉將且迎之不已，豈不悲哉！至言去言，至為去為，至知去知。必欲齊知之所知，知愈多而愈淺矣。」

卷　八

庚桑楚第二十三　雜篇

雜篇者，零金剩玉，麗雜而出，其語非一端也。故其文不貫串。要之，宗旨不異。

老聃之役有庚桑楚者，偏得老聃之道，以北居畏壘之山。其臣之畫然知者去之，其妾之挈然仁者遠之；擁腫之與居，鞅掌之為使。居三年，畏壘大壤。畏壘之民相與言曰：「庚桑子之始來，吾灑然異之。今吾日計之而不足，歲計之而有餘。庶幾其聖人乎！〔註1〕胡不相與尸而祝之，社而稷之乎？」庚桑子聞之，南面而不釋然。弟子異之。庚桑子曰：「弟子何異於予？夫春氣發而百草生，正得秋而萬寶成。夫春與秋，豈無得而然哉？大道已行矣。吾聞至人，尸居環堵之室，而百姓猖狂不知所往。今以畏壘之細民，而竊竊焉欲俎豆予於賢人之間，我其杓之人邪？吾是以不釋於老聃之言。」庚桑，《史記》作亢桑。畏壘，山名。知音智。去，上聲。挈，苦結反。遠，去聲。擁，於勇反。腫音冢。灑，素殄反，驚貌。幾音譏。夫音扶，下同。杓音標。

「役」，徒也。「庚桑」，氏。「楚」，名。「偏」，獨也。「畫然飾知，挈然矜仁。」〔註2〕「去之」、「遠之」，不以為僕妾也。「擁腫」、「鞅掌」，淳樸力作之意。「壤」當作「穰」，熟也。「灑然異」，其棄智而任愚也。日計不足，歲計有

〔註1〕通行本此處有「子」字。
〔註2〕係郭《注》。

餘，無近功而有遠得也。尸、祝、社、稷、南面，皆尊而事之之意。「不釋然」，不悅也。言春生秋實，天於人豈無德哉！而天不知也。吾聞之老聃，至人尸居環堵之室，而百姓不知所往，法天道也。今以畏壘之民，而竊竊偶語，欲俎豆我於當世賢者之間，我其杓之人邪？吾恐其有媿於老聃之言，故不釋然。「賢人」，指當時之所謂賢者而言。「杓之人」，言為物標的之人也。

　　弟子曰：「不然。夫尋常之溝，巨魚無所還其體，而鯢鰌為之制；步仞之丘陵，巨獸無所隱其軀，而　狐為之祥。且夫尊賢授能，先善與利，自古堯、舜以然，而況畏壘之民乎！夫子亦聽矣！」庚桑子曰：「小子來！夫函車之獸，介而離山，則不免於罔罟之患；吞舟之魚，碭而失水，則蟻能苦之。故鳥獸不厭高，魚鱉不厭深。夫全其形生之人，藏其身也，不厭深眇而已矣。且夫二子者，又何足以稱揚哉！是其於辨也，將妄鑿垣墻而殖蓬蒿也；簡髮而櫛，數米而炊，竊竊乎又何足以濟世哉！舉賢則民相軋，任知則民相盜。之數物者，不足以厚民。民之於利甚勤，子有殺父，臣有殺君，正晝為盜，日中穴阫。吾語女：大亂之本，必生於堯、舜之間，其末存乎千世之後。千世之後，其必有人與人相食者也。」夫音扶，下二同。八尺曰尋，倍尋曰常。還音旋。鯢音倪。鰌音秋。六尺為步，八尺曰仞，又四尺曰仞。鱉音鱉。函車之獸，大吞車者。離，去聲。碭音蕩，溢也。櫛音節。數，上聲。知，去聲。殺音弒。阫音裴，墻也。語，去聲。女音汝。

　　弟子引言之意，謂小水小丘之間，以無巨魚巨獸為之主，故鰍狐之屬為妖孽矣。夫子苟不聽畏壘之請，則畏壘何所賴乎？堯、舜不亂人之歸己也，夫子亦聽畏壘之歸矣。「介」，獨也。「二子」，指堯、舜。「辨」，猶說也，指堯、舜之道也。言堯、舜辭人自然之性，以為治教之具，猶鑿破好墻，而更植蓬蒿以為蔽也。捨簡易之道，而務猥瑣之方，如簡髮而櫛，數米而炊也。民之於利甚勤，盜詐之端，惟恐杜之不密，況可自上而啟！今舉賢任智，則以察見微曖者為明，以智窮變詐者為賢，務憸忽之多端，開奔競之側途，是明教之以偽而永貽之以害也。其端啟於堯、舜，而禍流於千萬世之後矣。然則賢能善利之跡，正至人所當深泯者。有而不恃，為而不宰，功成而不居，使人日用而不知，所以為之，此全生之人藏其身於深眇之道也。

　　南榮趎蹵然正坐曰：「若趎之年者已長矣，將惡乎託業以及此言邪？」庚桑子曰：「全汝形，抱汝生，無使汝思慮營營。若此三年，則可以及此言也。」南榮趎曰：「目之與形，吾不知其異也，而盲者不能自

見；耳之與形，吾不知其異也，而聾者不能自聞；心之與形，吾不知其
異也，而狂者不能自得。形之與形亦辟矣，而物或間之邪，欲相求而不
能相得。今謂趎曰：『全汝形，抱汝生，勿使汝思慮營營。』趎勉聞道達
耳矣！」庚桑子曰：「辭盡矣。曰奔蜂不能化藿蠋，越雞不能伏鵠卵，魯
雞固能矣。雞之與雞，其德非不同也。有能有不能者，其才固有巨小也。
今吾才小，不足以化子。子胡不南見老子！」趎，昌于反。蠋，子〔註3〕六
反。長，丁丈反。惡音烏。間，去聲。藿音霍。蠋音蜀。伏，扶又反。

　　「正坐」，跪也。「辟」，音譬，言不異也。均是心而不能聞道，物豈間之
邪？「達耳」，言未達於心也。「辭盡」，言吾之力董止此矣。又著「曰」字者，
言盡而復言也。「奔蜂」，細腰土蜂。「藿蠋」，豆中大蟲也。土蜂祝螟蛉，能祝
小蟲，不能祝大蟲也。越雞小，魯雞大。

　　南榮趎贏糧，七日七夜，至老子之所。老子曰：「子自楚〔註4〕所來
乎？」南榮趎曰：「唯。」老子曰：「子何與人皆〔註5〕來之眾也？」南榮
趎懼然顧其後。老子曰：「子不知吾所謂乎？」南榮趎俯而慚，仰而歎，
曰：「今者吾忘吾答，因失吾問。」老子曰：「何謂也？」南榮趎曰：「不
知乎？人謂我朱愚。知乎？反愁我軀。不仁則害人，仁則反愁我身；不
義則傷彼，義則反愁我己。我安逃此而可？此三言者，趎之所患也，願
因楚而問之。」老子曰：「向吾見若眉睫之間，吾因以得汝矣。今汝又言
而信之。若規規然若喪父母，揭竿而求諸海也。汝亡人哉！惘惘乎汝欲
反汝情性而無由入，可憐哉！」南榮趎請入就舍，召其所好，去其所惡，
十日自愁，復見老子。老子曰：「汝自灑濯，孰哉郁郁乎！然而其中津津
乎猶有惡也。夫外韄者不可繁而捉，將內揵；內韄者不可繆而捉，將外
揵。外內韄者，道德不能持，而況放道而行者乎！」贏音盈，擔也。唯音
偉。知乎，去聲。睫音接，目毛也。規規，失神貌。喪，去聲。揭音傑。揭竿求海，
言以短小之物求深大之域。好、惡，俱去聲。去，上聲。復，扶又反。灑、洗同。孰、
熟同。津，津溢也。韄音霍，縛也。捉，捕也。揵音件，關也。繆，莫侯反。

　　聖人照機如鏡，見趎挾三言以來，即譏之云：「子何與人偕來之眾也。」
禪伯常以此法照人，上眼便見。趎未達老子之旨，而驚顧其後，恐真有多人來

〔註3〕「子」，光裕堂刻本作「于」。
〔註4〕通行本此處有「之」字。
〔註5〕「皆」，沈氏注作「偕」。通行本亦作「偕」。

者。老子曰：「子不解吾所謂乎？」趎自知其暗劣不足以洞徹聖機，於是慚歎而對，曰：「今者吾失吾所對，並失吾所問，恍忽甚矣。」老子曰：「汝欲問何？」趎曰：「道與世交喪久矣。不加照察，則人謂我專愚；若加照察，又有用智之害，反愁我軀。不加仁恩，則害人；若加仁恩，又乖保身之哲，反愁我身。不徇節義，則傷彼；若徇節義，又當為捐赴之事，反傷我己。若為而可以兩全也，蓋未逃於仁義智之三綱，而又未超於得失之兩塗，強欲以力而內外韄揵，故不免此患。」老子曰：「向吾見汝眉睫之間，已知汝挾此三言而來矣。今又言而實之。若亡子失其父母，揭竿木而索之茫茫大海中也。汝欲反歸於汝性情而無由入，可憐哉！」趎請假館閒居，痛自洗濯，一番用功，十日復見老子。老子曰：「汝自以為洗濯熟哉？吾觀汝郁郁乎雖已加功，尚津津乎諸漏未盡而有惡也。韄者，繫縛之謂。揵者，關閉之謂。繁，多也。繆，綢繆也。捉，持也。言今之學者用功，大氐苦聲色貨利誘於外，則緊將耳目手足束縛禁止，外韄以卻之。顧物誘多端，豈能一一而捉持？必反而求之於內，從心上用力關鎖，以求拔本塞源之效。及內境之中有七情六欲，時時動作，雖加繫縛，如猿馬不定，豈能綢繆而捉持？又假借外面工夫，仍去關防閉塞他，庶幾不見可欲，使心不亂。似此內外韄揵，可謂無遺法矣。顧太多政法而不諜，用力愈勞而收效愈難，雖欲依傍道德而行，尚不能也，況欲放任自在，優游於道德之場乎？此非求道之法也。」

南榮趎曰：「里人有病，里人問之，病者能言其病，然其病病者猶未病也。若趎之問〔註6〕大道，譬猶飲藥以加病也。趎願聞衛生之經而已矣。」老子曰：「衛生之經，能抱一乎？能勿失乎？能無卜筮而知吉凶乎？能止乎？能已乎？能捨諸人而求諸己乎？能翛然乎？能侗然乎？能兒子乎？兒子終日嗥而嗌不嗄，和之至也；終日握而手不掜，共其德也；終日視而目不瞚，偏不在外也。行不知所之，居不知所為，與物委蛇而同其波。是衛生之經已。」捨，上聲。翛音蕭。侗音通。嗥、號同，平聲。嗌音益，喉也。嗄，於邁反，啼極無聲也。掜音以，寄也，捉也。共如字，一也。瞚、瞬同，音舜，動也。委蛇音煨移。

里人問病，病者能自言其病，病猶未甚。蓋曉得病處，便好下藥。若趎忘吾答，因失吾問，至於不知病之所在，則病甚矣。今者再聞大教，心益茫然，

〔註6〕「問」，通行本作「聞」。

譬之飲藥加病，想吾於大道終無緣分，今止請攝身養命之法，少卻吾病，庶不孤此生已。不知衛生亦須從大道中來，方是正門，始無藥病。故老子曰：「汝欲聞衛生之經，我且問汝，汝能抱一乎？抱一者，不離性本也。能勿失乎？不須求得，只不失便有相應處。能無卜筮而知吉凶乎？惠迪吉，從逆凶，如影響，何須叩鬼求神，非絕攀援心者不能如此。能止乎？知足不辱，知止不殆，人只貪求不止，故致災也。能已乎？善作不如善息，有為非難，不為實難也。能捨諸人而求諸己乎？未有身治而國家亂者，廣成、黃帝皆言修身而已。能翛然乎？眇無停跡，如憑虛御風，而莫知其所止方可。能侗然乎？侗，未成器之人也。能兒子乎？兒子終日號而喉不破，任聲之自出，而不由於喜怒，和之至也。終日握而手不勞，任手之自握，而無所求，無心而同德也。終日視而目不動，任眼之自視，不偏滯於外物也。任足之自行而不知所往，任體之所安，而不知所為，以無心應物，物波亦從而波，此兒子之所為也。以上皆衛生之常道，汝須一一自問自答，會則說會，不會則說不會，方有進步。」余嘗用此法，真惕然汗，聳然其緊要，只抱一二字便盡。從真性上用工，便不用內外鞭摧，費許多頭緒。

南榮趎曰：「然則是至人之德已乎？」曰：「非也，是乃所謂冰解凍釋者。夫至人者，相與交食乎地而交樂乎天，不以人物利害相攖，不相與為怪，不相與為謀，不相與為事，翛然而往，侗然而來，是謂衛生之經已。」曰：「然則是至乎？」曰：「未也。吾固告汝曰：『能兒子乎？』兒子動不知所為，行不知所之，身若槁木之枝而心若死灰。若是者，禍亦不至，福亦不來。禍福無有，惡有人災也！」夫音扶。樂音洛。惡音烏。

此一段尤難契悟，大是禪門作用，所謂不可以形色名聲得彼之情者。凡莊子中所記老子教機，多如此類。莊子必有所本，不是杜撰得來的，於此見世間大導師自有過化存神之妙。南榮趎曰：「然則是至人之德已乎？」蓋趎平日所聞至人之德也只此數句，今所聞適與之合，故其問如此。此問亦是亦不是。至人之德亦不出此，但得之即為德，未得即為藥，執之即為病，有此不同。老子善點化，且說未是，尚早也，此只是粗工夫，如冰之方解、凍之方釋，渣滓痕跡不勝其多，安得便湛然澄然，而況乃曠然無物之境乎！夫至人者，相與交食乎地而交樂乎天，不與人物利害相攖，不相與為怪，不相與為謀，不相與為事，翛然而往，侗然而來，與天地同適，與人物同熙，而一無所庸其心，是至人衛生之經也，非汝所及也。南榮趎尚不解所謂，以為既是衛生之經，又是至人之

事，豈不至矣乎？老子又曰：「未也。」只為一塵不透徹，費了老師多少口舌。又不與他分剖一句，只將前說又誦一遍，令渠自悟自入。悟之即為道，不悟即為藥；悟之即為藥，不悟即為病。悟亦不難，只在工夫純熟便得。若不悟時，雖說得天花亂墜，只與之為怪，所以老子不容多談也。常見鬳齋注《莊子》，凡不了處，便云不可言，不可說，只好意會，讚歎一番便過了。此殆未徹《莊子》之故。道理必有著落，何嘗不可言？惟至人應機，有不言者。《莊子》中引老子語，此法最多。至於五千言中，無此法矣。即佛書常言不可說，而其宗旨的的有在，豈無說乎？若書生讀書，動以一道字、一心字包括，似有著落，竟不可以通物成務，又大無著落。

宇泰定者，發乎天光。發乎天光者，人見其人。人有修者，乃今有恆。有恆者，人舍之，天助之。人之所舍，謂之天民；天之所助，謂之天子。

心所居曰宇。心大定，則慧光自顯。既定生慧，則與天同遊，人則見其為人耳，實天人也，至此則向之所修者今無。所修而有常心，水到渠成，岸及伐舍，常清常明，更不須修矣。有恆者，人皆來保汝，而依之為家，天亦將佑汝而助之以福。人依之，故謂之天民；天助之，故謂之天子。

學者，學其所不能學也；行者，行其所不能行也；辯者，辯其所不能辯也。知止乎其所不能知，至矣；若有不即是者，天鈞敗之。

道之小者，夫婦可能；其至者，天地聖人不能。故粗跡可學，近事可行，小物可辯，而大道之精不能學、不能行、不能辯。所謂學者，學此不能學者也；所謂行者，行此不能行者也；所謂辯者，辯此不能辯者也。故所謂知者，無務知其所不知，而止乎其所不知者，乃為天下之真知也。若欲師心任智，務知其無所奈何者，天鈞敗之。天鈞即《齊物論》所謂「和之以是非而休乎天鈞」者。務知則安能均、安能休哉？

備物以將形，藏不虞以生心，敬中以達彼，若是而萬惡至者，皆天也，而非人也，不足以滑成，不可內於靈臺。靈臺者，有持而不知其所持，而不可持者也。內音納。

佛家謂衣曰蓋死屍，食曰塞饑瘡，此「備物以將形」，不願豐也。《金剛經》云：「應無所住而生其心」，此「藏不虞以生心」也，無思為也。三千戒行，八百威儀，此「敬中以達彼」也，所以遊於人間也。具此三者，無往不可矣。而

倘不免於萬惡，則天也，非人也，不足以亂人之成，不可以納於吾之靈臺，便生退心。靈臺者，有所以奉持〔註7〕之，而不知所以奉持，亦不可以奉持者也。「身是菩提樹，心如明鏡臺」，靈臺也。「時時勤拂拭，莫使惹塵埃」，所以持也。「菩提本非樹，明鏡亦非臺」，不知所以持也。「本來無一物，何處惹塵埃」，不可持也。

不見其誠己而發，每發而不當，業入後而舍〔註8〕，每更為失。 當，去聲。舍，上聲。

不誠無物，動必舛錯，惡乎當？金屑雖貴，在眼為病。雖有善業，惡可不捨？

為不善乎顯明之中者，人得而誅之；為不善乎幽閒之中者，鬼得而誅之。明乎人，明乎鬼者，然後能獨行。 閒音閑。

明有王法，幽有鬼神，故君子晝卜諸妻子，夜卜諸夢。獨行不愧影，獨眠不愧枕，皆從慎獨中來。

券內者，行乎無名；券外者，志乎期費。行乎無名者，唯庸有光；志乎期費者，唯賈人也；人見其跂，猶之魁然。與物窮者，物入焉；與物且者，其身之不能容，焉能容人！不能容人者無親，無親者盡人。 費，耗也。賈音古。凡為首者曰魁。焉能音煙。

「券」，符契之類，各藏其半，合之以為信者。務內學者，必求事之無愧於心，故不為聲名之事，而常修於潛伏之中。務外學者，志期乎應用而已。「行乎無名」者，彌中而彰外，其用自顯。「志乎期費」者，猶賈人百物皆居，以待市易；又如人以立之未長而強力以跂，人見其跂則謂之魁，然其實小丈夫而已。與物終始者，身如太虛，量等天地，物咸入而容焉。與物苟且者，一身雖小，形跡不融，故無容於天地之中。身之不能容，而焉能容人？不能容人，則無親之者矣。有親則萬物一體，無非我者；無親則舉目盡人，誰為我者？券內券外，其效相遠如此。

兵莫憯於志，鏌鋣為下；寇莫大於陰陽，無所逃於天地之間。非陰陽賊之，心則使之也。 憯音慘，痛也。鏌音莫，鋣音耶，良劍名。

〔註7〕「持」，光裕堂刻本誤作「特」。
〔註8〕「業入後而舍」，通行本作「業入而不捨」。郭《注》：「事不居其分內。」成《疏》：「業，事也。世事攖擾，每入心中，不達違從，故不能舍止。」

鏌鋣雖利，所殺幾何。人一怒則流血千里，故當自持其志，亦無輕犯人之志。人間之寇，所竊幾何。有高城深池，猶可以御。惟陰陽之患，無所逃於天地之間。深宮邃閣之內，不汝賥也，可無畏哉！非陰陽能為汝賊，汝則自賊。天君泰然，諸寇屛息，凡外盜之來，無不自內盜啟之者。

道通其分也，其成也，毀也。所惡乎分者，其分也以備；所以惡乎備者，其有以備。故出而不反，見其鬼；出而得，是謂得死。滅而有實，鬼之一也。以有形者象無形者而定矣。分，如字。惡，烏路反。

道無分，雖有分，復通為一，故其成於此者，毀於彼者也。成與毀，復通為一也。奈何人心之有分也。所惡乎人之分者，為其備也。若分而不分，如所謂論而不議、議而不辯者，則猶未備也，何惡之有？備亦何害而惡之哉？所惡乎備者，為有以備也。若儒必務為儒，墨必務為墨，多為之說，以求必勝，故害道而可惡。不然，何惡之有？故出生入死，通而為一者也。若一出而不反，妄認血肉之軀為己有，而務所以生之。彼自謂之人，而不知此乃行尸走肉謂之鬼爾。彼自謂之得，而不知其所得者非得道，乃得死爾。萬法歸一，一歸何處？即使空諸所有，而不能空其所空，猶謂之滅而有實，與鬼無異必也。即色即空，即空即色，以有形者與無形者同，然後齊一死生，曠然安於泰定之境，而謂之得道。若有一毫未空，皆得死者也，非得道者也。

出無本，入無竅，有實而無乎處，有長而無乎本剽。有所出而無竅者有實。有實而無乎處者，宇也。有長而無乎本剽者，宙也。有乎生，有乎死，有乎出，有乎入，入出而無見其形，是謂天門。剽音飄，末也。

出，生也。入，死也。生從何來？死從何去？來處來，去處去，實無來無去，故曰：「出無本，入無竅。」見在有實，而不可執以為有。實，芭蕉也，石火也，電光也。過去未來，其時甚長，而竟不知始於何歲，卒於何歲，無本無標，如環而不已也。此言死生之常理。又言有一種人，有出處，無入處，此則謂之有實。有實而與鬼何異哉！此為世之盜元命而偷生者詬也。上言「入無竅」，而此云「無竅」，即無入之義也。吾所謂「有實而無乎處者」，在天地則謂之宇。「四方上下曰宇」，見在有宇而不知其安在何處，人身亦然。吾所謂「有長而無本剽者」，在天地則謂之宙。「往古來今曰宙」，見在有宙而不知其始於何時，終於何時，人之死生亦然。有乎生，有乎死，有乎出，有乎入，「日夜相代乎前，而不知其所萌」，此之謂天門。一自然之變化而已。有所出而無竅

者，仙家之類，逆天地之自然者也。今玄門中自謂之道，自謂之盜，佛家亦謂仙為不了事。

天門者，無有也，萬物出乎無有。有不能以有為有，必出乎無有，而無有一無有。聖人藏乎是。

承上言天門非有門。門者，出義。天者，自然義。因其自然而出，故謂之天門，實無天門。萬物之有生於無，無則無矣，故復無無。聖人之所藏身者以此，在儒則謂之「洗心，退藏於密」〔註9〕，謂之「考終命」〔註10〕，謂之「存順沒寧」〔註11〕。佛家止為此一大事因緣，謂自無始以來，本無此四大，認賊為子，妄將四大六根為實，作種種業，受種種苦，萬劫輪廻，不能解脫。細參此六根五蘊，從塵劫以來，本無名相，皆不可得。一槩平等，盡底掀翻，萬緣頓息，內外無餘，一日功成行滿，囲地一聲，透出三界，與虛空混為一體，究竟涅槃。涅槃非死也，生滅滅已，寂滅為樂，無生無死之謂也。《莊子》此二節，字字符合陸子靜所謂「四海有聖人出焉，此心同也，此理同也」，其是之謂歟？

古之人，其知有所至矣。惡乎至？有以為未始有物者至矣，盡矣，弗可以加矣。其次以為有物矣，將以生為喪也，以死為反也，是以分已。其次曰始無有，既而有生，生俄而死；以無有為首，以生為體，以死為尻；孰知生死有無之一守者，吾與之為友。是三者雖異，公族也。昭景也，著戴也；甲氏也，著封也；非一也。惡音烏。喪，去聲。尻，若羔反。

因上文而言。古之人論死生，說到一無字，至矣，盡矣。其次一種則說有，但反說。說生是弱喪，而不知歸死是歸家，則分生死為二。其次一種則說始未生則無，既而生則有，俄而死又無，做三段說，以未生為首，生為體，死為尻，雖是三段，只是一體。此三說不同，譬如楚之公族，有稱昭景者，有稱甲氏者。稱昭景以見人所推戴之義，稱甲氏以見王家分封之義，其說非一也。要之，昭景即甲氏，甲氏即昭景也。三說雖殊，同是無罣無礙，齊一死生之義爾。昭氏、景氏，二族名。甲者，尊之之稱。

〔註9〕《周易·繫辭上》：「聖人以此洗心，退藏於密。」
〔註10〕《尚書·洪範》：「五曰考終命。」
〔註11〕張載《西銘》：「存，吾順也；沒，吾寧也。」

有生，黬也，披然曰移是。嘗言移是，非所言也。雖然，不可知者也。臘者之有膍胲，可散而不可散也。觀室者周於寢廟，又適其偃焉。為是舉移是。請嘗言移是：是以生為本，以知為師，因以乘是非。果有名實，因以己為質，使人以為己節，因以死償節。若然者，以用為知，以不用為愚；以徹為名，以窮為辱。移是，今之人也，是蜩與學鳩同於同也。誠音黯。膍音皆，牛百葉也。胲音該，足大指也。大祭備物而殽有膍胲。偃謂屏廁。為知，去聲。蜩音條。鷽、學同。

「有生」，聚氣耳。「黬」，疵也，又曰釜底煙氣也。「日夜相代於吾前，而不知其所萌。一受其成形，不亡以待盡」，而人顧披然分散稱移是者，何哉？移是者，非人之所是而移之也。未成乎心，以是其所非，而非其所是，外乎子之神，勞乎子之精，倚樹而吟，據槁梧而瞑，終身役役而不見其成功，薾然疲役而不知所歸，可不哀邪？吾嘗言移是，非所宜言也。雖然，亦不可知也。天運密移，疇覺之哉！既日夜相代於吾前矣，豈不亦移哉！若臘祭者，方其祭時，備陳牲牢，雖膍胲細物，亦不敢散。至於祭訖，則盡散而不留。是未祭以不散為是，既祭以散為是，何常之有！又如觀室者，既周其寢，復周於廟，至於便僻之偃亦往觀焉。或淨或穢，觀無定觀，又以何者為是、何者為非乎？變化之恒理固然耳。為此而舉移是之說，未為不可顧今之所謂移是者，但以無有為有耳，吾獨且奈何哉！請試言今之移是。是以生為本，一受其成形，不亡以待盡也。以知為師，隨其成心而師之也。因以乘是非，未成乎心而有是非也。乘如筭法之乘，相乘而不已也。於是以無有為有，妄指天下功名富貴等為果有之名實，而因以身為質。質如質子之質。又妄立仁義忠孝廉介等名，使人以為己節，而因捨死以償節。若然者，以有用為知，以無用為愚，以通顯為名，以窮約為辱，是今人之移是也。是同於蜩與學鳩之所同也，豈知至人以無名為名，以無用為用，以無死生為生，以無是非為知，而不以有涯隨無涯也，安用此移是為哉！

蹍市人之足，則辭以放驁，兄則以嫗，大親則已矣。故曰：至禮有不人，至義不物，至知不謀，至仁無親，至信辟金。蹍音輾，女展反。驁音傲，妄也。嫗，於禹反。至知，去聲。辟音璧。

蹍，踏也。市人之足，必謝之以辭，曰：「某放驁無狀，觸犯長者」，此禮也。若蹍兄之足，可若是辭乎？方嫗傴撫摩，辭有所不暇矣。又若蹍大親之足，雖傴傴撫摩亦且不暇，咋舌欲死耳。此若無禮而實禮之真意，故曰「至禮有不

人」。言若不近於人情，實人情也。以此推之，義有物制而至義則不物，知有謀慮而至知則不謀，仁有親厚而至仁則不親，信稱斷金而至信則辟金，正言若反。

徹志之勃，解心之謬，去德之累，達道之塞。貴、富、顯、嚴、名、利六者，勃志也；容、動、色、理、氣、息六者，謬心也；惡、欲、喜、怒、哀、樂六者，累德也；去、就、取、予、知、能六者，塞道也。此四六者不蕩胸中則正，正則靜，靜則明，明則虛，虛則無為而無不為也。勃、悖同。去，上聲。累，古尉反。塞，入聲。惡，烏路反。樂音洛。予，上聲。知，去聲。蕩、蕩同。

道者，德之欽也；生者，德之光也；性者，生之質也。性之動，謂之為；為之偽，謂之失。知者，接也；知者，謨也，知者之所不知，猶睨也。動以不得已之謂德，動無非我之謂治，名相反而實相順也。睨音異。治，去聲。

道出於德之上，故曰「德之欽也」。火生而有光，德生而有生，故「生者，德之光也」。「性者，生之質」，有性故謂之生，無性則人之質死矣，故曰「生之質也」。性感物而動，故有為。為而流於偽，謂之失。為而有為者，偽也。知生於接，亦生於謀，故曰「與接為搆」，又曰「謀稽乎誸」也。若夫知之所不知者，猶人之視也。自小視大者不盡，自大視小者不明，雖視而能無不視乎？知有所無奈何者亦如此。「動以不得已之謂德」，非有所動也，故合於自然而謂之德。「動無非我之謂治」，天下之所以不治者，皆動以人，非以我也；為耳目口鼻所使，而非以我也；為臣人婢妾所使，而非以我也；為縱橫押闔所使，而非以我也。惟治以我之性，而後謂之治矣。夫治以為人也而今曰我，動以治事也而今曰不得已，知以有知也而今曰不知，正言若反，而實相順也。

羿工乎中微而拙乎使人無己譽，聖人工乎天而拙乎人。夫工乎天而俍乎人者，唯全人能之。唯蟲能蟲，唯蟲能天。全人惡天？惡人之天？而況吾天乎人乎？中，去聲。譽，平聲。俍音良。惡音烏。

「羿工乎射而拙乎使人無己譽，聖人工於天而拙於人」，心與天合，可謂工於天矣，而不能隱其羶行，使人無己從，可不謂拙於人乎？若工於天而良〔註12〕於人，葆真混俗，無乎不可者，惟至人能之。人無有不鑿其天者。鑿其天，故有愧於人之名也。「惟蟲能蟲，惟蟲能天」，循其性而無所鑿，未嘗求異於蟲，

〔註12〕「良」似當作「俍」。

故亦未嘗有乖乎天也。若至人工乎天而倪乎人矣，惡知有天，亦惡知人之天。夫人之天且不知矣，而況知有吾之天、吾之人乎？「倪」，善也。

一雀適羿，羿必得之，威也；以天下為之籠，則雀無所逃。是故湯以庖人籠伊尹，秦穆公以五羊之皮籠百里奚。是故非以其所好籠之而可得者，無有也。

「一雀適羿，羿必得之」，羿之力能制雀也。力之所制有限，若「以天下為籠」，則無雀而不得矣。故「湯以庖人籠伊尹，秦穆公以五羊之皮籠百里奚」，是乃以天下之好籠天下之人。二賢有霸王之略，而以霸王之度籠之，故至也。非其好，雖欲籠之，而不可得也。是故貴籠之以大、籠之以因也。

介者拸畫，外非譽也；胥靡登高而不懼，遺死生也。夫復謵不餽而忘人，忘人因以為天人矣。故敬之而不喜，侮之而不怒者，惟同乎天和者為然。出怒不怒，則怒出於不怒矣；出為無為，則為出於無為矣。欲靜則平氣，欲神則順心，有為也。欲當則緣於不得已。不得已之類，聖人之道。拸音侈。夫音扶。復音服。謵音習。當，去聲。

「拸」，去也。「畫」，文采也。「胥靡」，罪人也。「復謵不餽」，未詳。舊注不餽者，假貸之物，乃服謵之而不還，則忘人也。詳文義似非。或云「不餽，無交際也」，則「服謵」當是自為之意。刖者棄去文采，外毀譽也，身為刑餘，豈復與章冕爭聲名哉！胥靡登高而不懼，遺死生也。千金之子，坐不垂堂。胥靡則威尊命賤矣，故登高亦不懍耳。若夫復謵自適，無人間交際之禮者，在人倫之外者也，故忘人。忘人則棄人間事，而可稱天人矣。故敬之而不喜，侮之而不怒者，惟心有天和，而不以人間之累為累者能之。雖出為怒，而未嘗有怒之形者，則其怒出於不怒，本無忿懥，在我特不得不怒而加之以斧鉞也。雖出於為，而未嘗有為之形，則其為出於無為，本無經營，在我特不得不為而見之於章程也。人慾靜，莫如平氣，氣平則喜怒不爽而意始寧。人慾神，莫如順心，心順則內省不疚而神始王。顧平氣順心，尚是有為之事，非無為也。若欲當理，則莫如緣於不得已而後起。不得已而後起，則怒出不怒，為出不為，始類於聖人之道。

徐无鬼第二十四　雜篇

徐无鬼因女商見魏武侯，武侯勞之曰：「先生病矣，苦於山林之勞，故乃肯見於寡人。」徐无鬼曰：「我則勞於君，君有何勞於我？君將盈耆

欲，長好惡，則性命之情病矣；君將黜耆欲，掔好惡，則耳目病矣。我
將勞君，君有何勞於我！」武侯超然不對。少焉，徐无鬼曰：「嘗語君，
吾相狗也。下之質，執飽而止，是狸德也；中之質，若視日；上之質，
若亡其一。吾相狗又不若吾相馬也。吾相馬，直者中繩，曲者中鉤，方
者中矩，圓者中規。是國馬也，而未若天下馬也。天下馬有成材，若卹
若失，若喪其一。若是者，超軼絕塵，不知其所。」武侯大說而笑。女
音汝。勞，去聲。惟山林之勞，平聲，餘皆去聲，下章同。耆音侍。長，丁丈反。好、
惡，並去聲。掔音牽。少，上聲。語、相、中、喪，並去聲。說音悅。

　　「勞」，慰勞其辛苦也。人君享受踰分，又將滿嗜欲，長好惡，則神明不
許，性命病於內；若欲捨嗜欲，黜好惡，則習慣難捨，耳目病於外。進退失據，
故當為山林之士所憐而勞之也。隋煬帝窮極奢欲，以至於病。或教以內視之法，
少試之，遽忿然曰：「如此幽苦，雖久視何益！」遂罷而出。故人主而欲遂其
性命之情，絕其耳目之好，尤難也。武侯超然不對，未必不悅其言，意亦悅之，
而不能從，故悵怏耳。少焉，無鬼說之以相狗相馬，從閒論中寓真人語，蓋狗
馬國君之所好者，武侯又必精其說，無鬼從其所知而進之以自庸之約。謂下品
之狗，惟貪一飽，從其所獵之多寡而予之以食，饑尚可用，飽則不可使矣，此
狸德也，不足取也；中品之狗，意氣豪高，常如遠望日然，而思一奮也；上品
之狗，神定氣完，嗒焉似喪其耦，翻有如癡如醉之狀。吾之相馬又優於相狗，
彼馬件件整齊、形形合式者，是國馬，非天下馬也。天下馬者，才德素成，不
待閒習，神氣內斂，而若無可觀，惛惛茫茫，若卹若失，若喪其一。似此之馬，
初行亦不甚疾。二三十里之外，稍覺放步。到百里以後，蕭蕭乎如乘風逐電，
欲留不能，故千里可至也。諺言「瞌睡馬，咬韁驟」，馬固以「若卹若喪」為
佳爾。武侯聞之大笑。昔文侯冕而聽古樂則恐臥，聽鄭、衛則不知其倦。乃無
鬼以任真守樸之意寓之於鄙俚之談，譬之於醫則從治之法，蓋以機智勇辨行其
真，故能使武侯欣然有會於心，而不覺失笑也。

　　徐无鬼出，女商曰：「先生獨何以說吾君乎？吾所以說吾君者，橫說
之則以《詩》、《書》、《禮》、《樂》，從說之則以《金板》、《六弢》，奉事
而大有功者不可為數，而吾君未嘗啟齒。今先生何以說吾君，使吾君說
若此乎？」徐无鬼曰：「吾直告之吾相狗馬耳。」女商曰：「若是乎？」
曰：「子不聞夫越之流人乎？去國數日，見其所知而喜；去國旬月，見所
嘗見於國中者喜；及期年也，見似人者而喜矣。不亦去人滋久，思人滋

深乎？夫逃虛空者，藜藋柱乎鼪鼬之逕，踉位其空，聞人足音跫〔註 13〕**然而喜矣，而況乎昆弟親戚之謦欬其側者乎？久矣夫，莫以真人之言謦欬吾君之側乎！」**說音稅，並同。弢音滔。說若音悅。相，去聲。夫音扶，下同。期音基。藋音糴。鼪音生。鼬音又。逕、徑同。踉，舊云與良同，言良人也，愚以為直當作跳踉之踉，為人行之義。跫音胸，人行聲。謦，輕頂反；欬，輕蓋反；言笑意。

《金板》、《六弢》，秘讖書名。若是乎，怪其操術淺而收效深。流人之喻，又最得物情。去國之後，必思其性之所好。數日近別，故見所知而喜；旬月稍久矣，故見頗識者而喜；期年之後，則見似其鄉人者亦喜矣，豈非離家愈久而思人愈深乎？夫迷人之失足於山谷中者，但見獸蹄鳥跡之道亦埋〔註 14〕沒於藜藋野草之中，凡人所行處皆空無人，此時忽聞人之足聲，安得不喜，又況其人乃吾之昆弟親戚，言笑於吾側，喜又當何如也！吾君之去真久矣，滿耳目前非聲色妖冶之事，即攻伐縱橫之謀，彼豈不厭聞？若說而樂親簡易之事，反本歸源，此正其時。人未有以真人之言啟之者，吾乘機而道之，安得不相悅以解！

徐无鬼見武侯，武侯曰：「先生居山林，食芧栗，厭蔥韭，以賓寡人，久矣夫。今老邪？其欲干酒肉之味邪？其寡人亦有社稷之福邪？」徐无鬼曰：「無鬼生於貧賤，未嘗敢飲食君之酒肉，將來勞君也。」君曰：「何哉？奚勞寡人？」曰：「勞君之神與形。」武侯曰：「何謂邪？」徐无鬼曰：「天地之養也一，登高不可以為長，居下不可以為短。君獨為萬乘之主，以苦一國之民，以養耳目鼻口，夫神者不自許也。夫神者，好和而惡姦。夫姦，病也，故勞之。唯君所病之，何也？」芧音序。賓音擯。夫音扶，下同。乘音盛。好、惡，並去聲。

言久處山林，今來，豈欲干求滋味以養頹齡乎？抑肯佐我為理乎？無鬼曰：「吾慣守淡泊，不願滋味，蓋為君形罷神倦來相勞耳。天地之養，均一無二，不為人君而縱之使多，不為庶民而限之使少。譬之登高居下，特其所處不同，不可以登高者為長，居下者為短，均是人耳。今君為萬乘之主，而掊斂小人之財力，以養其一身，損不足而奉有餘，違天地之平。無論人心不服，即君身中神明，其首肯乎？何則？聰明正直之謂神，其所好者和平，所惡者姦私。今君厲民以自養，姦私甚矣。於情為姦，於理為病，神肯許之乎？神不諱則喪亡無日，吾故來勞君之形與神也。且君之所以不與人同，而樂為此姦病之事

〔註 13〕「跫」，光裕堂刻本誤作「[illegible]」。
〔註 14〕「埋」，光裕堂刻本誤作「理」。

者，何也？又發此問，正欲得其病而藥之耳。」

　　武侯曰：「欲見先生久矣。吾欲愛民而為義偃兵，其可乎？」徐无鬼曰：「不可。愛民，害民之始也；為義偃兵，造兵之本也。君自此為之，則殆不成。凡成美，惡器也；君雖為仁義，幾且偽哉！形固造形，成固有伐，變固外戰。君亦必無盛鶴列於麗譙之間，無徒驥於錙壇之宮，無藏逆於得，無以巧勝人，無以謀勝人，無以職勝人。殺人之士民，兼人之土地，以養吾私與吾神者，其戰不知孰善？勝之惡乎在？君若勿已矣，修胸中之誠，以應天地之情而勿攖。夫民死已脫矣，君將惡乎用夫偃兵哉！」幾，平聲。譙音樵。錙音之。夫音扶。惡音烏，下同。脫音奪。

　　誠偽二字，是此段眼目。言欲愛民，欲偃兵，豈不誠美事！顧有心而為之，其流弊不可言，何則？偽故也。天下惟無者無對待，有則有對待，有對待則愛民之反必且為害民，偃兵之反必且為造兵，理執相乘，終不能成其愛民偃兵之事。故美者，惡之器也。凡形與形相生，有仁義之形，則偽仁義者必從而應之，如漢宣帝之有王成，司馬溫公之有蔡京，緣其心露於外，而人趨之故也。縱使為而有成，人亦從而伐之，如徐偃王、宋王偃皆以仁義而亡國。蓋名者，天下之所必爭。有實之名，猶恐難副，而況雜之以偽！其為物之所敗，必矣！天下事，惟循常者可以相安於無事。一有更始改革之事，倘不如意，必不能內守，而外戰之不暇，將前所為仁義者，姑捨是而移其心，與人鬥不平之氣，雖以仁義始，不免以兇暴終矣。此無他，不誠故也。真人則不然，既有意於民，則一無事足矣，民奚以愛為，而兵奚以偃為？為君計者，第毋興師動眾，盛陳鶴列於麗譙之間；勿多擁兵自衛，列徒驥於錙壇之宮；勿藏仁義以為要人之計；勿以智謀巧計攻戰之事而求勝人。夫殺人之人民，並人之土地，以養吾身而快吾心，假令一戰勝之，亦內勞其五藏，外駈民於鋒鏑，得與亡孰病？且不知勝之所在，而況未必勝也！君徒為兼併計，非為仁義計耳。必欲有以治國，莫若修胸中之誠，以應天地之情，而勿以多事攖之。我欲愛而民愛，我欲偃而兵偃。民已脫死矣，惡用夫偃兵為哉？此真真人之言也，論又甚徹。漢文帝得此意，故於禮樂，則曰未遑；於吳王不朝，則以几杖賜；匈奴入邊，一營細柳而止；真可謂修胸中之誠以應天地之情者矣。「鶴列」，陣兵也。「麗譙」，高樓也。城上樓曰譙。「徒」，步兵。「驥」，馬兵。「錙壇」，壇名。

　　黃帝將見大隗乎具茨之山，方明為御，昌寓驂乘，張若、諧朋前馬，昆閽、滑稽後車。至於襄城之野，七聖皆迷，無所問塗。適遇牧馬童子，

問塗焉，曰：「若知具茨之山乎？」曰：「然。」「若知大隗之所存乎？」曰：「然。」黃帝曰：「異哉小童！非徒知具茨之山，又知大隗之所存。請問為天下。」小童曰：「夫為天下者，亦若此而已矣，又奚事焉！予少而自遊於六合之內，予適有瞀病，有長者教予曰：『若乘日之車，而遊於襄城之野。』今予病少痊，予又且復遊於六合之外。夫為天下亦若此而已。予又奚事焉！」黃帝曰：「夫為天下者，則誠非吾子之事。雖然，請問為天下。」小童辭，黃帝又問。小童曰：「夫為天下者，亦奚以異乎牧馬者哉？亦去其害馬者而已矣！」黃帝再拜稽首，稱天師而退。隗音偉。茨音慈。寓音禹。乘音盛。詔音習。闇音昏。滑音骨。稽音雞。夫音扶。少而，去聲。瞀，茂、務二音風眩貌。長，丁丈反。痊，七全反。復，扶又反。去，上聲。

　　佛經開口便說如是，小童只說如此，以見天下道理見見成成，何待外求。少時不解事，遊於囂塵六合之內，遂感瞀眩之疾。有長者教予以無事之法，每日日出而作，日入而息。今予病少痊，將遊於六合塵坱之外，為天下亦若此而可矣。黃帝以為未足而請益，小童曰：「吾牧馬，君牧民，其理無二，我豈能使馬肥以蕃哉？馬自能肥以蕃。獨有害馬之物，馬不能除，而待吾除之。除之則馬之意大得矣。君亦豈能撫摩顧復人哉？第去其害人者，而民死已脫矣。害人者，人鬼禽獸等居其半，人主之心居其半。人主不害人，則人鬼禽獸亦不害人。故《老子》曰〔註15〕：『天下有道，其鬼不神。非其鬼不神，其鬼不傷人；非其鬼不傷人，聖人不傷人。夫惟兩不傷，故德交歸焉。』」

　　知士無思慮之變則不樂，辯士無談說之序則不樂，察士無凌誶之事則不樂，皆囿於物者也。招世之士興朝，中民之士榮官，筋力之士矜難，勇敢之士奮患，兵革之士樂戰，枯槁之士宿名，法律之士廣治，禮樂之士敬容，仁義之士貴際。農夫無草萊之事則不比，商賈無市井之事則不比，庶人有旦暮之業則勸，百工有器械之巧則壯。錢財不積則貪者憂，權勢不尤則誇者悲。勢物之徒樂變，遭時有所用，不能無為也。此皆順比於歲，不物於易者也。馳其形性，潛之萬物，終身不反，悲夫！知，去聲。樂音洛，下同。誶音歲，又昨律反。誚，責也。朝音潮。難，去聲。治，去聲。比音婢，下同。賈音古。夫音扶。

　　所好在此，所業在此，則不可一日無此事。無此事則不勝其技癢，而若無

〔註15〕《老子》：「治大國若烹小鮮。以道蒞天下，其鬼不神；非其鬼不神，其神不傷人；非其神不傷人，聖人亦不傷人。夫兩不相傷，故德交歸焉。」

與為生者矣。「凌誶」,凌鑠誶語也。「招世」,招搖自見於世者。爭名於朝,故曰興朝。中民之士,庸士也,以得官為榮耳。矜難、奮患,皆好奇功者。矜難較淺,如孟賁、烏獲好舉人所不能舉之類。奮患如伙飛、聶政、荊軻之類。宿者,隱而收之之意。枯槁如鮑焦之類,法律如申、韓之類。「敬容」,修飾容貌。「貴際」,貴與人交際,以顯其仁義也。此同事也。「尤」,甚也。「誇」,驕誇也。勢物之徒樂變,有事變則勢張而物售也。凡此諸人,若偶得用於時,皆欲傾動一世而不能無為者也,皆為時所役而不能與物俱化者也。彼亦「道與之貌,天與之形」者,形性豈與至人殊哉?而乃馳驟欲界之內,終其身不反,悲夫!「物於易者」,與物俱變化之謂,至人之事也。或問:智勇權執之事,固能亂世。若農夫商〔註16〕賈等,如何亂世?曰:不見許行並耕市價之說及桑、孔之術皆為世亂乎?奚為而非邪說?

　　莊子曰:「射者非前期而中,謂之善射,天下皆羿也,可乎?」惠子曰:「可。」莊子曰:「天下非有公是也,而各是其所是,天下皆堯也,可乎?」惠子曰:「可。」莊子曰:「然則儒、墨、楊、秉四,與夫子為五,果孰是邪?或者若魯遽者邪?其弟子曰:『我得夫子之道矣,吾能冬爨鼎而夏造冰矣。』魯遽曰:『是直以陽召陽,以陰召陰,非吾所謂道也。吾示子乎吾道。』於是乎為之調瑟,廢一於堂,廢一於室,鼓宮宮動,鼓角角動,音律同矣。夫或改調一弦,於五音無當也;鼓之,二十五弦皆動,未始異於聲,而音之君已。且若是者邪?」中,去聲。為,去聲。夫音扶。改調,去聲。當,去聲。

　　射有的,所以前期也。非前期,凡矢落之處,皆可謂之中乎?如此,天下皆羿矣。非公是,凡各是之事,皆可謂之是乎?如此,則天下皆堯矣。惠子好辯,故以為可。莊子曰:「若此,則儒、墨、楊、秉皆是也,何必彼四子之非而吾子之是邪?或者子亦若魯遽邪?遽之弟子曰:『我得夫子之道矣,我能冬爨鼎而夏造冰矣。』魯遽欲服之,乃曰:『此何難。此但以陽召陽,以陰召陰,小法耳,非吾之所謂道也。吾示子以吾道。』於是為之調瑟,以一瑟置堂中,一瑟置室中,兩不相見,鼓堂中宮則室中宮應之,鼓堂中角則室中角應之,斯乃五音六律聲同故也。又或堂中改調一弦,非宮非商,於五音無當也,室中二十五弦皆動,以求其緩急之調,音響相應無少差別,不待同堂共室而後能之,

〔註16〕「商」,光裕堂刻本作「爾」。

以是為異。不知此亦非異術，總不出於聲律之外，以五音為君主而已。聲既相聞，何用相見以同應同是，亦以陽召陽，以陰召陰之類而已。魯遽以此為怪而誇其弟子，不亦鄙乎！子今務誇以陵物，而本無奇於四子也，亦若此類邪？」「未始異於聲，而音之君已」，《淮南子》引此語作「未始異於聲，而音之君已形已」，尤較明白，蓋此脫二字也。

惠子曰：「今夫儒、墨、楊、秉且方與我以辯，相排以辭，相鎮以聲，而未始吾非也，則奚若矣？」莊子曰：「齊人蹢子於宋者，其命閽也不以完；其求鈃鍾也以束縛，其求唐子也而未始出域，有遺類矣！夫楚人寄而蹢閽者，夜半於無人之時而與舟人　，未始離於岑，而足以造於怨也。」
夫音扶。蹢音擲，投也。鈃音刑。離，去聲。

惠子又以四子不能屈己也而自以為賢，莊子以隱語答之。齊人賣子於宋之閽，告其人曰：「必刖之，不用完也。」其忍如此。及其求得鈃鍾，則束縛甚謹，而惟恐其少壞，又何愛也！其尋覓亡子，又僅在四域之內，而不復廣求於域外，又何忍也！事有不情，而方自以為是者如此，此之謂不知類。汝與四子各是其無稽之辯，亦此類。夫且楚人寄而蹢閽者，於夜半無人之時，而與舟人鬭。夫蹢閽則惣然一亡子也，夜半無人之時與舟人鬭，其凌而汩之易也，然而敢與之鬭者無他，身未離岸而足以造於怨耳。入其舟中，必不敢矣。今子之與四子鬭也，亦據相梁之埶，以為莫予侮耳。一旦失埶，雖欲再開口，其可得乎？而子方自謂辯足以服人，不亦謬哉！蓋惠子徒取辯口給，絕無本原，莊子所謂「無前期者」，直中其病。世無有道者，故易為雄長耳。「唐子」，失亡子也。

莊子送葬，過惠子之墓，顧謂從者曰：「郢人堊漫其鼻端，若蠅翼，使匠石斵之。匠石運斤成風，聽而斵之，盡堊而鼻不傷，郢人立不失容。宋元君聞之，召匠石：『嘗試為寡人為之。』匠石曰：『臣則嘗能斵之。雖然，臣之質死久矣。』自夫子之死也，吾無以為質矣，吾無與言之矣。」
從，去聲。郢，以井反。堊，烏路反。試為，去聲。

「堊」，白土。污郢人鼻端如蠅翼之微，而使匠石斵之，匠石亦聽而斵之，運斤如風，盡堊而鼻不傷。匠石之技誠絕技，而郢人立不失容，不動之至，則可謂有其質矣。不動之質亡，故匠石輟成風之妙手。知言之偶喪，則莊子息濠上之微言，餘子碌碌，何足以發吾之狂言哉！是故寄之赫蹏，以俟後世之知音而已。

　　管仲有病，桓公問之曰：「仲父之病病矣，可不謂云，至於大病，則寡人惡乎屬國而可？」管仲曰：「公誰欲與？」公曰：「鮑叔牙。」曰：「不可。其為人絜廉，善士也。其於不已若者不比之，又一聞人之過，終身不忘。使之治國，上且鉤乎君，下且逆乎民。其得罪於君也，將弗久矣！」「然則孰可？」對曰：「勿已，則隰朋可。其為人也，上忘而下畔，愧不若黃帝而哀不已若者。以德分人謂之聖，以財分人謂之賢。以賢臨人，未有得人者也；以賢下人，未有不得人者也。其於國有不聞也，其於家有不見也。勿已，則隰朋可。」惡音烏。屬音燭。下人，遐嫁反。

　　「病病」，病甚也。「可不謂云，至於大病」，言不可諱死而不言也。子倘死，吾惡乎託國哉？鉤、逆，皆違拂之意。「上忘而下畔」，一作「好上識而下問」，一作「上忘而下不畔」，今且依此解之，當云上下俱忘之而不甚歸許也，蓋無可喜之跡故也。皇者修道，帝者修德。人不務道德，朋以為愧；人不若己，朋則哀之教之。其於國有不聞，於家有不見，故休休有容而可以得人之心。古諺云：「不瘖不聾，不作三公」；又云：「不癡不聾，不作家翁」；皆此意也。古之為大臣者，無智名，無勇功，故班超之戒任尚曰：「水清無大魚」；我太祖之評劉誠意曰：「基峻隘不可相。」李端有糊塗之稱，〔註17〕韓魏公有不辯白黑之號。《唐史》贊房、杜曰〔註18〕：「輔贊彌縫而藏諸用，使斯人由而不知。彼揚己取名，了然使戶曉者，殆房、杜之細邪！」數公者，其亦隰子之流矣。

<hr>

〔註17〕按：「李端」恐為「呂端」之誤。《宋史》卷二百八十一《呂端傳》：「時呂蒙正為相，太宗欲相端，或曰：『端為人糊塗。』太宗曰：『端小事糊塗，大事不糊塗。』決意相之。」

〔註18〕《新唐書》卷九十六《房玄齡杜如晦傳》：
　　贊曰：太宗以上聖之才，取孤隋，攘羣盜，天下已平，用玄齡、如晦輔政。與大亂之餘，紀綱彫弛，而能興僕植僵，使號令典刑粲然罔不完，雖數百年猶蒙其功，可謂名宰相。然求所以致之之跡，逮不可見，何哉？唐柳芳有言：「帝定禍亂，而房、杜不言功；王、魏善諫，而房、杜讓其直；英、衛善兵，而房、杜濟以文。持眾美傚之君。是後，新進更用事，玄齡身處要地，不吝權，善始以終，此其成令名者。」諒其然乎！如晦雖任事日淺，觀玄齡許與及帝所親款，則謨謀果有大過人者。方君臣明良，志協議從，相資以成，固千載之遇，蕭、曹之勛，不足進焉。雖然，宰相所以代天者也，輔贊彌縫而藏諸用，使斯人由而不知，非明哲曷臻是哉？彼揚己取名，了然使戶曉者，蓋房、杜之細邪！

　　吳王浮於江，登乎狙之山，眾狙見之，恂然棄而走，逃於深蓁。有一狙焉，委蛇攫抓〔註19〕，見巧乎王。王射之，敏給搏捷矢。王命相者趨射之，狙執死。王顧謂其友顏不疑曰：「之狙也，伐其巧，恃其便，以敖予，以至此殛也。戒之哉！嗟乎，無以汝色驕人哉！」顏不疑歸，而師董梧，以鋤其色，去樂辭顯，三年而國人稱之。狙音疽。恂音舜。委蛇音煨移。攫，其縛反。抓，側教反。見音現。射音石。搏音博。相，去聲。趨音促。去，上聲。樂音洛。

　　「委蛇」，自得之狀。「攫抓」，便捷之狀。「見巧」，以巧自見。「相者」，射者。「執死」，見執而死。「之狙」，是狙也。

　　南伯子綦隱几而坐，仰天而噓。顏成子入見曰：「夫子，物之尤也。形固可使若槁骸，心固可使若死灰乎？」曰：「吾嘗居山穴之中矣。當是時也，田禾一覩我，而齊國之眾三賀之。我必先之，彼故知之；我必賣之，彼故鬻之。若我而不有之，彼惡得而知之？若我而不賣之，彼惡得而鬻之？嗟乎！我悲人之自喪者，吾又悲夫悲人者，吾又悲夫悲人之悲者，其後而日遠矣。」隱音印。見音現。先，去聲。惡音烏。夫音扶。

　　「尤」，最也，人之所取法也。「禾」，當作「和」。一覩我而國人三賀之，和以得見賢人為榮，而國人三度稱賀也。至人以聲名為桎梏，而不欲人之知之也。使人得而知之，其於道德淺矣！良賈若虛，誰見其藏？自鬻者徒自喪耳，豈不悲夫！既而忘其悲，又忘其所以悲，而始有今日槁木死灰，與人日遠矣。名曰悲人，實自悲也。

　　仲尼之楚，楚王觴之。孫叔敖執爵而立，市南宜僚受酒而祭，曰：「古之人乎，於此言已！」曰：「丘也聞不言之言矣，未之嘗言，於此乎言之。市南宜僚弄丸而兩家之難解，孫叔敖甘寢秉羽而郢人投兵。丘願有喙三尺。」彼之謂不道之道，此之謂不言之辯。難，去聲。喙音諱。孫叔敖、宜僚、孔子皆不同時，舊注辨之，此寓言也。

　　宜僚祭酒，舉酒祭地也。「古之人乎，於此言已」，蓋乞言之義。仲尼曰：「予聞有不言之教，予欲無言久矣，今為汝言之。夫宜僚弄丸而難解，叔敖寢羽而偃兵，皆無為之為也。吾願有喙三尺，雖終日言而未嘗言也。」宜僚居市南，因以為氏。白公勝欲作亂，殺令尹子西，司馬子綦言宜僚勇士也，若得，

〔註19〕《莊子集釋》作「掾」，《校》：「世德堂本作『抓』。」

敵五百人，遣使屈之。宜僚正上下弄丸而戲，不與使者言。使者以劍乘之，不懼。既不從命，亦不言他。白公不得宜僚，反事不成，故曰兩家之難解。〔註20〕叔敖，楚相。「甘寢秉羽」者，枕羽而甘寢也。「喙三尺」，言長喙也。言無所言，則與閉口何異，故曰「願有喙三尺」。

故德總乎道之所一，而言休乎知之所不知，至矣。道之所一者，德不能同也。知之所不能知者，辯不能舉也。名若儒、墨而凶矣。知之，去聲。

一則不可分矣，故雖有德者不能同之，言其不能分、不能合也。知之所不能知者，聖人亦存而不辯，辯者安能舉之乎？至於儒、墨，則務知其所不知，而各是其所是，故曰凶矣。涉於有名之境，而與忘言忘心者異矣。

故海不辭東流，大之至也。聖人並包天地，澤及天下，而不知其誰氏。是故生無爵，死無諡，實不聚，名不立，此之謂大人。

「生無爵，死無諡，實不聚，名不立」，所謂「不知其誰氏」也。

狗不以善吠為良，人不以善言為賢，而況為大乎！夫為大不足以為大，而況為德乎！夫大備矣，莫若天地，然奚求焉，而大備矣。知大備者，無求，無失，無棄，不以物易己也。反己而不窮，循古而不摩，大人之誠。夫音扶。

總承上來，言辯者非人情之所賢也，而況稱大乎？不可稱大，則不可稱德矣。惟大可以稱備天地是也，然何求而能大備哉？惟無求故能大備，無求故無失，無求故無棄，故不以外物而易其真性，取之於性分之中而無窮盡，未嘗不與古道同，而亦嘗有因襲之勞，此之謂大人之真也。

子綦有八子，陳諸前，召九方歅曰：「為我相吾子，孰為祥？」九方歅曰：「梱也為祥。」子綦懼然喜曰：「奚若？」曰：「梱也將與國君同食以終其身。」子綦索然出涕曰：「吾子何為以至於是極也！」九方歅曰：「夫與國君同食，澤及三族，而況於父母乎！今夫子聞之而泣，是禦福

〔註20〕成《疏》：「姓熊，字宜僚，楚之賢人，亦是勇士沉默者也。居於市南，因號曰市南子焉。楚白公勝欲因作亂，將殺令尹子西。司馬子綦言熊宜勇士也，若得，敵五百人，遂遣使屈之。宜僚正上下弄丸而戲，不與使者言。使因以劍乘之，宜僚曾不驚懼，既不從命，亦不言佗。白公不得宜僚，反事不成，故曰兩家難解。」

也。子則祥矣，父則不祥。」子綦曰：「歖，汝何足以識之？而梱祥邪？盡於酒肉，入於鼻口矣，而何足以知其所自來？吾未嘗為牧而牂生於奧，未嘗好田而鶉生於宎，若勿怪，何邪？吾所與吾子游者，遊於天地。吾與之邀樂於天，吾與之邀食於地；吾不與之為事，不與之為謀，不與之為怪；吾與之乘天地之誠，而不以物與之相攖；吾與之一委蛇，而不與之為事所宜。今也然有世俗之償焉！凡有怪徵者，必有怪行。殆乎，非我與吾子之罪，幾天與之也！吾以是泣也。」無幾何而使梱之於燕，盜得之於道，全而鬻之則難，不若刖之則易，於是刖而鬻之於齊。適當渠公之街，然身食肉而終。歖音因。為我，去聲。相，去聲。梱音閫。瞿音具，驚視貌。索，悉各反，涕下貌。夫音扶。禦音與，距也。牂音臧，牝羊也。好，去聲。宎音要，東北隅也。樂音洛。委蛇音煨移。行，去聲。雊天〔註21〕音雞。燕，平聲。刖音月。易音異。

「御」，扞拒也。人皆求福而綦獨拒福，九方歖以世情論，故謂之不祥。而不知至人之所謂不祥，正人間之所謂祥也。「牂」，羊也。「奧」，室西南隅。「鶉」，鳥名。「宎」，室西北隅。《詩》曰：「不狩不獵，胡瞻爾庭有懸鶉兮」，語意亦同，言天下未有無故而得者。所為在是，而所得在是，可無怪也。今吾與子所為者，方外之事，而有食肉之相，則世俗之報耳，此非怪哉！殆非吾與子之罪，命實為之，故泣也。無何而其子果為盜所刖，鬻之齊，適當渠公貴人之途，故與國君同食肉而終焉。大凡術人以世俗之所欲者為福，所不欲者為禍，與道人語不同。如貪狼，惡名也，而翻為吉；文曲，美名也，而翻為凶。又如相家稱山林骨起，不過為神仙高僧之相，則為孤苦。此並徇時之論，吾未知其果誰吉而誰凶也。余宴坐舟中，見微影中雲樹、帆檣、人物歷歷入者，上下東西，悉皆易位而歖。嗟夫！人之所謂得，安知造化不以為失也！

齧缺遇許由曰：「子將奚之？」曰：「將逃堯。」曰：「奚謂邪？」曰：「夫堯，畜畜然仁，吾恐其為天下笑。後世其人與人相食與！夫民不難聚也，愛之則親，利之則至，譽之則勸，致其所惡則散。愛利出乎仁義，捐仁義者寡，利仁義者眾。夫仁義之行，惟且無誠，且假夫禽貪者器。是以一人之斷制利天下，譬之猶一覕也。夫堯知賢人之利天下也，而不知其賊天下也，夫惟外乎賢者知之矣。」食與，平聲。夫音扶。譽，平聲。惡，

〔註21〕「雊天」，正文作「幾天」。

－200－

烏路反。行，去聲。覩，偏蔑反。

此所謂仁義，正煦煦子子，如桓文之所假者，故曰無誠。其為至人之所絕棄，固宜也。民不難聚，略加撫摩慰勞之色，便可要結。世人無識，輕仁義者寡，利仁義者多，豈不翕然歸心乎？但非出於誠，吾見上下相欺以成此名也。且名跡既章，而禍兆旋啟，不免假亂臣賊子以篡弒之具，何利之有！夫治天下者，當以天下利天下，苟不以天下利天下，而任一人之獨制以治之，譬猶操一刀以割萬物，豈不齊一而中之所傷者多矣！故舉賢尚能而治天下，乃所以賊天下也。惟不尚賢，而天下可治矣。

有暖姝者，有濡需者，有卷婁者。所謂暖姝者，學一先生之言，則暖暖姝姝而自說也，自以為足矣，而未知未始有物也，是以謂暖姝者也。濡需者，豕虱是也，擇疏鬣自以為廣宮大囿，奎蹏曲隈，乳間股腳，自以為安室利處，不知屠者之一旦鼓臂布草、操煙火，而己與豕俱焦也。此以域進，此以域退，此其所謂濡需者也。卷婁者，舜也。羊肉不慕蟻，蟻慕羊肉，羊肉羶也。舜有羶行，百姓悅之，故三徙成都，至鄧之虛，而十有萬家。堯聞舜之賢，舉之童土之地，曰冀得其來之澤。舜舉乎童土之地，年齒長矣，聰明衰矣，而不得休歸，所謂卷婁者也。是以聖〔註22〕人惡眾至，眾至則不比，不比則不利也。故無所甚親，無所甚疏，抱德煬和以順天下，此謂真人。於蟻棄知，於魚得計，於羊棄意。暖、暄同，音萱，柔貌。姝音樞，妖貌。濡音如，安也。需音須。卷音權。婁音縷。卷婁，猶拘攣也。說音悅。虱音瑟。奎，大也。隈，烏回反，曲隈股間也。操，七曹反。行，下孟反。虛、墟同。長，丁丈反。惡，烏路反。比音皮。煬音羊。知，去聲。

「暖姝」，自喜之意。小見之人學一先生之言，輒自以為窮微極玄，至足在我，而豈知未窺無窮之藩籬，蓋醯雞之在覆，而跂鱉之居坮也。「濡需」，淪胥及溺之意。蓋當世功名富貴之徒，自以為開國承家，勒鼎彝，垂竹帛，有泰山之安，而不如一日求牽犬於上蔡，聽鶴於華亭，不可得也。此時存為存時，亡為亡境，得為得境，失為失者也。「卷婁」者，拳曲傴僂，勞苦之狀也。舜三徙成都，所至則人隨之，如羊肉為蟻所緣而不得脫。至老而不少休，何之苦也！蓋有用之用，與彼為功；無用之用，內樂無窮。眾人來附，於眾人誠利矣，而於吾神為不和，於吾身為不利，是故真人惡之。真人者，不可得而親，不可

〔註22〕「聖」，通行本作「神」。

得而疏，於天下無甚親者，亦無甚疏者，惟抱德煬和，有光而不用其光，事至則順而應之，令天下之為蟻者見之而棄其知，己則如魚之相忘於江湖而自得其逍遙之趣，如羊之不羶而無可慕之意，何至拳曲傴僂而終其身、不得安意肆志也哉！「冀得其來之澤」，言望其方來之澤也。「童土」，不毛之地。

以目視目，以耳聽耳，以心復心。若然者，其平也繩，其變也循。古之真人，以天待之，不以人入天。

目司目官，耳供耳職，心居心位，則各有自然之平，各效因任之用，此任天而不以人與之者也。

古之真人，得之也生，失之也死；得之也死，失之也生。藥也，其實堇也，桔梗也，雞廱也，豕零也，是時為帝者也，何可勝言！堇音謹，又音覲。桔音結。梗，古孟反。廱音雍。

得生則失死，得死則失生，各安其所遇而無容心焉。如藥無貴賤，應病者為君，餘皆為臣，隨時流轉，豈有執乎！「堇」，烏頭也。「雞廱」，雞頭實也。「豕零」，豬零也。

句踐也以甲楯三千棲於會稽，唯種也能知亡之所以存，唯種也不知其身之所以愁。故曰：鴟目有所適，鶴脛有所節，解之也悲。句音鈎。楯，純尹反。棲音西。會音檜。稽音雞。種音冢。鴟音癡。脛音幸。解，佳買反。

大夫種，智慧霸越，而不能庇其身，此亦性長非所短，性短非所長者歟！

故曰：風之過河也有損焉，日之過河也有損焉。請只風與日相與守河，而河以為未始其攖也，恃源而往者也。

風日過河，皆能損河。藉令風日長與河相守，而河流如故，謂其無損實見有損，謂其有損終無有損，蓋河有源故也。苟為無本，涸可立而待矣。「只」，止也。

故水之守土也審，影之守人也審，物之守物也審。故目之於明也殆，耳之於聰也殆，心之於殉也殆。凡能其於府也殆，殆之成也不給改。禍之長也茲萃，其反也緣功，其果也待久。而人以為己寶，不亦悲乎！故有亡國戮民無已，不知問是也。長，丁丈反。

天生者，自然端正，故水與土、形與影、物與物皆相守甚審而不移也，無待於思為也。有思有為者，未有得其正，故目於明、耳於聰、心於殉，凡一身

之中能之，於其府無不殆者也。乘其未殆而圖之，猶可改焉。殆成而圖之，不給改矣。至於凶禍既長，則不崇朝而並集矣。欲反其初，非優游之可得也，必緣夫改圖之功。欲果成其功，非欲速之能達也，必待於持久之力，而人方以耀智顯能、有思有為為己寶也，不亦悲乎！故亡國喪家者相望，不知問此故爾。

故足之於地也踐，雖踐，恃其所不蹍，而後善博也；人之知也少，雖少恃其所不知，而後知天之所謂也。知大一，知大陰，知大目，知大均，知大方，知大信，知大定，至矣。大一通之，大陰解之，大目視之，大均緣之，大方體之，大信稽之，大定持之。盡有天，循有照，冥有樞，始有彼。則其解之也似不解之者，其知之也似不知之也，不知而後知之。 蹍，女展反。

足之於地，不能盡行，必有所不行處。人之於道，不能盡知，必有所不知處。有不行者而後成其行者，有不知者而後成其知者，故地不可盡蹍，天不可盡知也。知天之所謂者，知大一也，知大陰也，知大目也，知大均也，知大方也，知大信也，知大定也，知大而後其知為至矣。大一通之，無是與非，無成與毀，復通為一也。大陰解之，天弢天袠皆屬陰類，解而去之，是謂懸解也。大目視之，玄覽博觀，不滯方隅也。大均緣之，不得已而從起，是謂天均也。大方體之，出井蛙之見，萬物一體也。大信稽之，不約之信，天下咸取質也。大定持之，一心定而鬼神服，吉祥止止也。無盡之盡，與天罔極，是心體之本然也。循環應變，以照萬物，是心用之自然也。無盡之盡，而非蕩然無樞紐也，故曰「冥有樞」。管之者，樞也，萬化從此出矣。與物循環，而非從我始也，故曰「始有彼」。始之者，彼也，我特因而應之耳。故其知其解似有不知不解，惟不知不解而後有知有解，曠然有覺而非從見解中來，皆知天之所謂而已。

其問之也，不可以有崖，而不可以無崖。頡滑有實，古今不代，而不可以虧，則可不謂有大揚搉乎！闔不亦問是已，奚惑然為！句。以不惑解惑，復於不惑，是尚大不惑。 頡，下結反。滑，乎八反，錯亂也。搉音角。楊搉，大舉也，謂搉略而顯之也。解，佳買反。復，音服。

承上言。「不知而後知之」，故今之問學以求知者，不可以有崖，亦不可以無崖。有崖則蔽不開而惑不解，無崖則務其知之所無奈何，徒增無明而已。惟不以有崖而亦不以無崖，則見天下道理見見成成，都在眼前。物雖頡滑無常，然有大常者存，而各各實在。時雖古今代謝，然有不代者存，而無可虧損。此

種問學，非人之駘蕩而不得、漫衍而無家者比，是不可謂之大發揮、大摧核乎！學人曷為不問是？問是則奚惑焉？以吾之不惑，解汝之惑，而復於汝之不惑，此不惑原從汝心而得，非從我解而有，是尚大不惑矣。何今之以天下惑，不知所祈向也！